高等院校通识教育课程教材

大学生创业基础

主　编　王　珉
副主编　陈　玲　张宏文　徐　婕
编　委　王　珉　陈　玲　张宏文　徐　婕
　　　　刘　淞　关心怡　余　程　王开涛
　　　　郑燕培　张香湘

WUHAN UNIVERSITY PRESS
武汉大学出版社

图书在版编目(CIP)数据

大学生创业基础 / 王珉主编. -- 武汉 ：武汉大学出版社，2025.8.
高等院校通识教育课程教材. -- ISBN 978-7-307-25092-5
Ⅰ.G647.38
中国国家版本馆 CIP 数据核字第 2025L9N445 号

责任编辑:徐胡乡　　　责任校对:杨　欢　　　版式设计:马　佳

出版发行：**武汉大学出版社**　(430072　武昌　珞珈山)
(电子邮箱：cbs22@whu.edu.cn　网址：www.wdp.com.cn)
印刷:武汉中科兴业印务有限公司
开本:787×1092　1/16　印张:14　字数:316 千字　插页:2
版次:2025 年 8 月第 1 版　　2025 年 8 月第 1 次印刷
ISBN 978-7-307-25092-5　　定价:49.00 元

前　言

创业活动作为一种充满挑战与困难的实践，对于大学生而言，不仅是实现个人成长和创造个人价值的途径，也是国家培养创新人才和提升实践能力的重要手段。长期以来，国家积极推动大学生创新创业，致力于培育具有理想、技能和责任感的青年才俊，并孵化出众多高质量的创业项目。如今，创业已成为大学生就业选择的新趋势，越来越多的毕业生选择自主创业，甚至有学生在校期间就开始参与创业项目。在党的二十大精神的指引下，为全面贯彻国家“大众创业、万众创新”的政策方针，各地高校积极采取措施，包括完善创业工作机制、构建创业教育课程体系、建立创业人才培养机制、配备专业指导教师、提供专用场地、增加资金投入以及优化创业指导服务等，以促进大学生创业活动的蓬勃发展。

基于此背景，本书在深入分析大学生创业实践，借鉴国际先进的创业理论的基础上，精心策划与编写而成，旨在培养大学生的创业精神，强化其创业意识，提升其创业能力。本书具有以下显著特点：

一、思政引领，价值塑造

创业不仅是一种商业行为，更是一种价值选择。本书始终将思想政治教育贯穿于创业教育的全过程，通过“创业梦”与中国梦的有机融合，引导大学生将个人理想与国家发展大局紧密相连。在内容设计上，本书注重挖掘创业实践中的思政元素。通过“思政案例”板块，讲述老一辈企业家如张謇实业报国的故事，以及当代青年创业者投身乡村振兴、科技攻关的鲜活案例，激发学生的家国情怀与社会担当。

本书主张，真正的创业者应是“有理想、有本领、有担当”的复合型人才。创业教育不仅要教会学生“如何赚钱”，更要教会他们“为何而创业”。只有将个人价值与社会价值统一，创业之路才能走得更稳、更远。

二、三位一体，协同育人

党的二十大报告指出：“教育的根本任务在于立德树人。”本书深入贯彻党的二十大精神，积极践行“价值塑造、能力培养、知识传授”三位一体的教育理念，旨在传授知识和技能的同时，引导学生将个人价值实现与国家民族的发展紧密结合，培养具有责任感、高素质、高水平的复合型人才。例如，通过“创业榜样”模块，将新时代大学生的理想追求、社会责任感以及优秀品德融入创业者的案例中，激发学生的思考与行动。

三、校企合作，学练结合

本书的编写得到了众多一线“双师型”教师和企业专家的参与和支持，在内容设计上，充分考虑了创业课程的教学要求和创业实践的需求，确保理论知识与实践技能紧密结合。本书不仅注重课程理论的全面性，也注重增强教材的实用性和针对性，使学生能够将所学知识应用于实际，为未来的创业之路打下坚实基础。本书具体架构包括：

(1)本章导读：介绍本章的核心内容，帮助学生在学习前明确学习目标。

(2)学习目标：明确本章的知识要点、技能掌握要求和育人目标，便于学生有针对性地学习，提升个人素养。

(3)案例导入：精选与本章内容相关的创业案例，并附上启发性问题，通过展示创业榜样人物的案例，激发学生的兴趣，引导他们自主思考。

(4)知识讲解：采用图文并茂的方式详细讲解理论知识，并适时穿插课堂活动、知识链接、创业榜样、创业视窗等特色模块，以丰富的版面激发学生的学习兴趣，引导学生进行自主探究学习，全面培养其创业意识和能力。

(5)学习效果评价：总结本章的重点和难点，提供学习效果评价表，评估学生的表现和知识点掌握情况。

在本书编写过程中，编者参考了大量资料，并引用了部分文章和图片等。这些资料大部分已获授权，但由于部分资料来自网络，我们未能确认出处，也暂时无法联系到原作者。对此，我们深表歉意，并欢迎原作者随时与我们联系。另外，本书所选案例均来源于真实事件，但为了避免引起误会，部分人物及单位使用了化名。

由于编者水平和经验有限，书中难免存在疏漏之处，恳请广大读者批评指正。

目　录

第一章
创业与职业生涯

本章导读

创业本质上是一种充满创新性的活动，创业者依靠独立的思考和行动，开创并运营一种全新的商业模式。在当代社会，创业已不再局限于传统的商业领域，作为一种独特的生活态度和精神追求，创业已经广泛地渗透到各个行业，成为许多人实现个人价值的重要方式。当代大学生拥有远大的理想，具备扎实的专业知识和技能，应当积极主动地学习创业相关知识，并在自己的职业规划中融入创业精神，为自己的职业发展提供更多的可能性，并注入更多的活力。

知识目标

· 了解创业的概念与核心要素，以及创业的分类与过程。

· 了解大学生创业的内涵与现实意义，以及大学生创业的扶持政策。

· 了解创业精神的内涵、作用和培养方法。

· 了解职业生涯和职业生涯规划的基本概念、创业规划的影响因素分析，以及制定创业规划的原则与步骤。

能力目标

· 能够不断培养自身的创业精神，强化创业能力。

· 能够认识到创业规划的重要性，并主动制订创业规划。

素质目标

· 增强主动培养创业精神的意识，寻找具有突破性的创业生涯发展路径。

· 增强社会责任感，将创业选择与社会需要相结合，创造丰富的人生价值。

案例导入

创业点燃梦想，用机器“眼睛”改变世界

“那次大赛彻底改变了我的人生。”回忆起 2017 年在浙江大学管理学院读博士

时，与团队伙伴一起勇夺中国国际大学生创新大赛冠军的经历，如今已是浙江光珀智能科技有限公司董事长兼 CEO 的白云峰颇为感慨。正是这次难得的参赛经历，让他深深感受到创新创业的魅力，从此走上了创新创业的道路。

一、创业初心：为解决实际问题而生

白云峰的创业之路始于对现实问题的观察与思考。在浙江大学攻读研究生期间，他深入企业调研，发现工厂里检测工难招且人工检测产品质量不稳定的问题。他意识到，传统的人工检测方式不仅效率低下，还容易因长时间工作导致工人视力受损。于是，他萌生了利用计算机视觉技术解决这一行业痛点的想法。

“创业是为了解决问题。”白云峰的第一家创业公司——利珀科技，正是在这样的初衷下诞生的。在创业大赛的推动下，他与在浙大光电系攻读博士的好友王旭琦合作，凭借 3 万元启动资金，在杭州市青芝坞的一间小农房里开始了他们的创业之旅。他们研发的第一台机器——基于三维成像技术的检测设备，成功解决了工业产品残次品检测问题，能够代替人工肉眼进行高效、精准的检测，这一技术不仅填补了当时的市场空白，还推动了“机器换人”和“中国工业 4.0”的发展进程。

二、发现商业机会：痛点即价值

在创业过程中，白云峰总结出发现创业商业机会的两个关键点：机会识别与机会利用。机会识别的核心在于发现痛点并寻找其背后的价值。他通过调研发现，企业面临的检测难题不仅是技术问题，更是实际生产中的痛点。例如，检测工人每天需要在强光下工作数小时，不仅效率低下，还容易引发职业病。这些痛点背后隐藏着巨大的市场需求。

机会利用则主要体现在资源整合和团队建设上。在企业创办初期，他们凭借前期积累的客户资源，获得了几十万元的收入，并完成了天使轮融资。当时，中国台湾地区的一家基金按照 2500 万元的估值投入了 300 万元，同时当地政府也提供了 600 万元的奖励支持。这些资金为公司的发展注入了强大动力。在团队建设上，白云峰强调，创业需要找到志同道合的人。他的团队成员来自浙江大学、中国科学院以及海外高校，涵盖了光电、计算机等多个专业领域。这些顶尖人才的加入，为公司的发展提供了强大的技术支持。

三、持续创新：从利珀到光珀

利珀科技的成功，为白云峰积累了丰富的创业经验和技术基础。2015 年，他继续创立了浙江光珀智能科技有限公司，专注于 ToF（飞行时间）传感器技术的研发。光珀智能的产品广泛应用于自动驾驶、安防监控、机器人导航等领域，成为行业内领先的技术提供商。通过深度学习、计算机视觉和传感器融合等技术，光珀智能科技开发的产品可以精确测量被摄物体的距离，实时展现三维空间的形态。这种“机器眼睛”能够为工业生产提供精准的视觉解决方案，从而提升工作效率和安全性。

在光珀智能的发展过程中，白云峰始终坚持以技术创新为核心，以市场需求为导向。他带领团队不断突破技术瓶颈，开发出一系列高性能的传感器产品。这些产品不仅填补了国内在该领域的技术空白，还达到了国际领先水平。

四、结语：创业的本质是创造价值

在“ZTVP紫金创享·创业大讲堂”的分享中，白云峰总结道：“创业的本质是创造价值，而技术只是实现价值的手段。”他的创业经历告诉我们，发现商业机会的关键在于敏锐地捕捉市场痛点，并通过技术创新来解决问题。同时，创业也需要团队的协作和资源的整合，更需要在面对挑战时的坚韧与勇气。

白云峰的故事为创业者们提供了宝贵的启示：创业不是一蹴而就的，而是需要在实践中不断探索、调整和创新。只有将技术与市场紧密结合，才能真正实现技术创业的价值。

（资料来源：浙江大学管理学院，有改动）

第一节　创业概述

一、创业的内涵

（一）创业的概念

“创业”一词最早出现于《孟子·梁惠王下》：“君子创业垂统，为可继也。”其意思是君子开创功业并传承给后代。在古代汉语中，“创业”被解释为“开创基业”，强调从无到有地建立事业。

目前，创业已经成为一种普遍开展的活动，《现代汉语词典》（第7版）中对“创业”的解释是“创办事业”，其中“事业”指“人所从事的，具有一定目标、规模和系统而对社会发展有影响的经常活动”。人们使用“创业”一词时，则侧重于创业过程，把“创业”理解为一种不受当前资源的约束而寻求机会进行价值创造的行为过程。从创业过程的角度来看，可以从以下几个方面来理解创业的具体内涵。

（1）突破资源约束是创业活动的基础。创业本质上是一个从无到有的创造过程，初始阶段的创业者通常会面临资金、人才、物资等多方面的资源限制。因此，创业者必须通过创新手段对资源进行更高效的整合，并不断探索新的技术、模式、制度和市场，以突破这些限制。这些积极探索成为创业活动的显著特征。

（2）识别并转化机会是创业活动的核心。创业的方向和最佳时机皆由创业机会所决定。只有当创业者发现创业机会时，才能明确需要整合哪些资源、创造何种价值。因此，寻求创业机会是开展创业活动的先决条件。

（3）价值创造是创业活动的终极目标。创业作为一种劳动形式，其本质在于产生劳动成果。倘若缺乏劳动成果，创业便无从谈起。当前，大多数创业活动通过创新来推出新产品、新服务，创造新价值，旨在更好地满足消费者需求，同时促进社会的发展与进步。

综上所述，本书认为，创业是指创业者通过摆脱资源限制，寻找并把握创业机会，运用自身的技能和知识，配置相关资源，为消费者提供产品和服务，从而为个人和社会创造价值与财富的过程。

(二)创业的要素

1. 创业的关键要素

当前，在对创业关键要素的分析中，最具代表性且认可度最高的，当属著名“创业教育之父”杰弗里·蒂蒙斯(Jeffry Timmons)提出的创业要素模型。他归纳出创业活动应该包括三大要素：创业机会、创业团队和创业资源。一般认为，这三大要素是创业活动中必不可少的(如图 1-1 所示)。

图 1-1　创业的关键要素

(1)创业机会。

创业机会是创业活动的起点，它指创业者在市场中发现尚未被充分满足的需求或潜在的商业价值，并能将其转化为实际的商业项目。这要求创业者具备敏锐的市场感知能力与创新思维，能够精准地识别新的商业机会，并对其进行科学评估。创业机会的产生可能源于技术创新、市场需求的转变、政策的调整等多种因素。

(2)创业团队。

在创业过程中，创业团队是实现创业目标的关键力量，是将创业构想转化为实际成果的核心驱动力。一个卓越的团队，其成员需要具备多元且互补的技能与经验，涵盖市场洞察、产品研发、运营管理等多方面的能力。此外，团队成员之间必须拥有良好的合作精神和强大的执行力，同时建立起高效顺畅的沟通与协作机制，这在创业成功中发挥着至关重要的作用。

(3)创业资源。

在创业过程中，创业资源是实现项目推进的关键支撑，涵盖资金、技术、人才、市场渠道等多方面的要素。无论是有形的物质资源，还是无形的非物质资源，都对创业活动有着至关重要的影响。创业者必须具备出色的资源整合能力，高效地获取所需资源，并对其进行科学合理的配置与管理。只有将资源精准地投入关键环节，充分发挥其效用，才能有效提升创业项目的成功率，增强项目在市场中的竞争力。

2. 创业各关键要素之间的关系

(1)相互依存。

在创业实践中，创业机会、创业团队和创业资源三者相互依存，缺一不可。创业机会是创业活动的起点，没有机会，创业就没有方向；创业团队是核心力量，没有团队，机会就无法被发现和执行；创业资源是基础支撑，没有资源，创业活动就无法付诸实践。创业者需要在发现和精准评估创业机会的基础上，组建优秀的创业团队，整合和利用创业资源，从而提高创业成功的概率，实现创业目标。

(2)动态平衡。

在创业过程中，创业机会、创业团队、创业资源这三者需要保持动态平衡。如果机会非常好，但创业团队能力不足或创业资源匮乏，创业很可能会以失败告终；反之，如果创业团队和创业资源都很强大，但机会选择不当，也可能导致资源浪费和创业失败。

(3)相互促进。

创业机会能够吸引创业团队和资源。一个有吸引力的创业机会，能够激发团队成员的创业热情，吸引他们加入创业项目，并且能够吸引外部投资者和合作伙伴的关注，并为创业项目提供资源支持。创业团队能够提升机会的价值和资源的利用效率。一个优秀的创业团队能够更好地评估和把握创业机会，同时通过高效的管理和协调，最大化资源的利用效率。创业资源能够支持创业机会的实现和创业团队的发展。丰富的资源能够为创业机会的实现提供坚实的基础，同时，也能够支持创业团队的持续发展和壮大。创业机会可以吸引资源和人才，优秀的创业团队可以发现和创造机会，创业资源可以为团队提供支持，三者相互促进，共同推动创业项目的发展。

总之，机会、团队和资源是创业的三大核心要素，它们相互关联、相互作用，共同构成了创业的基础。创业者需要在实践中不断调整和优化这三者的关系，以实现创业目标。

创业榜样

勤于思考，大学生占得创业先机

大学生廖文林是一个爱思考的人，这样的人通常能够发现别人没有注意到的创业机会，成为“第一个吃螃蟹的人”。

2018 年，廖文林结合自己的爱好和专业技能，创办了广州某体育发展有限公司，成为国内首家为青少年高尔夫赛事助力的训练机构。该公司打破了传统学球的模式，在全国范围内推出高尔夫一站式体能康复训练体系，让更多球友在学球时既能掌握运动技巧，还能提高体能，预防损伤，从而让学球变得更有乐趣、更系统科学。

在大众的普遍认知中，高尔夫是一项“温文尔雅”的运动，活动量小，对体能要求不高。但实际情况正好相反，高尔夫是一项多平面、多方向的运动，它要求运动员具有很强的爆发力。运动时，运动员身体各个关节和部位都处于移动极限状态，如果体能训练不到位，很可能造成运动损伤。但是，很少有初学者会注意到体能问题。

廖文林在大学期间就经常思考，为什么当下的高尔夫运动没有专门的体能训练培训呢？实际上，任何运动都需要体能作为支撑和保护，优秀的体能是保证运动员免受损伤的关键所在。从那时起，廖文林心里就想着要创办一家公司，在全国范围内推广高尔夫体能训练，为更好地普及高尔夫运动贡献自己的力量。

大学毕业后，廖文林仍然坚持学习和训练，不断探索如何建设高尔夫体能训练体系。为此，他选择到专业单位实习，学习别人的经验。同时，他每个月都去请教行业老师，学习训练技巧。就这样，廖文林通过多做、多学积累了很多实战知识。2016 年，廖文林独自一人来到广州创业，经过三年的努力，成功打开了广州高尔夫体能训练市场，创办了自己的公司。

廖文林的创业事迹充分说明了把握创业机会对于创业活动的重要性，如果其他人早早地开拓了相关市场，那么他的创业之旅就会大受影响。

（资料来源：“高星国际高尔夫”微信公众号，有改动）

二、创业的分类与过程

(一) 创业的分类

因为创业路径不同、创业主体存在差异，创业的类型也呈现出多样化的形式。对创业进行基本分类时，可以围绕“为何创业?”“怎样创业?”“创业效果如何?”这三个基本问题展开，进而识别出不同类型的创业。

1. 按创业动机分类

(1) 机会型创业。

机会型创业是指创业者为了抓住商业机会，进而实现价值创造而从事的创业活动。这种创业模式要求创业者具备敏锐的市场洞察力、创新意识和创造力、强大的执行力以及良好的风险控制能力。

(2) 生存型创业。

生存型创业是指创业者以谋生为目的，自觉或被迫开展创业活动。就业型创业通常属于此类，创业者往往是在现有的市场上寻找创业机会，这在一定程度上会加剧市场竞争。生存型创业和机会型创业的区别见表 1-1。

表 1-1　**生存型创业和机会型创业的区别**

维度	生存型创业	机会型创业
行为动机	被动选择，为解决生计	主动选择，追求商业机会
创业目的	解决个人生计问题，创造稳定收入来源	实现自我价值，追求财富增长
行业选择	低技术壁垒、低利润行业	高技术壁垒、高附加值行业

续表

维度	生存型创业	机会型创业
风险与回报	低风险、低回报	高风险、高回报
社会影响	解决个人就业，带动部分人就业	创造更多就业机会，推动经济发展
创业策略	低成本、小规模	高投入、高创新

2. 按创业起点分类

(1)创建新企业。

创建新企业是指创业者或创业团队从无到有地创建全新的企业组织。创建新企业具有很大的风险和难度(如资源缺乏、经验欠缺等)，充满挑战，但创业者能最大限度地发挥个人能力，自主掌握企业的经营活动。

(2)企业内创业。

企业内创业是指在既有企业内部创业，创业者通常是企业的员工，在企业授权和资源支持下，将创意转化为可获利的产品或服务。该类创业通常是在企业进入成熟期后，通过开发新业务、研发新项目、拓展新市场等形式开展内部创业。企业内创业有助于营造创新文化，不断将创新成果推向市场，从而延长企业的生命周期。但企业内创业对于创业者而言会存在一些限制，如缺少自主性、没有自己的品牌、受既有企业的控制等。

创业案例

海尔集团内部创业行动

海尔，一家销售额已达2000亿元的全球领先白色家电制造商，成立至今始终坚持创业、创新精神，近年又提出了从传统制造企业转变为培育创业家的平台型企业的战略目标。然而，家电产业是公认的夕阳产业，并且海尔集团是个组织庞大繁杂的公司，为使其能够有更好的发展，一直以家电为主业的海尔开始推动内部创业，致力于从传统的产品制造企业向创客的孵化平台转型。

2014年，张瑞敏在一场内部发言中指出，海尔的出路在于内部创业。随后，海尔集团积极倡导创客文化，鼓励员工利用海尔资源开展内部创业，丰富海尔的创新生态系统。如今，海尔已逐步转型成为面向全社会开放的创业平台。截至2016年年底，海尔内部已有200余个小微企业，诞生出1160多个项目，同时超过100个小微企业年营收过亿元，已引入风投的小微企业有22个，估值过亿的小微企业有12个。海尔通过以前积累的强大产业链资源和品牌背书，为内部创业团队提供了全方位的资源，使得海尔与内部创业者获得共赢。

正是在这种背景下，雷神公司经过两年多的内部孵化，于2015年年初正式成为海尔集团实施网络化战略和推行创客运动之后创建的第一家小微创业公司，也是目前海尔集团最成功的国内创业样板。经过几年的迅速发展，雷神已成为国内游戏笔记本行业的知名品牌。在不到两年的时间内，雷神小微已完成了三轮融资，估值达6亿元。其中，2015年销售额达7亿元。雷神在以游戏笔记本为核心产品的基础上，推出游戏台式机、游戏外设产品，积极开展产品的设计、研发和销售，现有研发内容主要涉及计算机应用层面的技术。雷神在关注用户需求的基础上，领先对手洞察用户需求，重点对产品进行研发生产，用最快的速度将用户诉求转化为产品，以通过不断的技术创新实现了内部创业的成功。

海尔利用其雄厚的制造、研发、营销和资源整合能力，为内部创业团队搭建了一个支持创新创业的优势平台，全面提供有形及无形资源，有效降低了他们的创业风险。

1. 创新知识资源

创新知识资源是创新活动所需的知识集合，它通过直接或间接的方式投入创新创业活动，最终在市场上实现隐形价值或直接形成生产力。企业拥有特殊的创新资源，就具备了不可替代的创新竞争优势，知识作为最重要的资源及提升企业竞争力的关键因素，能够推动企业的研发进程。海尔集团为雷神科技及其子公司提供海尔品牌背书，在商标转让上予以优惠。海尔将部分知名商标转让给雷神及其子公司，雷神则借助海尔强大的品牌力量开拓市场。雷神及其子公司雷霆世纪分别于2014年11月、2015年8月以及2017年2月与深圳海尔以及苏州海尔就32项已核准注册的商标达成约定，在办理完成国家商标局转让变更登记前，许可其无偿使用。同时，苏州海尔经营的“魔法师”(MVGOS)以及“机械师”系列游戏笔记本产品所使用的中英文及图形商标的注册权人、申请权人均为雷神。海尔集团转让部分知名商标给雷神科技及其子公司，雷神科技则借助海尔强大的品牌影响力开拓市场。

2. 创新物力资源

创新物力资源也是创新资源的一种，通常指创新活动中的各种厂房、设备、科研设备等固定资产，以及各类创新服务机构、研究机构和实验室等实物资源。企业所拥有的物力资源是企业创新顺利进行的基本保障，是将创意转化为成果的必要条件。苏州海尔工厂属于雷神供应链的一环，为其提供计算机核心原材料、计算机及外设产品等。由于雷神科技主要产品为游戏笔记本，并且外观是其主要销售亮点，也就成为其主要研发对象。2015年度、2016年度，雷神主要供应商为控股股东苏州海尔，采购比例分别为100%和88.76%。公司成立之初，雷神基于经营管理需求，向苏州海尔提出采购指令，由苏州海尔执行采购计划统一采购，然后再按照采购价平价销售给公司。并且从2016年开始，海尔国际开始为雷神提供计算机核心原材料。虽采购占比不多，但充分反映了海尔对雷神创业发展的资源支持。同时，海尔集团为雷神科技免费提供房屋。根据“海尔”“海创汇”创客空间项目落户青岛市崂山区框架协议，青岛高科产业发展有限公司向海尔集团公司旗下创业公司(雷神科技)按规定提供房屋，并免除房屋租金，期限为三年。

3. 创新财力资源

创新财力资源是指投入创新活动的资金，即在一定时期内，企业、政府、科研机构以及个人投向企业用于开展技术研究和创新活动的经费总和。雷神科技主要以技术创新为主进行内部创业，海尔集团投入的资金基本用于研发。雷神小微创始人之一李艳兵说，虽然雷神的品牌、生产工厂都不是海尔的，但海尔为雷神提供了财力资源支持，出资持有其72%的股份，为雷神小微的发展提供了强大的背书。

海尔集团通过内部创业为想创业的员工提供全面的创新资源，提高其创业成功的可能性，解决了企业机构庞大的问题，保持了企业的活力。海尔已经建立起强大的创业创新“双创”精神企业文化，在激发员工产生积极的向心力、团结力、凝聚力等执行力要素方面具有积极影响，但是也会存在一些问题，例如，员工工作自主性不强以及可支配时间不多等。

面对动态复杂的环境以及日趋激烈的竞争，海尔及时尝试引入“三环四阶”的对赌机制，实现了较好的激励促进效果。该机制使创业团队积极研发，不断迭代发展，实现快速成长。资金投入是企业的创始资本，也是内部创业团队最需要、最看重的，没有这些资金投入，技术创新也就无从谈起，更不存在内部创业的成功。在海尔集团提供的创新资源支持下，雷神科技不断发展，收益水平持续提升。2016年，雷神科技营业收入较2015年上升522917430.92元，增长99.92%；同时，2017年第一季度的销售额已达2016年全年销售额的28.54%。公司营业收入总体呈现逐年上升趋势。并且雷神科技的主营业务收入为游戏笔记本、游戏台式机和游戏外部设备等产品的销售收入，其他业务收入为商标使用权收入。而雷神科技在2015年度和2016年度的主营业务收入占营业收入的100%，2017年上半年主营业务占比为99.9%，主营业务收入比重极大，即雷神科技的游戏产品销售收入几乎占据全部利润。可以看到，在海尔集团内部，创业者比较容易获得资金和技术的支持，创业成功的概率较大，且收益呈上升趋势。

在海尔的创业过程中，海尔与雷神不仅仅是被动的劳动雇佣关系，还是对等主体的市场化资源对赌关系。雷神科技的资源空间与其对赌并创造的价值大小联动，实现资源动态匹配，这种模式以自主经营的思路释放了雷神科技的自主性、积极性和团队活力。同时，海尔通过出资持股、期权、跟投等股权激励机制，与雷神科技绑定，驱动其从“打工”转变为小微企业的“主人”。雷神享有分配及经营的自主权，薪酬高低与个人承诺及个人创造的价值挂钩，这个做法让雷神不得不快速迭代寻找出路，有效促进了雷神的创业团队提升创新能力。

在短短几年时间内，雷神科技已拥有多项专利，半数为发明专利，创新能力较强。也就是说，雷神科技利用海尔集团的全面性资源，积极开展国内创业活动，并且在对赌协议的激励下，不断开展自主研发，提升创新能力。

（来源：经济研究导刊，有改动）

3. 按创业者数量分类

(1)独立创业。是指由创业者独立出资创办企业并独自经营。独立创业的特点主要是企业产权归创业者个人独有，这使得创业者能够自由掌控企业的运营与发展方向，在面对市场变化和决策需求时，能够迅速决策。但是，创业者要独自承担风险，创业资源整合比较困难且企业发展受创业者能力的影响。

(2)合伙创业。是指两个或两个以上的创业者共同创办合伙企业，他们通过订立合伙协议，明确各方的权利和义务，共同出资、合伙经营、共享收益、共担风险，并对合伙企业债务承担无限连带责任。合伙创业的特点主要是能够充分发挥集体智慧，创业资源更加丰富。但是，合伙的创业者承担风险的能力和相互协作的能力往往会影响企业的发展。因此，合伙创业的企业应该更加关注核心成员的稳定性，以保障创业活动的连续性和稳定性。

4. 按创业项目性质分类

(1)传统技能型创业。是指创业者使用传统技术或工艺来制造产品或提供服务的创业形式。传统技能型创业通常适用于与人们日常生活紧密相关的行业，如酿酒、饮料生产、中药材种植与加工、工艺品制作、服装与食品加工等。这些行业中的传统技能项目往往展现出独特的魅力。

(2)高新技术型创业。是指创业者以高新技术为基础，从事一种或多种高新技术及相关产品的研究、开发、生产和技术服务的创业活动，如无人机、机器人、高端数控机床、新材料的研发与制造等。

(3)知识服务型创业。是指创业者利用自身的专业知识，为人们提供信息服务或创造价值的创业形式。例如，创业者通过创建律师事务所、会计师事务所或管理咨询公司等，为客户提供知识咨询服务等。这类创业往往投资少、见效快，但门槛也相对较高，竞争也很激烈。

5. 按创业方向或承担风险分类

(1)依附型创业。主要包括两种，一种是依附于大企业、产业链或政府机构，为其提供配套服务，如专门为某个或某类企业生产零配件；另一种是通过特许经营权来开展创业活动，如加盟餐饮连锁店等。借助大企业或成熟产业链的稳定经营，企业需要承担的市场风险相对较小。

(2)尾随型创业。是指模仿已成功的企业进行创业。成功的企业已经通过实践证明了一种商业模式可行，也打开了市场。模仿它们开展创业，可以节省很多时间和成本，需要承担的风险也相对较小。这种创业方式的缺点也很明显，当前市场已经被先行者占据，后来者所开办的企业和经营的项目缺乏新意，企业发展空间不足。

(3)独创型创业。是指创业者开创一个新市场，提供一种新产品或新服务，填补市场空白。由于独创型企业提供的产品或服务是全新的，因此前期没有直接的市场竞争者，可以最大限度地获取利润。独创型企业往往面对未知的市场需求，面临着一定的市场风险。

(4)对抗型创业。是指创业者进入其他企业已占据垄断地位的某个市场，并与之展开对抗较量的创业活动。这类创业的风险极高，创业者必须在知己知彼、科学决策的前提下，抓住市场机遇，乘势而上，避开风险，减少风险损失，才能把自己的优势发挥到极致。

6. 按创新内容分类

（1）基于产品创新的创业。是指利用技术创新或工艺创新等手段生产新产品或提供新服务，以满足消费者的需求。例如，采用新工艺制作紫砂保温杯、生产高档洁具等。

（2）基于营销模式创新的创业。是指采取有别于其他厂商的市场营销模式，以提高消费者满意度。例如，开设无人值守的 24 小时便利店。

（3）基于组织管理体系创新的创业。是指采取有别于其他厂商的企业组织管理体系，以降低产品生产成本，提高企业运营效率。例如，初创运输企业通过全面采用信息化管理方法，大幅度减少管理人员，压缩管理成本，从而使企业一开始就具备了较大的竞争优势。

课堂活动

请大家讨论一下，哪些创业类型适合大学生采用？

列举一个你认识的创业者并分析他的创业类型。

（二）创业的过程

创业的过程包括从创业者产生创业想法到创建新企业并获得回报的整个过程，通常包含以下几个主要环节（如图 1-2）。

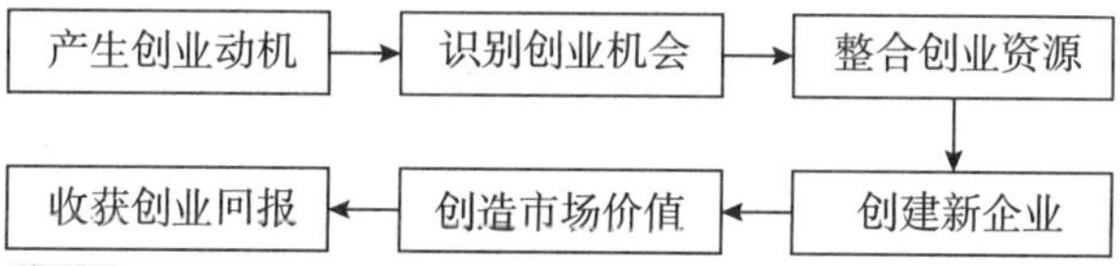

图 1-2 创业的过程

1. 产生创业动机

创业动机是识别创业机会的前提，是创业的原动力，它推动着创业者去发现和识别创业机会。创业活动的主体是创业者，而创业活动开展的前提是一个人希望成为创业者。同时，创业动机不是创业者一时冲动打算创业，而是其对创业目标与预期收益的深思熟虑。一个人是否会有创业行为，主要受到三个方面因素的影响：

（1）个人特质。

每个人都可能具有创业精神，但创业精神的强度不同，且易受环境的影响。比如，温州人的创业意愿相对强烈，其中环境起到了很大的作用。

（2）创业机会。

创业机会的增多会形成强大的利益驱动，促使更多人尝试创业。社会经济转型、技术进步等多方面因素，不仅使创业机会增多，也降低了创业门槛，进而引发更大的创业热潮。

(3)创业的机会成本。

若人们能从其他工作中获得高收入并满足需求，创业意愿就会降低。比如，科学家独立创业的情况少，是因为他们已经获得了一份收入相对丰厚且稳定的工作，较少愿意承担创业带来的风险。

2. 识别创业机会

识别创业机会是创业过程中的核心环节，要求创业者对可能成为创业机会的诸多事件进行分析，并对创业预期结果进行判断。人们日常生活中的痛点问题、国家产业政策的调整、新技术的出现、人口和家庭结构的变化、消费者物质和精神需求的变化、流行时尚的变化等，都可能带来创业机会。创业者应具有敏锐的观察力，能够及时、准确地识别创业机会，并对其进行评估和筛选。识别创业机会包括发现机会来源和评价机会价值两个方面。一般而言，创业者应明确以下四个基本问题：

(1)机会何来？创业者应该找到创业机会的来源在哪里。

(2)受何影响？创业者应该找到影响创业机会的相关因素。

(3)有何价值？创业者应该明确创业机会所具有并能被评估的价值。

(4)如何实现？创业者应该明确通过什么形式或途径能使机会转化为实际价值。

围绕这些问题，创业者在识别创业机会阶段需要积极行动，多交流、多观察、多获取、多思考、多分析，最终抓住创业机会。

3. 整合创业资源

整合创业资源是创业者开发机会的重要手段。在创业初期，创业者往往面临资源匮乏的局面，直接掌控的资源较为有限，大多需要经历从无到有、白手起家的艰难过程。因此，能否高效整合创业资源，往往成为创业成败的关键。

从具体资源类型来看，创业者可利用的资源包括资金、人力、技术、信息、场地等。资金是创业的基础，无论是产品研发、市场推广还是团队建设，都离不开充足的资金支持。创业者可以通过自有资金、天使投资、风险投资、银行贷款等多种渠道筹集资金。人力是创业的核心动力，优秀的创业团队不仅能提供专业技能，还能激发创新思维和提升执行力。创业者需要吸引和留住具有不同背景和专长的人才，通过合理的激励机制和团队文化，凝聚人心，发挥团队的最大效能。技术资源是创业项目的核心竞争力所在。无论是自主研发的专利技术，还是通过合作获取的技术支持，都能为创业项目提供独特的优势。在当今数字化时代，信息资源也变得尤为重要。创业者需要敏锐地捕捉市场动态、行业趋势和政策法规变化，通过大数据分析、市场调研等方式，为决策提供有力支持。场地资源为创业活动提供了物理空间，无论是办公场所、生产场地还是仓储空间，都需要创业者根据项目需求进行合理规划和布局。

此外，创业者还可以通过建立合作伙伴关系、利用行业协会资源、参与创业孵化器等方式，进一步拓展资源获取渠道。整合创业资源不仅需要创业者具备敏锐的洞察力和资源整合能力，还需要在实践中不断学习和调整策略。只有将各类资源进行有机组合，发挥最大效用，创业者才能在激烈的市场竞争中脱颖而出，实现从无到有、从小到大的跨越，最终走向成功。

4. 创建新企业

创建新企业是创业者创业行为最直接的标志。在这一过程中，创业者需要做大量的准备工作，包括公司制度设计、企业注册、经营地址的选择、进入市场途径的确定等。创业想法能否转化为现实，关键看创业者能否制订一份周密的创业计划。值得注意的是，许多创业者在创业初期，由于面临生存压力，以及对未来缺乏准确预期，往往容易忽视这部分的工作。资金短缺往往会成为制约企业发展的突出问题，因此，创业融资在企业的创建过程中起着至关重要的作用。创业者完成创业计划并获得创业融资之后，就可以按照法定程序进行注册登记，包括确定企业的组织形式、设计企业名称、向国家市场监督管理总局提出企业的设立登记申请，以及在申请获批后领取营业执照等。

5. 创造市场价值

创业者识别机会、整合资源、创建新企业等一系列行动的目的是实现创业目标，但创业目标的最终实现，依赖于创业者能够为企业提供市场价值。企业注册成功以后，不断地创造市场价值就成为企业的生存之道。可以说，只有能够提供更多市场价值的企业，才有更大的生存空间和更多的发展机会。因此，创业者必须了解企业成长的一般规律，不断拓展企业的产品种类和市场范围，预见企业在不同成长阶段可能面临的问题，以便采取有效措施加以防范和解决。同时，创业者还应不断寻求新的市场机会，把企业做活、做大、做强。

6. 收获创业回报

收获创业回报是创业者开展创业活动的主要目的，也是创业资源投入向产出的最终转化。创业回报的形式多种多样，创业者对创业回报的满意度取决于其最初的创业动机。调查显示，对于大多数创业者来说，获取创业回报的最好方式就是将自己创办的企业尽快发展壮大，创造更大的经济价值和社会价值。

课堂游戏

创业大比拼

【活动目的】通过本次模拟活动，使学生了解创业的要素和创业的具体过程。

【活动内容】在全班同学中挑选出3名同学，其中1名模拟房东，另外2名模拟客人。其他同学每6名组建一个创业团队，模拟合伙创业。每组的启动资金均为80000元。其中，设定房租5000~8000元，店铺装修费和设备费共计50000元，剩余资金为现金储备。具体活动流程如下：

(1)各团队内部协商，确定并完成组织架构和分工。

(2)各团队派出1名成员与模拟房东谈判，争取以最低的价格租下店铺。

(3)各团队再次内部协商，确定具体经营的项目、店铺装修风格和营销策略等(要有特色、有创意)，并整理成纸质材料。

(4)2名模拟客人查看各店铺创办计划，并与模拟房东一起根据表1-2中的评分标准，为各团队的创业方案打分。

表 1-2　　活动评价表

评分标准	分值	实际得分	备注
人员分工合理	20		
房租合适(房租越低，得分越高)	20		
经营项目合理且有创意	20		
店铺装修风格有创意	20		
营销策略合理且有创意	20		
总分	100		

三、大学生创新创业教育的意义

(一)我国创新创业教育的发展历程

我国创新创业教育的发展历程大致可以划分为以下几个阶段，每个阶段都有其独特的政策背景和实践成果。

1. 萌芽阶段(1999—2002)

我国创新创业教育萌芽于20世纪末。当时，为应对高等教育的发展趋势，满足国内教育改革需求，国家开始将创业教育纳入教育发展战略体系。1998年，教育部在《面向21世纪教育振兴行动计划》中，首次提出要加强对教师和学生的创业教育。1999年，《中共中央、国务院关于深化教育改革全面推进素质教育的决定》进一步强调，要着重培养学生的创新精神和实践能力。

然而，在这一阶段，创新创业教育尚未形成系统化的实践模式和政策支持体系。同年，首届全国大学生"挑战杯"创业大赛在清华大学成功举办。"挑战杯"创业大赛是"挑战杯"全国大学生系列科技学术竞赛的简称，是由共青团中央、中国科协、教育部和全国学联共同主办的全国性大学生课外学术实践竞赛。该赛事在中国设有两个并列项目：一个是"挑战杯"中国大学生创业计划竞赛，另一个是"挑战杯"全国大学生课外学术科技作品竞赛。这两个项目的全国竞赛交叉轮流开展，每个项目每两年举办一届。在中国"互联网+"大学生创新创业大赛未举办之前，"挑战杯"创业大赛是当时国内最具影响力、级别最高的大学生创业比赛项目。在"挑战杯"创业大赛的影响和带动下，全国各高校逐渐引入以创业竞赛为主要导向的创业教育。

2. 试点阶段(2002—2010)

2002年，教育部确定清华大学、北京航空航天大学、中国人民大学、上海交通大学、西安交通大学、武汉大学、黑龙江大学、南京财经大学、西北工业大学这9所分别代表不同类型、不同性质的重点高校为"创业教育试点"高校，鼓励这些试点学校采用多样化的方式对创业教育进行尝试与探索，为我国下一步普及高校创业教育奠定了前期基础。可以说，2002年是我国开创高校创业教育的重要拐点，标志着创新创业教育从理论走向实践。

各高校在开展创业教育过程中，遇到的最大瓶颈就是创业投资严重匮乏。同时，创业教育不仅要求授课教师具备较高的职业素质和讲授技能，还要求教师拥有创业实践指导的经历和能力。为了推动创业教育的实践探索，2003 年，原劳动和社会保障部引入国际劳工组织的 SYB(Start Your Business)创业培训项目，2005 年，KAB(Know About Business)项目也正式引入中国，进一步丰富了创业教育的内容。这一阶段，创新创业教育在高校中逐步推广，但整体规模和影响力有限。2008 年，教育部通过“质量工程”项目立项建设了 32 个创新与创业类人才培养模式试验区，取得了较好的预期成果，进一步加快了高校创业教育的探索进程。

3. 全面推进阶段(2010—2015)

在这一时期，国家对创新创业教育的重视程度不断提升，政策支持力度显著增强。2010 年 5 月，教育部颁发的《教育部关于大力推进高等学校创新创业教育和大学生自主创业工作的意见》，首次将“创新的概念”融入“创业教育”，是我国首个推进创新创业教育的全局性文件，为构建具有中国特色、符合我国经济社会发展要求的创新创业教育体系起到了引领性的指导作用。2010 年 6 月，《国家中长期人才发展规划纲要(2010—2020 年)》和《国家中长期教育改革和发展规划纲要(2010—2020 年)》相继出台，这两份纲要强调了创新创业教育对于创新型人才培养的重要性，要求各高校将创新创业教育融入学校人才培养的全过程。在此背景下，各高校开始从创业教育初期偏重创业知识和理论的传授，向通过实际操作技能培养、创业精神塑造及抗风险心理锻炼等来提高学生的创业素质进行转换。

2012 年 8 月 1 日，教育部颁布了《普通本科学校创业教育教学基本要求(试行)》，对我国高校开展创业教育的教学目标、教学原则、教学内容、教学方法、教学组织作出明确规定，要求各高校把“创业基础”作为必修课融入人才培养体系，贯穿人才培养全过程，面向全体学生广泛、系统地开展创业教育。这一政策的出台，不仅规范了我国高校的创新创业教育，推动了专创融合的培养理念，更强调了创业教育就是素质教育的指导思想。2014 年，国家提出“大众创业，万众创新”的号召，这种新的时代大背景，加快推动了高校建立系统化、多元化的创新创业教学体系。2015 年，《国务院办公厅关于深化高等学校创新创业教育改革的实施意见》系统提出了完善创新创业教育体系、加强师资队伍建设等具体措施。

4. 高质量发展阶段(2015 年至今)

近年来，创新创业教育进入高质量发展阶段，更加注重与科技创新、产业升级的结合。2015 年 5 月，国务院办公厅印发《国务院办公厅关于深化高等学校创新创业教育改革的实施意见》，该意见站在国家实施创新驱动发展战略、促进经济提质增效升级、推进高等教育综合改革、促进高校毕业生高质量充分就业的高度，明确了深化高等学校创新创业教育改革的指导思想、基本原则和总体目标，提出了 9 项改革任务、30 条具体举措。2015 年政府工作报告中提出了“互联网+”行动计划；同年 6 月，国务院印发《国务院关于大力推进大众创业万众创新若干政策措施的意见》，指出推进大众创业、万众创新是发展的动力之源，要求各高校要激发在校大学生的创新创业热情，展示高校创新创业教育成果，并搭建大学生创新创业项目与社会投资对接平台。上述政策推动各高校的创新创业教育进入了蓬勃发展阶段。

2015 年，首届中国“互联网+”大学生创新创业大赛正式举办，截至 2024 年已成功举办十届，该大赛逐渐成为各高校深化“思创融合、专创融合、科教融合”创新创业教育改革的重要载体。2017 年，党的十九大报告进一步强调“鼓励创业带动就业”，推动创新创业教育与就业政策深度融合。2018 年，国务院发布《关于推动创新创业高质量发展打造“双创”升级版的意见》，提出优化创新创业环境、提升创业带动就业能力等具体目标。2023 年，教育部发布《关于进一步加强创新创业教育工作的通知》，强调深化产教融合，推动创新创业教育与专业教育深度融合。

我国创新创业教育经历了从萌芽到全面推进再到高质量发展的历程，逐步形成了具有中国特色的创新创业教育体系。未来，随着教育改革的不断深化和政策的持续支持，创新创业教育将在培养创新型人才、推动经济高质量发展方面发挥更加重要的作用。

（二）大学生创业的现实意义

1. 国家建设和发展的需要

大学生是国家建设的主力军，肩负着推动社会发展和实现民族复兴的历史使命，也担负着提升国家创新能力的责任，为创新型国家建设奠定了坚实的人才基础。

作为知识和技术的拥有者，大学生创业能够将大学所学专业知识与市场需求相结合，有力地促进科技成果转化，推动技术创新和产品创新。例如，在互联网、人工智能、生物医药等高新技术领域，许多大学生创业团队凭借其专业知识和创新思维，成功开发出具有市场竞争力的产品和服务，为国家的科技进步和产业升级作出了贡献。

大学生创业有助于激发市场活力，创造新的经济增长点。他们敢于尝试新的商业模式和业态，为经济发展注入新的动力和活力。比如，共享经济模式的出现，就是大学生创业团队对传统经济模式的创新和突破，这一模式不仅带动了相关产业的发展，还促进了经济结构的调整和优化。

2. 缓解社会矛盾和就业压力的需要

当前，大学毕业生人数呈逐年递增趋势。据统计，2024 年高校毕业生高达 1179 万人，社会就业压力突显。在此背景下，高等学校开展创新创业教育，能增强大学生的创业意识，培养其不满足于现状、敢于创新并勇于承担风险的精神。通过鼓励高校大学生自主创业，可以改变以往单纯为高校毕业生提供岗位的“输血”式思维，转而增强学生自我“造血”的能力，从而有效缓解大学毕业生的就业压力。大学生创业不仅能够实现自我就业，还能通过创办企业吸纳更多的劳动力，创造就业机会，有效缓解社会就业压力。尤其是在当前就业形势严峻的情况下，大学生创业对于促进就业具有重要的现实意义。由创业带动就业的倍增效应显著，一个大学生创业成功，往往可以带动一批人实现就业，由此能够产生良性的就业连锁反应。

3. 社会价值创造的需要

对于有创业梦想的大学生来说，提升创新创业实践能力是实现梦想的关键。通过实践，他们可以将自己的创意转化为实际的产品或服务，为社会创造价值。大学生进行自主创业，不仅能解决个人的就业难题，还能为社会提供更多的就业机会。优秀的创业人才能带动地方经济发展，为社会创造更多的财富，实现先进技术的转化应用，激发整个社会的创新意识，促进社会观念的转变。

4. 高校人才培养的需要

为适应市场经济发展需求，高校应努力培养知识渊博、视野开阔且具有创新精神的综合型社会人才。创业教育旨在培养大学生创业的基本素质和能力，唤醒学生的创业意识，促进学生创业能力、创新精神和社会适应能力的发展。

5. 个人价值实现的需要

人生价值的实现是人一生追求的重要目标。而对人的价值评价，则要看人在创造客体价值的过程中是否实现了自我的主体性价值。创业能够充分发挥个人才干，积累个人财富，进而回馈社会。创业成功，不仅能得到社会认同、他人尊重，还能挖掘出个人潜力，展现自我价值，实现自身的全面发展。此外，创业能力还可以帮助大学生带着创业的思路去主动就业，为其未来的职业生涯提供源源不断的精神动力和智力支持，促使大学生在今后的工作岗位上不断创新、不断突破，为社会作出更大贡献。

创业案例

九五后连续创业者抓住电商脉搏勇做弄潮儿

带领团队抓住电商直播带货的风口，3个月销售额近千万元。一路闯过来的95后李义凡感慨，“创业就是要初生牛犊不怕虎”。凭借连续创业积累的经验，目前他已在广东中山建立了云仓供应链，并持续打造自有品牌。

武汉工商学院毕业生李义凡学的是广告专业，早在2018年大二时，他就展露出敏锐的商业嗅觉。他在参加社团外联活动时发现，民办院校团学组织工作经费不足，各部门办活动时，通常会通过帮互联网App做校园推广来拉取赞助，但二者之间缺乏一个稳定的外联通道。李义凡从中嗅出了商机，“互联网App每年都要做校园推广，但在最后1公里环节，往往缺乏有效的执行团队，这里就可以创造出商业价值”。于是，他拉上3个同学注册了一家校园活动策划公司。团队在QQ群、贴吧等社区搭建线上广告投放渠道；在校园里张贴海报、发放传单、举办推广活动，拓宽线下宣传渠道。通过承接各大企业的校园推广业务，两年多时间里，这家诞生于校园里的创业公司销售业绩就达到了60多万元。

做校园推广业务，获取企业客户是关键。作为一名普通的大学生创业者，李义凡平时很难有机会结识各行各业的大咖企业家。在拉业务的过程中，他思考并摸索出一套获取各类企业客户的“秘诀”：参加各类“双创”大赛，借助会务群了解企业家信息，与各行各业的企业家建立联系，拓展客户资源。此后，李义凡便成了各类

“双创”大赛的常客。

2020年，新冠疫情暴发给社会经济带来巨大冲击的同时，也刺激了“宅经济”的迅速增长，短视频也因此受到越来越多人的关注。当时，临近毕业的李义凡正在一家从事短视频平台推广业务的公司实习。

李义凡在工作中观察发现，初期入驻商家数量还相对较少，大量店铺仍然集中在其他电商平台，这里无疑是一片未开发的蓝海。李义凡瞄准“风口”，果断离职，投身于“抖店”创业浪潮之中。为了深入了解短视频这个新兴市场，李义凡在朋友的介绍下，联络了一名新的合伙人。这位合伙人曾在海外带过60多人的团队，从事过3年奢侈品销售工作，熟悉货品把关、带货技巧以及相关运营算法规则。两个小伙子一拍即合。他们调研后发现，短视频平台的主要用户群体为中低收入人群且女性占比较高，消费意愿强而客单价低。团队尝试以售价不超过199元且市面上稀奇少见的家用百货作为主打产品，比如“手机屏幕放大器”“厨房防油烟面罩”“防窥手机壳”“智能电压力锅”等，专攻厨具百货的低价市场。受疫情影响，当时义乌、广东等地的厂家将大批货品由外贸转为内销，不仅大幅降低售价，提供免费寄样，还放宽了回款期限。李义凡团队抓住这个机会赶赴义乌，一口气谈下数十家厂商，顺利解决了产品供应链问题。疫情期间，办公室难租。母校老师得知后，帮助李义凡团队入驻了武汉工商学院创业基地，还配备了办公室和电脑，支持他们独立办公。经过半个多月的筹划，2020年8月15日上午10点，李义凡团队启动第一场直播带货。当晚成交量就突破1200单，营业额近10万元，惊得大家以为是“虚拟账单”，赶忙联系客服，得到确切回复后，小伙伴们一时间热血澎湃。此后3个月销售额近千万元。

随着电商竞争愈发激烈，1年以后，李义凡果断转向，将业务重心调整为对中小企业的电商培训与孵化。培训采取线下小班授课模式，学员们在课堂上可以充分交流彼此的经验得失。这一做法极大地提高了培训效果。实体商家、传统电商商家以及不少大学生创业者都慕名而来，学员中高校毕业生占到50%。

截至目前，李义凡的公司累计开展培训90多期，培训学员600余人。仅培训这一项业务，营收便超1300万元。目前，李义凡将目光又投向三农领域。他表示：“太多农产品滞销、卖不出去了，而直播带货已经成为助力农产品销售和打响农产品品牌的新方式。”2022年10月，他受邀为宜昌市远安县、咸宁市通山县、十堰市房县等地开展电商培训，为农特产品企业及电商创业达人传授运营方法。

2023年4月，凭借出色的创业成就，李义凡被中共洪山区委宣传部评为2022年度“洪山好人”。当下，李义凡正在着手进行商品品类的转型，以图公司长远发展。不久前，他在广东中山建立了云仓供应链，正在打造“一凡品创”自有品牌。他坚信：“只要产品掌握在自己手里，即使平台不断迭代，企业也能在市场竞争中站稳脚跟。”

（来源：中国青年报）

四、大学生创业的扶持政策

（一）税收优惠政策

持人力资源社会保障部门核发《就业创业证》的高校毕业生在毕业年度内创办个体工商户的，可按规定在 3 年内以每户每年 20000 元为限额（最高可上浮 20%，具体由各省、自治区、直辖市人民政府根据本地区实际情况确定），依次扣减其当年实际应缴纳的增值税、城市维护建设税、教育费附加、地方教育附加和个人所得税。

高校毕业生创办小微企业的，可按规定享受相关普惠性税收政策。

（二）担保贷款和贴息政策

1. 创业担保贷款和贴息支持

高校毕业生可在创业地申请创业担保贷款，最高贷款额度为 30 万元，贷款期限不超过 3 年，财政部按规定给予贴息支持。对于符合条件的个人合伙创业的，可根据合伙创业人数适当提高贷款额度，最高不得超过符合条件的个人创业担保贷款额度上限之和的 110%，且不得超过小微企业创业担保贷款额度上限。针对贷款金额在 10 万元及以下，且获得市（设区市）级以上荣誉称号的高校毕业生创业者，免除反担保要求；对于高校毕业生设立的符合条件的小微企业，最高贷款额度可提高至 400 万元，市财政按规定给予贴息。

2. 创业担保贷款申请程序

申请创业担保贷款贴息支持的个人和小微企业，应向当地人力资源社会保障部门申请资格审核，通过资格审核后，可向当地创业担保贷款担保基金运营管理机构和经办银行提交担保和贷款申请，符合相关担保和贷款条件的，可与经办银行签订创业担保贷款合同。

（三）资金扶持政策

一次性求职补贴：对在毕业学年有就业创业意愿，并积极求职创业的低保家庭、贫困残疾人家庭、原建档立卡贫困家庭和特困人员中的高校毕业生，残疾及获得国家助学贷款的高校毕业生，给予一次性求职补贴。

一次性创业补贴：离校 2 年内高校毕业生，若首次创办小微企业或从事个体经营，且所创办企业或个体工商户自工商登记注册之日起正常运营 1 年以上，给予一次性创业补贴。

职业培训补贴：对在毕业年度内参加创业培训的高校毕业生，按规定给予培训补贴。

（四）工商登记政策

简化注册登记手续：高校毕业生创办企业时，只需填写“一张表格”，向“一个窗口”提交“一套材料”，登记部门便会直接核发加载统一社会信用代码的营业执照，实现“多证合一”。

(五)户籍政策

取消落户限制：高校毕业生可在创业地办理落户手续(直辖市按有关规定执行)。

(六)创业服务政策

免费创业服务：高校毕业生可免费获得公共就业和人才服务机构提供的创业指导服务。

技术创新服务：各地区、各高校和科研院所的实验室以及科研仪器、设施等科技创新资源，可以面向大学生开放共享，并提供低价、优质的专业服务。

创业场地服务：鼓励各类孵化器面向大学生创新创业团队开放一定比例的免费孵化空间。政府投资开发的孵化器等创业载体应安排30%左右的场地，免费提供给高校毕业生。有条件的地方可对高校毕业生到孵化器创业给予租金补贴。

创业保障政策：加大对创业失败大学生的扶持力度，按规定为他们提供就业服务、就业援助和社会救助。毕业后创业的大学生可按规定缴纳“五险一金”。

(七)学籍管理政策

折算学分：高校应设置合理的创新创业学分，建立创新创业学分积累与转换制度，探索将学生开展自主创业等情况折算成学分。

弹性学制：学校可以根据情况建立并实行灵活的学习制度，可放宽学生修业年限，允许学生保留学籍休学创新创业。

创业视窗

大学生创业优惠政策

山东省：创业典型人物奖励

在“山东省创业大赛”中荣获前十名的创业者，根据获奖等次(特等奖、一等奖、二等奖、三等奖)由高到低，分别给予20万元、10万元、8万元、5万元奖励。对每年新评选出的“山东大学生十大创业之星”，给予每人5万元奖励；“山东优秀大学生创业者”则给予每人1万元奖励。各市可以结合本地实际，制定市级创业典型人物奖励办法。

河南省：高校毕业生自主创业有“礼包”

普通高校、职业院校、技工院校在校学生，均可参加创业意识培训、创办(改善)企业培训、创业实训、网络(电商)创业培训各一次，并享受相应的培训补贴。培训补贴采取“先垫后补”和“信用支付”等办法，补贴标准为：创业意识培训200元/人，创办(改善)企业培训1000元/人，创业实训300元/人，网络(电商)创业培训 1500 元/人。

对于大中专学生(含毕业 5 年内的普通高校、职业学校、技工院校毕业生及在校生，以及毕业 5 年内的留学回国人员)创办的实体，入驻经人力资源社会保障部门认定的创业孵化基地，在创业孵化基地发生的物管、卫生、房租、水电等费用，3 年内可享受不超过当月实际费用 50%的运营补贴，年补贴最高限额 1 万元。

江西省：更大力度支持灵活创新创业

江西各地积极搭建创业孵化基地平台，为高校毕业生创业提供培训、场地及商事服务方面的支持。政府投资开发的创业孵化基地等创业载体，安排一定比例的场地免费向高校毕业生创业者提供，高校毕业生入驻创业孵化基地发生的物管费、卫生费、房租费、非生产性水电费，可按每月实际费用的 60%获得补贴，每个入驻实体每季度最高补贴不超过 1 万元，补贴期限不超过 3 年。此外，江西省还进一步优化创业贷款的申请办理程序，加快个人创业担保贷款审批服务速度，降低创业担保贷款担保门槛。

湖北省：全方位支持大学生创新创业

在湖北省自主创业的在校大学生和毕业 5 年内的高校毕业生，依法登记注册且吸纳 3 人(含 3 人)以上就业的创业项目，根据其吸纳就业能力、科技含量、经济社会效益等因素，按照自愿申报、专家评审、举办大赛、社会公示的程序，给予 5 万~50 万元的大学生创业扶持项目扶持资金。

在校大学生和毕业 5 年内的高校毕业生在省级大学生创业孵化示范基地创业，由孵化基地提供创业指导、项目推介、投资融资等服务，定期举办创业沙龙、项目路演等活动，提供工商营业执照办理、银行开户等各项商务代办服务，同时给予场租、水电、宽带网络、公共软件等费用减免，协助申请各项创业扶持政策。对于初次创业租用经营场地的在校大学生及毕业 5 年内的高校毕业生，有条件的地方可给予场地租金等补贴，补贴期限不超过 3 年，补贴标准由各地自行确定。此外，政府投资开发的创业平台、科技孵化器、创业空间等，应安排一定比例场地免费向大学生创业者提供。

在校大学生和毕业 3 年以内的高校毕业生从事个体经营和创办小微企业的，除限制行业，自首次办理工商登记之日起 3 年内，可免收属于登记类、证照类、管理类的各项行政事业性收费。

(资料来源：中国大学生就业，有改动)

第二节 创业精神

在管理学经典著作中，创业精神更多地表现为一种创新性的活动或者行为，创业者通过此活动或行为，对既有资源进行重新组合，从而产生新的价值。从创业特征的角度来看，创业精神既是创业者开展创业活动的源泉和动力，也是创业者所具备的基本属性。如果大学生创业者缺乏创业精神的支撑和陪伴，其创业之路将是坎坷和艰难的。大学生创业者应该不断涵养自身的创业精神，为创业之路的通达、长远发展助力。

一、创业精神的内涵

创业精神也可以称为企业家精神，即某个人或某个群体通过有组织的努力，以创新和独特的方式追求机会、创造价值并谋求增长，不论这些人手中是否掌握资源。创业精神包括发现机会和调度资源去开发这些机会。创业精神隐含的是一种创新行为，而不是单纯的经济现象或个人特质的表现，它具有持续创新生长的生命力。

一般认为，创业精神作为一种奋发向上、积极进取、追求成功的精神状态，在创业者的主观世界中，体现为具有开创性的思想、观念、个性、意志、作风和品质等。早在1988 年，就有学者对创业精神的含义做过研究，认为创业精神就是新组织、新企业的创造者进行开创活动时的勇气和精神，即创业精神是创业者本身所具有的特质。

米勒在 1983 年拓宽了创业精神的含义，他认为创业精神还应包括企业的行为特征。我国研究者王萍、王力薇认为：“创业精神是通过贡献必要的时间和努力，承担伴随而来的钱财、精神和社会风险，并且接受报酬，而成为带有价值东西的过程。”①综合以上观点，我们认为创业精神不仅指创业者本身的特质，还应包括企业的创新行为和应对风险的能力。

哈佛大学商学院对创业精神的定义为“一个人不以当前有限的资源为基础而追求商机的精神”。从这个角度来讲，创业精神代表着一种突破资源限制，通过创新来创造机会、创造资源的行为。

实际上，我们可以把创业精神看作创业者在创业过程中重要行为特征的高度凝练，它主要表现在以下几个方面，如图 1-3 所示。

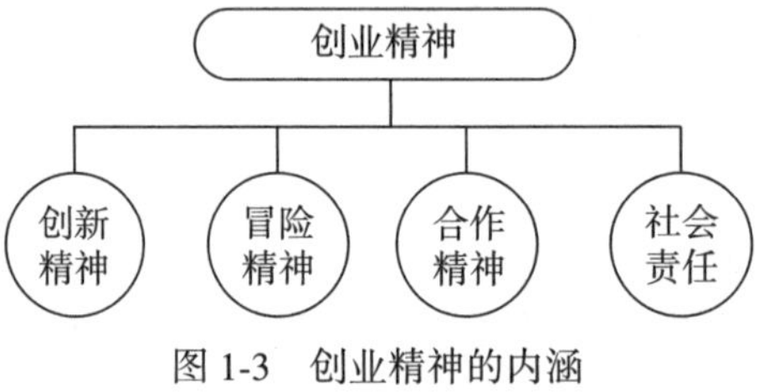

图 1-3　创业精神的内涵

（一）创新精神

创新精神是创业精神的灵魂。创业的本质，是将新的理念和设想，通过新的产品或服务、新的生产流程融入市场中，进而创造出新的价值或财富的过程。在经济全球化的今天，在激烈的市场竞争中，创新往往成为企业获得成功的必备手段。美国著名管理学

① 王萍，王力薇．创业精神的心理学研究［J］．商品与质量，2010(2)：65-66.

家德鲁克在《创新与企业家精神》一书中提出："创业就是要标新立异，打破已有的秩序，按照新的要求重新组织。"①作为大学生创业者，创新精神不仅应是创业者本身所具有的特质，更应该是创业企业所必备的精神。创新精神意味着突破、打破陈旧的观念或手段。在创业过程中，大学生创业者应该保持一种积极推动企业发展的精神状态，这种精神状态，是创业者，尤其是核心创业者在面对残酷的社会、经济、政治压力和竞争压力时必须具备的。这种精神状态最主要的表现形式就是灵活性，它能让企业在复杂的环境中不断战胜困难，迎接挑战，最终获得成功。因此，如果一个社会缺乏创新精神，就不会有新企业的诞生。

(二) 冒险精神

冒险精神是创业者的天性，创业者与探险家有着很多相似之处，没有敢冒风险和勇担风险的魄力，就不能称之为创业者。中外无数创业者，虽然成长环境、背景和创业机缘各不相同，但他们大多是在条件极不成熟或外部环境极不明朗的情况下，敢为人先，勇于做"第一个吃螃蟹的人"，从而开创出辉煌的事业。

任何一项创业活动都不可能自始至终一帆风顺，特别是在知识经济时代的今天，创业者必须具备较强的风险意识，对于具备扎实的知识基础但缺乏经营经验的大学生来说，面对机会时是否愿意冒险并果断做出决策，是决定他们能否走上创业的关键一步。创业本身充满风险，这也是创业投资资金被称为风险资金的原因。有研究指出，企业经营者为追求成功，就必须承担合理且经计算过的风险，所追求的利润越高，风险则越大，更有甚者，必须冒着失败的风险以追求预期利润。有学者认为，经营者成功的要素之一是要有创意地承担风险，即愿意承担合理的、经过评估的风险。

布罗克豪斯等学者的研究发现，潜在的创业企业家比那些不想创业的人具有更高的风险倾向。其后，有学者在进行创业企业家自我效能量表调研时发现，风险倾向与创业企业家呈正相关关系。帕利希·佰吉提出，创业企业家之所以具有更高的风险倾向，是因为他们对市场形势的判断更为积极和肯定，将市场趋势看作"机会"而不是"风险"，而非创业企业家则难以从"风险"中看到潜在的"机会"。

(三) 合作精神

合作精神是创业精神的精髓。随着生产力的发展，当今社会的行业分工越来越细，没有人能独立完成创业所需的所有事情。优秀的创业者不仅应该善于合作，还能将这种合作精神传递至企业的每一位员工。面临困境时，团队上下能够团结一心，"心往一处想、劲往一处使"，这样，企业就能披荆斩棘，驶向成功的彼岸。

在社会竞争日益激烈的今天，合作精神越来越被人们重视，成为推动社会进步的重要力量。先秦时期，我国著名思想家孟子说过："天时不如地利，地利不如人和。"德国著名哲学家叔本华说："单个的人是软弱无力的，就像漂流的鲁滨孙一样，只有同别人

① ［美］彼得·德鲁克．创新与企业家精神［M］．蔡文燕，译．北京：机械工业出版社，2018.

在一起，他才能完成许多事业。”古往今来，无数的仁人志士都意识到了合作的重要性。

合作可以产生“1+1>2”的倍增效应。在诺贝尔获奖项目中，因协作获奖的占 2/3 以上。从近几年的诺贝尔获奖数据统计来看，因合作而获奖的比例已高达 80%。对于大学生创业来说，合作精神同样十分重要，学会合作已经成为大学生创业者的必胜法宝之一。

俗话说：只要出发，就能达到。创业也是一样，如今，很多大学生有创业想法，却瞻前顾后、畏首畏尾，不去实践。对于创业来说，没有实践，就永远不会成功。只有在实践中，才能不断验证创业想法的正确性，修正完善自己的创业想法。因此，没有实践的创业只是空谈，只有把创业想法付诸实践，最终才有可能获得成功。

(四)社会责任

社会责任是创业精神的底色。一般认为，企业社会责任是指企业创造利润的同时，在对股东利益负责的基础上，还要承担对员工、消费者、社区和环境的社会责任，包括遵守商业道德、保障生产安全、保护劳动者合法权益、保护环境、支持慈善事业、捐助社会公益事业和保护弱势群体等。伟大的企业家不仅仅是为了实现个人的财富梦想而创业，更是为了回馈社会、担当责任而努力。创业精神要求创业者必须承担社会责任，并且具备甘于奉献的精神。一个人在创造自己事业的同时，应该把实现社会价值和赚取财富结合起来，做一个有社会责任感的人。

创业榜样

担当社会责任，激发创业雄心

李达伟是长沙某大学的学生，早在大学一年级，他就走上了自主创业的道路，他的创业项目始终聚焦在困扰大众的痛点问题上。在创业之路上，始终有一句话激励着李达伟——“上为国家分忧，下为群众解愁”。这句话让李达伟的创业信念愈发坚定。他认为，国家从来都不缺企业家，而缺能为国家和群众做实事的创业者。

带着这份强烈的责任感，李达伟把目光放在了大学生日常生活中的痛点上。在校生活期间，大学生在寝室洗澡时经常会遇到热水供应不足、出水压力不够、蓄水温度不高等问题。洗澡这件几乎每天要重复的事，却成为许多同学的生活痛点。李达伟自己对此也深有感触，大学一年级时，李达伟就经常遇到在寝室洗澡没热水或者热水压力很小的窘况。

李达伟经过调查发现，尽管出现热水压力小、流量小等现象的主要原因是中央热水系统机组的增压阀未开启，但还有一个原因，就是使用的人太多。然而，如果一直开启增压阀，会导致能源浪费和设备老化速度加快等；如果选择在学生集中洗澡的时间段临时开启增压阀，又需要后勤工作人员到每一栋宿舍楼的楼顶手动操作控制箱，但这个时间段后勤工作人员早已下班回家。李达伟意识到，想要解决这些长期困扰学校后勤工作人员和大学生们的问题，必须另辟蹊径，找到一种新的产品来解决这一问题。

此后，李达伟正式组建了创业团队，开始研发新产品。与此同时，学校也给李达伟提供了非常重要的帮助。例如，免费为其提供办公场地，让李达伟的团队拥有研发产品的独立空间；给予资金上的扶持，让李达伟的团队能够安心专注于产品创新；派遣指导老师在产品推广方面提供帮助，弥补李达伟的团队在运营、市场推广方面的不足，助力李达伟的创新产品顺利转化为市场商品。在多方的共同努力下，李达伟的团队终于研制出一款智慧热水产品，并在浙江大学、南昌大学等全国20余所高校的寝室大楼得到应用。

李达伟之所以选择研发智慧热水产品，是因为他想切实解决同学们洗澡难、洗澡不舒适的问题，希望能用自己的绵薄之力为大学校园带来一些改变，让同学们的校园生活变得更加美好。除此之外，李达伟还带领团队共取得国家实用新型专利3项、软件著作权4项，完成国家级产品认证1项。

毕业后，李达伟为母校的12名应届毕业生提供了技术研发、市场营销、财务管理等就业岗位，其中30%是家庭经济较为困难的学生。同时，他的公司还在近期达成400万元人民币的融资意向，公司估值已达4000万元人民币。

目前，李达伟的创业事迹已被中央电视台、《人民日报》、新华社、湖南卫视、安徽卫视、湖南日报等全国二十余家主流媒体报道，产生了广泛的社会效益和价值，他的价值观和创业理想正在影响更多的创业者。

（资料来源：湖南日报·新湖南客户端，有改动）

二、创业精神的作用

创业精神能够激发人们进行创业实践的欲望，是一种内在的动力机制。它在很大程度上决定着一个人是否敢于投身创业实践活动，支配着人们对创业实践活动的态度和行为，并影响着态度和行为的方向及强度。具体来讲，创业精神的影响主要体现在以下三个方面。

(一)实现个人理想

创业精神是实现个人理想的强大动力和关键因素。它蕴含着勇于创新的勇气，激励人们突破传统思维的束缚，敢于尝试新的方法和路径，为实现理想开辟出独特的道路；它包含着坚韧不拔的毅力，使人们在遭遇困难和挫折时，不轻言放弃，持续朝着目标前进；它还包含着积极进取的态度，促使人们不断自我提升，抓住机遇，将理想逐步转化为现实。无论是追求事业上的卓越成就，还是实现个人价值的升华，创业精神都能为个人提供源源不断的能量，推动其在追求理想的道路上不断前行。

(二)促进企业成长

在竞争激烈的市场环境中，创业精神是企业脱颖而出、实现持续成长的关键动力。

它激励着企业不断探索新的市场机会，勇于突破传统思维和模式的禁锢，以创新的产品和服务满足客户日益多样化的需求。这种精神能够激发团队成员的积极性和创造力，使企业始终保持敏锐的市场洞察力和灵活的应变能力，从而在不断变化的商业环境中抓住机遇、应对挑战，推动企业从初创走向成熟，从优秀迈向卓越，实现规模扩张和效益提升。那么，企业该如何使其整个组织都重新焕发创业精神，创造更高速的成长，从而具有更强的竞争力呢？这是每一个企业管理者都需要深入思考的问题。

(三)推动国家发展

创业精神是推动国家发展的强大动力源泉，它激励着人们勇于创新、敢于冒险、积极进取，不断探索新的商业模式、技术突破和市场机会。这种精神不仅能够激发个人的创造力和潜能，还能促进新兴产业的崛起，带动就业增长，优化经济结构，提升国家的经济活力和竞争力。在社会层面，创业精神培养了人们面对挑战的勇气和解决问题的能力，推动了社会的进步与繁荣，为国家的可持续发展、实施创新驱动发展战略、提升经济发展质量，注入了源源不断的活力。

创业精神，是一个民族活力的象征，是一个国家保持发展潜力的支撑。创业精神所蕴含的力量，能够帮助个人、企业、民族乃至国家走向成功和繁荣。当前，世界正在经历百年未有之大变局，产业结构正经历着彻底的转变。在此背景下，创业精神在我国将发挥更大的作用，它有利于加快经济发展方式的转变，促进经济社会又好又快地发展。创业精神能够帮助个人、企业乃至整个国家，在面对错综复杂的竞争环境时走向成功。当前，世界产业结构正在发生转变，创业精神有利于促进我国经济持续健康快速发展，我们应当着重培养自己的创业精神。

三、创业精神的培养

(一)培养创业人格

个性特征对于大学生创业者来说非常重要，尤其是独立性、坚持性、敢为性等。培养创业人格与培养创业精神相辅相成、相互促进。

美国斯坦福大学教授推孟在30年前追踪研究了800人的成长过程。研究结果发现，这些人中，成就最大的20%与成就最小的20%最明显的差异体现在个性方面，高成就者具有谨慎、自信、不屈不挠、积极进取、坚持不懈等个性特征，这说明个性特征对个体的创业活动来说非常重要。尤其是独立性、坚持性、敢为性等人格特质的培养，同创业精神与创业能力的培养紧密相连、相辅相成。高校要依据大学生的心理特点，有针对性地讲授心理健康知识，帮助大学生树立心理健康意识，优化心理素质，增强心理调适能力和社会生活适应能力。同时，要引导大学生自觉培养坚韧不拔的意志品质和艰苦奋斗的精神，提高他们承受和应对挫折的能力。此外，高校还可以通过创业案例，深入剖析创业者的人格特征，对大学生创业者进行心理训练，让其切实掌握形成良好心理素质与优良人格的有效方法。

(二)培养创新能力

创新是创业精神的核心要素，高校必须高度重视对学生创新能力的培养。高校要尊重学生的个性发展，爱护和培养学生的好奇心、求知欲，为学生的天赋和潜能的充分开发创造一种宽松的环境，鼓励学生勇于突破常规，有意识地突破前人的思维定势、突破书本知识的局限、突破老师的固有教法。高校可以通过开设创新创业系列课程，举办主题技能竞赛、创意大赛等，让学生感受、理解知识产生和发展的过程，培养学生的科学精神和创新思维。此外，高校还应鼓励学生参与教师的科研项目，让学生在科研实践中学习创新方法和技巧。教师可以指导学生参与科研项目的选题、设计、实施等环节，培养学生的科研能力和创新思维。

(三)强化创业实践

“纸上得来终觉浅，绝知此事要躬行。”大学生应该充分利用课余时间，积极参加一些创业模拟和社会实践活动，以增强对企业的了解和对社会的认知。在校内外，大学生可以参加创业竞赛活动和实习见习等，通过这些实践活动磨炼自己，培养创业精神。

创业榜样

徐子涵：不试试怎么知道会不会成功呢

上海商学院艺术设计学院园林专业2023届本科毕业生徐子涵说：“趁年轻，多折腾，不试试怎么知道会不会成功呢?”四年里，他和搭档谌军奇从同学变成合伙人，办公室从宿舍到商务楼，进行着他们的创业之路。

毕业40天，创业经验已有4年

6月份，徐子涵拍好毕业照，便匆匆和同学们告别，一头扎进了公司运营中。他和同班同学谌军奇合伙创立了上海自寒文化传媒有限公司，主要开展社交媒体运营等业务。虽然告别校园也就40天，但是说起创业经历，徐子涵已经有四年的经验。“大一新生报到时，我爸爸妈妈和姑姑来送我，姑姑看到校园里有很多卖盆、拖鞋等洗漱用品的小摊位，就说你也可以试着做。”徐子涵笑着说，还没正式开学，姑姑就帮他琢磨起了商机。

徐子涵是宁夏人，爸爸创业多年，积累了很多经验。家中的创业经商氛围让徐子涵很早就习惯于思考创业的机会。“大一的时候我就参加了创业俱乐部，上课、听讲座，学习了不少创业方面的知识，还参加了各类创业比赛。”

徐子涵和谌军奇通过比赛项目找到了商机。“我们开发了一个叫‘表白墙’的信息平台。”徐子涵说，在日常学习生活中，他们发现很多同学对学校、学生的相关信息和活动不了解，而“表白墙”这个平台，可以进行学生组织活动的推广、校园新闻的发布、校内外比赛信息的收集和发布、社团招新信息的宣传等。“同学们也可以将自己随手拍的美照、想说的话通过我们这个平台发出来。有点像校园版的

‘小红书’。”经过线上线下各种渠道的宣传，平台得到了越来越多的关注和支持。徐子涵告诉记者，他们曾经和一些考研、考公教育机构进行深度合作，最高时月利润有几万元。带着校园创业收获的第一桶金，徐子涵决定将创业之路继续走下去。

从学生变老板：困难不少，信心也不少

徐子涵很清楚，校园信息平台的模式对于已经走出校园的他们来说过于单一。“我们把这项业务作为公司的一个板块，要尽快找到其他增长点才行。”于是，徐子涵和搭档谌军奇一起注册了上海自寒文化传媒有限公司，从学生变成“老板”，他们签了两位同学，并通过社会招聘录用了两位员工。

公司一下子有了6个人，员工工资、办公室租金、物业费等一笔笔账单摆在徐子涵面前。“我们开发了新业务，帮一些博主做广告对接，帮企业做广告投放，就像校园信息平台的扩大版。”徐子涵和合伙人开始四处跑业务，困难比想象中要多。“在校园里谈合作时，我们就给对方看我们的粉丝数和传播效果就行了，现在要有成熟的方案，而且我们在初创期，接单没那么容易。”

但徐子涵也没气馁。“我们现在就是不挑活儿，能开单就开单，尽管有些业务性价比可能低了些，但积累更重要。”“创业哪有一帆风顺的？”他时常用爸爸的话来鼓励自己。徐子涵说，得益于校园信息平台板块的业务和收入，公司目前运转一切正常。“在我看来，只要公司没倒闭，还有业务，就算成功了。”徐子涵笑着说。

独自在上海创业，徐子涵说父母很支持他。“大胆闯，大胆试，是他们从小就教给我的信条。”徐子涵说，作为大学生创业公司，他们享受了政府在税收等方面的支持政策。“上海机会多，市场更公平，这里是大学生创业的首选地。”

带着家人的理解和支持，带着信心和勇气，徐子涵决心努力拼下去。“失败了？不要紧，总结经验，再出发。”他斩钉截铁地说。

“创业就意味着失业”，这是不少人对大学生创业的调侃。不可否认，大学生创业成功率低是一个不争的事实，但徐子涵的创业热情、勇气和自信依然值得我们为其鼓掌。不过，大学生想要创业成功，仅有迎难而上的勇气是不够的。

好消息是，越来越多的大学生就业创业扶持政策已经发布。比如，教育部政策明确规定，毕业生自主创业可获资金支持，免收有关行政事业性收费，享受税收优惠政策。毕业生创业可申请一次性创业补贴和最高20万元的创业担保贷款，合伙创业的还可适当提高贷款额度，还将在公共创业服务机构享受咨询辅导、政策落实、融资服务等服务。政府投资开发的孵化基地等创业载体将安排一定比例场地，免费向毕业生提供。

徐子涵在上海商学院就读时，参加了学校举行的各类创业大赛，萌发了创业的种子，由此可见，高校的创业实践培养和创业教育必不可少。在高校人才培养过程中，要鼓励大学生以项目为载体，开展创新创业训练，针对不同层次、不同类型学生的创业意愿和创业潜质，强化创业意识、丰富创业知识、培养创业技能，不断强化实践能力和创业能力的培养。

此外，大学生也要做好创业遭遇挫折或失败的心理准备。毕竟很多创业者在创业之初充满激情，但遭遇挫折后却一蹶不振，甚至逃离创业圈。大学生要充分认识到创业不易，它需要资源、人脉、资金、行业经验、人生经历等的全方位支撑，必须做好充分的心理准备。

大学生有创业的信心和勇气，高校做好创新创业实践教育，政府和社会提供完善的政策支撑体系，只有这样，才能让更多的大学生敢于创业。

（来源：《劳动报》，2023 年 7 月 13 日，有改动）

第三节 职业生涯与创业规划

在人生这条道路上，一部分人始终一步一个脚印，朝着自己的目标稳步迈进，另一部分人却常常碌碌无为，随波逐流。造成这种差别的原因，往往与他们是否做好了生涯规划有着密切的关系。无论大学生未来有着怎样的职业憧憬和人生规划，都应该及时与同学沟通，主动寻求老师的帮助和建议。同时，要用心掌握必要的生涯发展规划理论和工具，逐渐明确自己的优势和爱好，然后再结合自己的实际情况，制订出科学合理的生涯发展规划。只有规划好未来，才能在激烈的社会竞争中胜出。

一、职业生涯概述

(一)职业生涯的定义

“生涯”一词，最早可以追溯到《庄子 · 内篇 · 养生主》：“吾生也有涯，而知也无涯。”在此处，“生”“涯”二字各有含义，前者指生命，后者指边界。人的一生中，会经历无数事件，包括学习、工作、事业等都可以纳入生涯的范畴。如今，《现代汉语词典》(第 7 版)对“生涯”的解释是“从事某种活动或职业的生活”。

“生涯”对应的英文单词为“career”，它是由“职业”(vocation)一词拓展演变而来，在英文中有人生经历、生活道路和职业、专业、事业的意思。1953 年，美国学者唐纳德 · 舒伯首次提出“生涯”的概念。他指出：“生涯是个人终其一生所扮演角色的整个过程，生涯的发展是以人为中心的。而职业生涯是一个人在就业领域所经历的一系列岗位、工作或职业及相关的态度、价值观、愿望等连续的过程。”自此，以“职业生涯”为基础的理论研究逐步建立和兴盛起来。

多年来，职业生涯的概念不断发展和完善。目前，使用最广泛的一个定义由美国国家职业发展协会提出。该协会指出，职业生涯是个人通过从事工作所创造出的一个有目的的、延续一定时间的生活模式。

(二)职业生涯的特点

(1)“个人通过从事”。这一特点强调了职业生涯的个人属性，它本质上是一个个人行为经历的集合，而非群体或组织的行为经历，并且每一个人的职业生涯都是独特的。在现实中，基于个人特定的成长经历、不同的兴趣爱好，没有两个完全相同的职业生涯。即使两个人的各项条件类似，但由于生涯发展的变化和进程不同，他们的职业生涯也是不一样的。

(2)“工作”。这里的工作，是指可以为自己或他人创造价值的活动。工作是职业生涯概念中较易被误解的部分，此处的工作范畴，不单指职业，也包括创业等其他能够创造价值的活动。

(3)“创造出”。职业生涯是个人基于主观意愿，通过连续的选择和行动所塑造的结果。人们面临选择时，需要权衡收益和风险。对于个人来说，在规划职业生涯时，不需要选择最完美的选项，而是要选择适合自己的。

(4)“有目的”。职业生涯凝结了个人一生的努力和信念，反映了个人的抱负和目标，它不是偶然发生，也不是顺其自然的结果，而是需要提前进行规划、设计和执行。

(5)“延续一段时间”。职业生涯是一个时间概念，它始于工作之前专门的知识和技能的学习与训练，终止于职业或相关活动的完全结束。个人可能因为某些因素延长或终止职业生涯。不同的人，其职业生涯的长短往往也不一样。

(6)“生活模式”。职业生涯不仅仅局限于职业领域的活动，它与个人生活紧密关联。因此，职业生涯还涉及个人生活角色(如家长、配偶、学生等)的合理安排和协调。

(三)职业生涯的分类

外职业生涯是指从事工作时的工作单位、工作地点、工作内容、工作职务、工作环境、工资待遇等因素的组合及其变化过程。例如，设定岗位目标为总监或者企业负责人；明确经济目标为年收入30万元或企业利润达到3000万元。外职业生涯的构成因素通常由他人给予，也容易被收回。外职业生涯因素的取得往往与个人付出不符，尤其是在职业生涯初期，有的人长期执着于追求外职业生涯因素，内心极为痛苦，因为他们没有意识到，外职业生涯的发展是以内职业生涯的发展为基础的。

内职业生涯是指从事一项职业时所具备的知识、观念、心理素质、能力、内心感受等因素的组合及其变化过程。例如，设定工作成果目标为创新某个产品的生产工艺；确定心理素质目标为处事不乱、宠辱不惊、经受得住挫折等。个人虽然可以通过他人的帮助来获得内职业生涯的各项因素，但主要还是通过自己的努力追求得以实现。与外职业生涯构成因素不同，内职业生涯的各项因素一旦取得，他人就不能收回或剥夺。

二、职业生涯规划与创业

(一)职业生涯规划的含义

职业生涯规划，简称生涯规划，又称职业生涯设计。目前，最权威的定义来自劳动和社会保障部就业促进司与中国就业培训技术指导中心组织编写的《创新职业指导——新理念(基础知识)》。该书指出，职业生涯规划是个人在对内在心理特征和外在环境条件进行评定与分析的基础上，结合自身情况及眼前的机遇和制约因素，选择职业道路，设定明确的职业发展目标，并制定相应的发展计划等一系列活动的规划。

具体来说，职业生涯规划要求个体客观地认知自己的兴趣、能力、性格和价值观，发展适合自己且完整的职业自我观念，将个人发展与组织发展相结合，在对个人和外部环境因素进行分析的基础上，深入了解各种职业的需求趋势，以及能够成功获得该职业的关键因素，确定自己的事业发展目标，并具体地选择实现这一事业目标的具体岗位。随后，应编制相应的工作、教育和培训的行动计划，并制订基本措施。在行动中，要高效执行、灵活调整，不断提升所需的执行、决策和应变技能，促进个人事业的顺利发展，从而最大化地取得成功。

(二)职业生涯规划的基础理论

1. 特质因素理论

特质因素理论由帕森斯教授提出，目前被认为是用于职业选择与职业指导的最早、最经典的理论之一。他在其著作《选择一份职业》中提出了“人与职业相匹配是职业选择的焦点”的观点。他认为，个人都有自身独特的人格模式，每种人格模式都有与其相适应的职业类型。帕森斯认为，明智的职业生涯选择应分为三个步骤。

第一，对自身的兴趣、技能、价值观、目标、背景和资源进行认真的自我评估。

第二，针对学校、就业培训、就业机会和各种职业，考察所有可供选择的机会。

第三，鉴于前两个阶段所获取的信息，仔细推断何为最佳选择。

迄今为止，帕森斯理论的影响依然存在，它使人们在职业生涯选择的思维方式上有了重大突破。一些学者将该理论誉为生命力最强的职业指导理论，认为特质因素理论为生涯发展、生涯管理奠定了基础。

2. 职业生涯发展理论

金斯伯格及其研究团队是职业生涯发展理论的早期倡导者。金斯伯格提出了三阶段理论，即幻想期(11 岁以前)，此阶段儿童主要通过游戏扮演自己喜欢的职业角色，在本阶段末期，游戏开始朝着工作导向发展。尝试期(11～17 岁)，随着年龄增长，青少年的独立意识增强，价值观开始形成，知识不断丰富，能力显著提升，他们开始注意职业要求与自身能力之间的匹配度。现实期(17 岁以后到年轻成人)，在这一阶段，个体已形成较为具体和现实的职业目标。

1957 年，萨柏在对金斯伯格研究进行批判和继承的基础上，提出了自己的职业生涯发展理论(见表 1-3)。在职业生涯发展的研究中，萨柏将个体差异心理学、发展心理学、职业社会学等学科，以及人格发展理论和角色理论等诸多学科集于一体，使职业生涯发展理论逐渐摆脱了传统、狭隘、静态的“人职匹配”模式，转向对个体终生连续发展的关注和全面职业生涯管理过程的研究。

表 1-3　**职业价值观定位表**

主阶段	次阶段	年龄	主要特点
成长阶段	幻想期	10 岁及之前	发挥想象力，在幻想中扮演自己喜欢的职业角色
	兴趣期	11～12 岁	以兴趣为主，逐渐理解并评价某种职业
	能力期	13～14 岁	开始考虑工作要求的各种条件，能力已经占据较大比重

续表

主阶段	次阶段	年龄	主要特点
探索阶段	试验期	15~17 岁	开始将自己的兴趣、需要、能力、价值与机会进行综合分析，并对未来职业进行尝试性选择
	转变期	18~21 岁	明确适合自己的某种职业倾向，选择职业培训或者进入某一职业领域
	初步尝试期	22~24 岁	确定工作领域，选择可能提供重要机会的职业，开始从事某一职业，对职业发展目标的可行性进行探索
建立阶段	尝试期	25~30 岁	原本以为适合自己的职业，可能实际并不是太满意，于是会做出一些职业调整和尝试
	稳固期	31~44 岁	在职业中安定下来，努力实现自己的职业目标。但也有一部分人在职业中期会调整或重新选择新的职业目标，他们会重新评估自己的职业目标
维持阶段	—	45~64 岁	与前一阶段相比，本阶段主要是职位、具体工作和单位的变化，而不是职业的变化。个人的主要任务是开发新的技能，维护已获得的成就和社会地位，维持家庭和工作两者间的和谐关系，寻找接替人选
衰退阶段	—	65 岁及以上	逐步退出职业领域，结束职业生涯，开发社会角色，减少权力和责任，适应退休后的生活

3. 职业兴趣理论

职业兴趣理论主要是由霍兰德提出和发展的。霍兰德认为，一个人的职业兴趣会极大地影响职业的适宜度。当个体所从事的职业与其兴趣相吻合时，就能够发挥出最大的潜能，也更容易在该领域取得成就；反之，若职业与兴趣不相符，个体可能感到极不适应，对工作毫无兴趣，即使取得了一定成绩，也难以获得成就感。霍兰德把职业兴趣分为六种基本类型。

(1)社会型。

喜欢与人交往，乐于不断结交新的朋友，善言谈，愿意教导别人；他们关心社会问题，渴望发挥自己的社会作用；寻求广泛的人际关系，比较看重社会义务和社会道德。

(2)企业型。

追求权力、权威和物质财富，具有领导才能；喜欢竞争、敢于冒险，有野心和抱负；为人务实，习惯以利益得失、权力、地位、金钱等来衡量做事的价值，做事有较强的目的性。

(3)常规型。

尊重权威和规章制度，喜欢按计划办事，做事细心、有条理，习惯接受他人的指挥和领导，自己不谋求领导职务；更关注实际和细节情况，通常较为谨慎和保守，缺乏创造性，不喜欢冒险和竞争，富有自我牺牲精神。

(4)实际型。

愿意使用工具从事操作性工作，动手能力强，做事手脚灵活，动作协调；偏好具体任务，不善言辞，做事保守，较为谦虚；社交能力较弱，通常喜欢独立做事。

(5)调研型。

抽象思维能力强，求知欲强，肯动脑，善思考，不愿动手；喜欢独立且富有创造性的工作；知识渊博，有学识和才能，但不善于领导他人；考虑问题理性客观，做事追求精确，喜欢进行逻辑分析和推理，不断探索未知的领域。

(6)艺术型。

有创造力，乐于创造新颖、与众不同的成果，渴望表现自己的个性，实现自身价值；做事理想化，追求完美，不重实际；具有一定的艺术才能和鲜明的个性。

但是，霍兰德也意识到人的个性种类极为复杂多样，因此，在后来的研究中，他又发明了霍兰德代码，即用这六种类型的英文首字母组合成一系列的三位代码，每一组代码代表一种具体的人格特征，这就为个人选择职业提供了针对性较强的参照体系。

4. 职业锚理论

职业锚这一概念由美国管理学家施恩教授提出，指当一个人面临职业选择时，最难以舍弃的选择因素，实际上就是一个人选择和规划一生职业发展时所围绕的中心。施恩在 1978 年时提出了五种类型的职业锚，随后大量的学者对职业锚进行了广泛的研究，并在 20 世纪 90 年代，将职业锚确定为八种类型。

(1)技术(职能)型：追求技术(职能)领域的成长和技能的不断提高，并渴望获得将技能应用于实际的机会；对自己的认可来自专业水平，喜欢面对专业领域的挑战，不喜欢从事一般的管理工作。

(2)管理型：追求并致力于工作晋升，倾心于全面管理；渴望独立负责一个部分，可以跨部门整合他人的努力成果；勇于承担整体责任，并将企业的发展视为自己的工作。

(3)自主(独立)型：希望能够随心所欲地安排自己的工作方式、工作习惯和生活方式；追求能施展个人能力的工作环境，最大限度地摆脱组织的限制和制约。

(4)安全(稳定)型：追求工作中的安全感与稳定感(包括诚实、忠诚地完成上级交代的工作任务)，但不关心具体的职位和工作内容。

(5)创业型：希望用自己的能力创建属于自己的企业或产品，而且勇于冒险，敢于克服各种障碍，向世界证明企业的成功源于自己的努力。

(6)服务型：追求他们内心认可的核心价值。例如，帮助他人，改善人们的生活条件，通过新产品消除疾病等。

(7)挑战型：喜欢解决那些看似无法解决的问题，战胜强硬的对手，克服难以克服的困难、障碍等。

(8)生活型：希望将生活的各个主要方面整合为一个有机整体，注重生活的平衡，追求个人、家庭和职业的和谐发展，因此，他们需要一个能够提供“足够弹性”的工作环境来实现这一目标。

职业锚实际上是一个人个人能力、动机、需要、价值观和态度等相互作用、逐步整合的结果。在实际工作中，人们可以通过不断审视自我，深入了解个人的需求与价值观，明确自己的优势和特长，以及今后发展的重点方向，最终在潜意识里找到自己长期稳定的职业定位，也就是职业锚。

(三)创业与就业的关系

大学生选择自主创业，实际上等于解决了自身就业问题。因此，我们可以认为，创业是就业的一种特殊形式，它是一种突出创新内涵、寻求自我突破的生涯尝试。与传统的就业形式相比，自主创业可能会有更多实现自己梦想的机会，实现更多的财富积累，并在事业发展中处于主动地位。但是，相对于就业来说，自主创业会面临更大的财务压力，收益也极不稳定，需要承受的心理压力更大。而且，自主创业失败的概率相对较高，对创业者的自我学习能力和个人素质提出了更高的要求。

(四)职业生涯规划对创业的重要意义

职业生涯规划对于创业而言，具有极其重要的意义。创业者在了解自己的个性特征、能力素质、需求等内部因素，以及资源、环境等外部因素的基础上，可以根据自己的理想和追求，确定适合自己的创业发展方向和目标，并制定相应的计划，以期能更好地推动创业活动。职业生涯规划不仅能够帮助创业者明确目标，合理分配资源，还能提升创业的成功率和可持续性。如果不做职业生涯规划就直接选择创业，是比较危险的。缺乏个人的职业生涯发展目标，创业者很容易迷失在企业的繁琐事务中，没有时间考虑企业的长远规划和培养创业成功所需的素质。因此，创业者必须在创业前进行职业生涯规划。

科学合理的职业生涯规划对学生创新创业具有重要意义。它能够引导学生选择适合自己的职业方向，提高就业竞争力，有利于日后在职场中脱颖而出，成为行业的佼佼者。在正确的职业生涯规划引导下，学生能够减少创业过程中的盲目性，坚定创业信心，摆正创业心态，了解创业的困难，并对照当前形势，以科学的方法对自己的能力进行提升，克服和规避在创新创业过程中可能碰到的问题，从而提高创业成功率。

只有做好职业生涯规划，大学生才能更好地认清自我，不断探索开发自身潜能的有效途径和方法，才能准确地把握人生方向，塑造成功的人生。职业生涯规划的重要性主要体现在：它有助于个人认清自己发展的进程和事业目标，作为选择职业与承担任务的依据；能够帮助个人积累相关的工作经验，准确、充分地利用各种机会和资源；还能指引自我不断进步与完善。实践证明，在职业生涯中能够有所成就的人，往往都是有着清晰的职业生涯规划的人。

三、创业规划的影响因素分析

(一)自我因素分析

对于大学生创业者来说，仅仅明确自己想做什么是远远不够的。更重要的是，要认识到自己能够做什么，以及能做到什么程度。大学生的创业生涯是不断发展变化的，在创业过程中，创业者的潜能发挥也是一个逐渐展现的过程。由此可见，创业者能够从事的工作是一个具有阶段性的问题。因此，制订创业规划时，大学生先要根据当前对自身兴趣、需求、潜能和价值观的基本认知，提出创业目标。然后，在创业过程中及时进行自我分析，基于自己能力的成长情况，及时调整目标或计划。

(二)环境因素分析

大学生创业者在明确自己能做什么的同时，还应该考虑社会需求这一关键因素。如果只考虑自身能力，而忽视环境因素，所提供的产品或服务不符合社会需求，那么其创业前景将是黯淡无光，创造的价值也会大打折扣。

因此，大学生创业者在制订创业规划时，应该进行多方面的调查和分析，以准确把握社会需求和各类环境因素，进而选择合适的创业目标。一个有效且可持续发展的创业项目，一般具有两个特征：一是能够解决社会需求的痛点问题；二是不仅能在经济上获益，还能在社会和环境方面产生积极影响。

(三)关键成就因素分析

关键成就因素分析的核心在于明确自身所拥有的资源。创业必然要依赖各种各样的资源，大学生创业者应该客观地审视自己所拥有或能使用的一切资源，判断其是否足以支持创业项目的启动，并保障创业之后可持续使用。

这里所说的资源，不仅指创业资金，还包括大学生创业者的社会关系，即创业者通过自身既有的人际关系网络，以及在此基础上进一步扩展可能带来的各种具有支持性的资源。

总之，一份优质的创业规划必须将个人理想与社会实际有机结合。创业规划能够帮助一个人真正了解自己，进一步评估内外环境的优势与限制条件，从而设计出既合理又可行的事业发展方向。只有使自身因素和环境条件达到最大限度的契合，创业者才能在现实环境中发挥优势、避开劣势，使创业规划更具操作性。

创业榜样

专注解决社会问题，大学生铺就创业坦途

李然是湖北某大学的毕业生，毕业后，她专注于餐饮创新与改革，开发了“独食”系列品牌，短短3年时间，她便打造了258家加盟店和5家直营店，这些店铺覆盖全国52个城市，直接带动了300余人创业、1500余人就业。

虽然李然大学期间就读于护理专业，但她对学校开设的职业规划课和创新创业课很感兴趣。在校期间，她在“双创”老师的引导下，参加了学校的创业计划大赛并获得一等奖，这次获奖经历极大地激发了她的创业梦想和激情，创新的脚步从此不再停歇。

2016年，她组建“育婴树”项目团队，参加了“中国创翼”创业创新大赛并获得银翼奖。2017年，她又参加了第三届中国国际“互联网+”大学生创新创业大赛并获得铜奖。毕业后，她不顾家人的反对，决定响应国家“大众创业、万众创新”的号召去创业。

在创业之路上，李然一直在寻找一个能帮助社会解决痛点问题的创业项目。她认为，只有着力解决社会痛点问题的创业项目，才能在市场中有竞争力。于是，她花了2个月时间跑市场、做调研，终于找到了一个有创意且存在市场空缺的项目。

李然发现美团发布的《2020外卖行业报告》显示：“90后”“00后”的外卖订单中，单人用餐的比例超过65%。这说明，在“90后”“00后”人群中，“一人食”的现象非常普遍。因此，她觉得开发“独食”市场潜力巨大。于是，她提出了“一人一位一份暖心精致餐品，独享空间与轻社交完美结合，赋予餐饮好心情”的饮食理念。“我要为这群人打造一个独享空间，从空间、服务到菜品，营造一种轻松的氛围。”李然说。为了让顾客真正获得“独食”的体验，她将火锅店设计成可以一人用餐的单独卡座形式，相邻座位之间都用隔板隔开，且隔板上配有可以控制其打开和关上的按钮，用餐者打开隔板后，便可以和朋友聚餐；关上隔板后，就是用餐者自己的一方小天地。

李然还在每个隔板上都悬挂了一本独食日记。她说，用餐者在等餐时可以翻阅别人留下的小故事，也可以分享自己的小故事。对陌生人来说，平日里无人可说的话或不敢说的话，都可以留在这里。这一布置，满足了当下年轻人轻社交的心理需求，同时也增强了店员与消费者、消费者与消费者之间的联系，门店的回头率很快达到了80%。

李然在创业过程中一点点地尝试，并且在不断的尝试中，她还获得了17项发明专利。这些发明专利包括各种火锅底料配方、蘸料配方、炒料机、独立餐桌等。

（资料来源：《襄阳晚报》，有改动）

四、制订创业规划的原则与步骤

（一）制订创业规划的原则

1. 个性定制原则

个性定制原则是制订优质创业规划的关键原则之一。在现实生活中，人与人之间存在着显著差异，大学生的发展潜力也有很大不同。因此，制订创业规划是一项极具个性化的工作，没有统一的固定范式，需要结合每个大学生的具体特点来进行设计。

大学生在制订创业规划前，不仅要全面测评个体特征，如价值观、能力特点、心理素质和性格等要素，还要系统评估个体外部的情境要素，如创业环境和创业发展所需的资源等。只有既充分考虑自身的创业动机，又考察成功的可能性，才能为自己制订适合的创业发展目标和具体的发展规划。

2. 落地性原则

创业规划的落地性主要包括目标的现实性、计划的可行性和效果的可检查性。

(1)目标的现实性：是指创业目标的设定应建立在大学生现实条件的基础上，对大学生个体现实资源进行真实评估和科学预期，确定目标是可以达到的，而不是不切实际的空想。

(2)计划的可行性：是指为制订的创业计划要非常具体，大学生能够按照计划步骤实施下去。

(3)效果的可检查性：是指创业目标的实现情况和计划的执行情况，要以客观事物为标准，可以进行度量和检查。

创业规划要充分结合社会现实、创业机会和行业特征等客观条件。大学生从入学开始，就要为步入社会做准备，真正了解创业的真实情况，亲身感受目标行业的竞争氛围。

3. 阶段目标原则

对于大学生的创业生涯来说，不同阶段承载着不同的发展任务，需要解决相应阶段的发展问题。因此，大学生在制订创业规划时，应该结合自身的年龄特征，确定具体的发展方向，制订阶段性的发展目标。例如，在当前阶段与最终目标之间设定一个阶段性目标，同时兼顾短期目标、中期目标和长期目标。这样才能使奋斗过程变得更加具体可感，完成每一个目标所带来的成就感也会不断激励创业者持续奋斗。

4. 前瞻性原则

前瞻性原则是指大学生在制订创业规划时，要超越个体目前的发展状况，充分考虑未来的创业发展空间和市场变化情况，即创业规划要有超前性和预测性。创业规划应该基于影响创业生涯发展的核心因素和本质因素来制定，而不是仅仅关注表面现象。例如，创业者对用户需求的深刻把握是影响创业生涯的核心因素，而产品价格的短期调整则是表面现象。

5. 专业相关原则

每个专业都有其特定的培养目标和职业方向，这是制订创业规划的基本依据。如果大学生的创业项目不能与其专业相匹配，那么其专业优势必然要付出转换成本，这对于个人和社会而言都是一种巨大的资源浪费。因此，大学生在制订创业规划时，一定要深入分析自己所学的专业，强化专业知识与技能，以专业特色和能力要求为导向，合理规划自己的学习与生活，力求未来创业的行业与所学专业相匹配。

(二)制订创业规划的步骤

创业规划的制定不仅能帮助创业者明确方向，还能根据实际情况及时调整策略，确保创业活动与个人职业发展相契合。具体步骤如图 1-4 所示。

1. 自我评估

大学生需要根据自己所处的创业发展阶段、创业倾向和个性心理特征，对自己进行全面分析，分析内容主要包括创业目标、能力、兴趣、性格等方面，以确定适合自己的创业方向，以及从事创业活动所应具备的能力。自我评估有两种方式，一种是自评，以

图 1-4　制定创业规划的步骤

自我问卷评估、面谈信息整理等为主；另一种是专业测评，由创业测评工具提出专业性、针对性的问题，创业测评工具会通过大学生的答案分析其个人素质，给出相应的创业建议。

需要注意的是，个体在进行自我评估时应保持客观、冷静，既要看到自己的优点，又要敢于面对自己的缺点。只有这样，才能避免在制订创业规划时陷入盲目性。为了帮助大学生更清楚地了解自己，可以认真思考以下几个问题。

(1)你现在的年龄多大?

(2)你为什么要创业?你的创业目标是什么?是追求财富、社会地位，还是追求工作的自由度?

(3)你的兴趣爱好是什么?你是喜欢与人打交道，还是与事物打交道?你是喜欢管理，还是技术研发?

(4)你有什么样的特殊能力?这些能力比较适合什么样的创业项目?

(5)你属于哪种性格?这种性格适合选择什么样的创业项目?

(6)你的专业是什么?该专业与哪些创业项目相匹配?

(7)家庭对你的创业生涯会有怎样的影响?如何避免负面因素带来的影响?

(8)你的人际关系如何?在创业过程中可以利用哪些人脉资源?

2. 分析创业环境

在制订创业规划的过程中，个体完成自我评估后，需要对创业环境进行全面分析，包括社会环境、区域环境、学校与家庭环境、环境发展变化情况、环境给创业生涯发展带来的利弊等。仔细分析创业环境有助于个体做出科学、合理的创业生涯决策。

3. 做出生涯决策

生涯决策是个体基于对自我和创业环境的认知所做出的选择，作为创业规划的关键一环，它主要包括对创业目标的确定和分解，以及对创业路径的选择。在决策过程中，个体可能会遇到一些难以取舍的问题，并面临承担风险与责任的压力。对于尚未开启创业之路的大学生而言，进行创业生涯决策是对未来创业的一种重要预演和历练。

4. 确定创业目标

确定创业目标，首先，综合考量个人的专业、性格、气质、价值观及社会趋势等因素，以此确定自身的人生目标和长期目标；然后，把人生目标和长期目标进行分化，根据个人的经历和所处的当前环境，制订相应的中期目标和短期目标。创业目标的确定有一套高效的分析方法——SMART 原则。

(1)目标应该具体(specific)。例如，“我要创办一家具有竞争力的企业”，这就不是一个具体的目标。具体的创业目标应该详细而准确，如“这个月的营收要达到 2 万元”。

(2)目标应该可衡量(measurable)。可衡量是指创业目标应该明确，不能模糊不清。应有一组明确的数据作为衡量是否达成目标的依据，避免使用形容词等概念模糊、无法衡量的描述。例如，“获得了不错的产品销量”。

(3)目标应该可达到(attainable)。提出目标不能随心所欲，应该分阶段、循序渐进地提升，而不是在发展初期就“雄心壮志”地提出打败所有竞争对手。

(4)目标之间应该具有一定相关性(relevant)。短期目标、中期目标和长期目标需要彼此关联。如果实现了这个目标，却与其他目标毫不相干或相关度很低，那么即使这个目标超额完成，也没有太大意义。

(5)目标应该具有明确的时限性(time-bound)。时限性是指完成目标要有明确的时间限制。要根据创业项目进程的轻重缓急，拟订各个目标的时间要求，并定期检查完成进度，及时掌握目标的进展和变化情况。

5. 制订行动方案

在确定了各种类型的创业目标后，接下来就要制订相应的行动方案，将目标转化为具体的方案和措施。这一过程包括选择创业路线、选择创业项目、制订教育和培训计划。在制订行动方案时，要主动征求朋友、导师、亲人的意见，从别人的视角中获得新的思路，同时，对于他人提出的意见，要积极给予反馈。

6. 评估与反馈

在个人的整个创业生涯中，由于环境的变化和一些不确定因素的存在，实际的创业发展情况可能会与创业规划的目标逐渐产生偏差，这就需要大学生及时对创业规划进行评估和调整，使其更好地适合自身发展和社会发展的需要。对创业规划的评估和反馈，既是个人不断加深对自我认识、社会及环境认识的过程，也是优化创业规划的关键措施。

第二章
创业者与创业团队

本章导读

对于大多数人而言，创业是一件极具诱惑力的事情，同时也是一件极具挑战性的事情。一个人要想创业成功通常需要具备一定的创业素质，拥有优秀的创业团队。

知识目标

· 了解创业者的概念内涵和类型。

· 了解创业者应具备的素质与能力，以及创业者的产生途径与培养方法。

· 了解创业团队的概念、构成要素、优势和作用。

· 了解创业团队的组建原则、组建程序和管理策略。

能力目标

· 能够评估自己的创业素质与能力，并能有针对性地提升自己的创业素质。

· 能够为初创企业设置岗位和设计组织结构。

素质目标

· 培养创业所需的独立自主、自信乐观、诚实守信、勤劳节俭等素质。

· 在设定创业目标时，应自觉以新时代青年的远大理想和崇高追求为指引。

案例导入

团结奋进，创业有为的大学生团队

山东省青岛市城阳区有3个男青年，他们各自怀揣着梦想在大学相遇，后来成为好友并一起走上了创业之路。如今，他们的事业虽然已经小有成就，但他们却并不满足，表示创业团队还会继续奋斗，将创业进行到底。

3 个大学生组团走上创业路

许真、闫和伟和刘虎是青岛某大学的学生。其中，刘虎就读于土木工程系，主修工程管理，是创业项目的发起人，在公司主要负责工地施工业务；许真和闫和伟在设计系主修室内设计，他们不仅是同班同学，还是室友，在公司里主要负责设计业务。

一天，怀揣着创业梦想的刘虎找到了设计系成绩优异的许真和闫和伟，希望他们能和自己一起创业。提到那时的情景，许真笑着说："当时就在我们宿舍谈的，我想他是个挺靠谱的人，做事也很周到，不管成与不成，都一起试试吧！"就这样，他们 3 个人成为合伙人。接着，他们又从学校财务管理专业招募了一位同样有创业梦想的伙伴，共同成立了一家室内设计工作室。

骑自行车"零装备"就敢跑客户

对于这几个毫无社会经验的大学生来说，创业初期尤为艰辛。闫和伟表示，那时他们做了很多现在看起来很"傻"的事。闫和伟回忆："几年前，某社区回迁房项目刚刚竣工，我们就到处打听哪天给业主交钥匙，等到了那天就蹬着自行车跑去找业务。跟那些有装修需求的业主沟通时，人家觉得我们是大学生，根本不给我们机会，反正当时挺狼狈的。"

许真表示，刚创业的时候，为了省钱，很多苦力活是他们自己干。许真回忆："其实我主要是负责设计的，但有时候刘虎在工地上忙不过来，我也会过去帮忙。一张木板让搬运工搬运，每扛上一层楼就得多付给人家一块钱，一箱瓷砖每搬上一层楼也得多付一块钱。我当时觉得，要是自己搬上 5 楼就能省 5 块钱，够吃一顿饭了！于是干脆就自己搬了。因为经常搬这些建材，我们每个人手上都长了老茧。"

同时干 20 多个工地，一年下来 3 个人全瘦了

创业的前两个月，3 个人每天都出去"找活儿"，但是一个项目都没有找到。后来，他们集中力量在黄营社区拿下了一个项目，把这个项目完成后，他们一下子得到了大家的认可。刘虎回忆："那是最让人兴奋的一段时间，每天都有客户来找我们装修，最后我们接了那个单元 20 多家住户的装修项目。"

从此以后，他们开始起早贪黑地忙碌起来：每天早上 6 点到工地，晚上 10 点回宿舍，回宿舍以后，他们还要设计图纸、算价格，每天忙得经常只能吃上一顿饭。许真表示，那时候虽然每天都很累，但心里感觉很踏实。就这样奋斗了一年，3 个人全瘦了，许真和闫和伟瘦了 10 多斤，刘虎瘦了 20 多斤。

"我们还在路上，想开大公司"

如今，这 3 个人已经成为学校里的创业明星。谈及自己的理想，3 个人都表示，他们的理想"在更远的路上"。闫和伟说："最近看了电影《中国合伙人》，觉得跟影片里的很多东西都产生了共鸣，而且真实的情况是，现实比电影里更加残酷。这一年来，我们赚过钱，也赔过钱，吃过苦，也走过弯路，现在公司虽然发展起来了，但还属于小公司，缺乏人才，没有完善的管理制度，面临着发展瓶颈。"

刘虎说："最近，我们连续 5 天晚上都聚在一起开会，讨论公司未来的发展方向。我们想壮大公司的规模，还曾开玩笑地憧憬着我们把公司做成国内最好的生态装饰大品牌的时候，谁来做华北地区的总经理，谁来做华南地区的总经理。近期公司也会急需增资，以便接下来能接到更大的工程项目。”

他们还表示，希望公司能对社会有更多贡献，能帮助更多的人把家装修得“真正像个家”；也希望自己能为学校的学弟学妹们做点事，比如将来公司可以作为学校设计系的实习基地，帮助更多有创业梦想的同学提高自己的技能。

（资料来源：点滴资讯网，有改动）

第一节　创　业　者

创业是一个持续性的动态过程，是创业者在分析并识别创业机会的基础上，充分整合与利用自身可控资源，开发创业机会，并对其进行综合管理的一系列活动。在这一过程中，创业者起到整合资源、精准识别并有效开发创业机会的作用，因而处于创业活动的核心地位。创业者是否具备相应的素质与能力，是创业成功与否的关键。

一、创业者的概念与类型

（一）创业者的概念

创业者的概念经历了一个逐步演变的过程。1755 年，法国经济学家坎蒂隆首次将“创业者”的概念引入经济学领域。1880 年，法国经济学家萨伊进一步对创业者进行了描述，将其定义为将经济资源从生产率较低的区域转移到生产率较高区域的人，并认为创业者是经济活动过程中的代理人。这一定义深化和发展了自坎蒂隆以来的创业者概念，并产生了深远影响。美籍奥地利经济学家熊彼特认为，创业者应该是创新者，具有发现并引入能更好营利的产品、服务和生产流程的能力。

“创业者”（entrepreneur）一词来源于 17 世纪的法语词汇，最初表示新企业的风险承担者，早期的创业者也常被称为风险承担的“承包商”（contractor）。在欧美的经济学研究中，创业者被定义为组织、管理生意或企业并愿意承担风险的人。

在现代语境中，创业者首先是一个有梦想的追求者。他们追求的是未来的回报，而非当下的即时收益。如果未来的回报低于预期，或者低于当下的回报，一个人往往难以产生创业的动力。因此，创业者进行创业活动是为了获得更大的价值，这种价值的实现不仅包括物质上的诉求，更在于人生价值的实现。创业者的未来收益是一种投资性活动的收益，这些投资既包括实际的资本投入，也包括创业者本人和团队的时间与精力投入。而收益的范畴也不仅限于金钱，还包括价值的实现和理想的达成。

创业者一般被界定为具有以下特质的人：他们是主导劳动方式的领导者；具有强烈的使命感、荣誉感和责任感；能够组织、运用服务、技术和工具开展业务；具备敏锐的思考、推理和判断能力；能够带领他人并使其在追随过程中获得利益；并且是具有完全权利能力和行为能力的人。在实际生活中，创业者的商业才能不仅体现在创办企业这一初始阶段，更在于企业发展的整个过程中能够做出正确决策，及时解决问题，修正发展方向，使企业长期保持活力并不断发展壮大，最终成为具有影响力的企业。同时，从社会发展的角度来看，那些建立了新的商业模式并取得良好发展的企业创立者，为其他企业提供了发展样板，为社会创造了大量的就业机会，带来了财富，通常也被视为创业者。

当前，社会经济发展高度依赖企业的发展，而企业发展的关键在于拥有一大批具有创业精神的创业者。培养创业者、支持创业者是推动经济发展的重要手段。据国家市场监督管理总局统计，2012—2022 年，我国民营企业数量从 1546 万户增长到 5798 万户，10 年间翻了近 3 倍，民营企业在企业总量中的占比由 70%提高到 90%。民营企业数量的快速增长，充分反映了我国营商环境的持续优化和政策支持力度的不断加大。民营企业占比的提升，也表明其在国民经济中的地位日益重要，成为推动经济增长、创新和就业的主要力量。

创业视窗

创业者、发明家与职业经理人的区别

发明家，是指那些研究发明前所未有的新事物的人，一个发明家往往在专业领域具有非常深厚的造诣，具备很高的创造性思维与能力。发明家与创业者的区别在于，发明家往往热衷于发明创造本身，但创业者往往追求由发明创造所带来的利益，这也是为什么大家用发明数量来衡量发明家的成就，而用业绩来衡量创业者的成就。此外，对发明家来说，他只需要发明创造有用的知识和技能即可，但创业者不仅需要关注技术，还要关注让技术转化为产品的各种管理知识和技能。

职业经理人是指在企业中专门负责经营管理企业事务的人，他们通常具有很强的领导力和责任心。但职业经理人和创业者之间具有明显的区别：职业经理人一般只拥有企业的管理权，而创业者拥有企业的所有权，创业者和职业经理人是一种雇用与被雇用的关系；企业的收益就是创业者的收益，而职业经理人却只拿属于自己的工资或分红，跟企业的盈亏无关。此外，创业者的工作是将“0”变成“1”，而职业经理人的工作是将“1”变成“100”。

(二)创业者的类型

创业者作为一种相对独特的社会群体，按不同的分类标准可以划分为不同的类型。

1. 生存型创业者和机会型创业者

(1)生存型创业者：这类创业者开展创业活动的动力完全是为了生存所需，主要目的是获取金钱和物质资源以维持生计。他们往往选择从事一些低门槛、低成本且面向大众消费的创业活动，主要集中在餐饮、百货行业，所赚利润主要用于家用。但同时，由

于面临着工作强度大、行业竞争激烈、生存压力大等诸多挑战，这类创业者往往更能持之以恒，具有吃苦耐劳的精神。

（2）机会型创业者：是指为了追求某个潜在的商机而进行创业的人，他们创业大多是从个人兴趣出发，旨在满足自我实现的精神需求而非单纯的生存需要。这类创业者的典型特征是主动、进取和创新。他们会根据自己独特的兴趣爱好和敏锐的视野，发现行业中存在的商机，并通过创业赚取利润。此外，机会型创业者一般具有一定的物质基础和交际能力，能够组建起富有战斗力的创业团队一起奋斗。

2. 独立创业者和企业内创业者

（1）独立创业者：指那些在萌生创业想法后，脱离当前工作环境，自己出资成立企业的创业者。他们大多不满足于现状，希望通过创业寻求其他发展道路。这类创业者通常具备一定的管理能力和极强的自立精神，他们一旦决定成立企业，便会投入全部的金钱、时间和精力，不屈不挠地奋斗下去。

（2）企业内创业者：也称为内部创业者。内部创业是一种由有创业意向的企业员工发起，在企业的支持下，承担企业内部某些业务内容或工作项目的创业模式，在这种模式下，创业者可以与企业共同分享创业成果。由于受到原有企业的扶持或注资，相比独立创业者，企业内创业者的创业风险相对较小，也更容易融资，但缺点是企业的自主性相对较差。

3. 初次创业者和二次创业者

（1）初次创业者：指第一次开展创业活动的人群。他们从根据自己的分析与思考确定创业类型并开始筹备，到招聘员工、建立企业制度、设计研发产品、进行营销并最终获利，有着缜密的计划和满满的信心，但由于结果的不确定性，他们往往也需要更强大的心理素质。

（2）二次创业者：在上一次创业经历的基础上，根据成功的经验或者失败的教训，总结出更有助于企业进步与发展的思路，并再次进行创业的创业者。二次创业者对企业的运营把控更加完善，决策也更加现实，毕竟，创业也是一个不断学习的过程。

创业愿景与实际情况之间有时会存在较大差距，不是每一个创业者都能获得成功或者取得较大的收益。金钱的失去只是创业者在创业过程中面对的最普遍的问题之一，此外，他们还需要应对资源短缺、市场开拓不力、合作伙伴突然撤资等各种各样的难题。如果创业失败，创业者可能面临一无所有甚至负债的困境。这也使得很多人在是否创业的问题上犹豫不定。但是创业过程本身充满了不确定性，这种不确定性恰恰也为创业者带来了创造的机会，让创业者体验到创造的乐趣和丰富的生活体验。因此，一个成功的创业者必定是一个乐于接受挑战、勇于自己创造未来的人。即使失败，他们仍然能从中吸取教训，很快调整自己的创意，重新找到创业机会。我们称这些人为主动创业者。选择创业，就意味着选择了一条充满挑战和机遇的人生道路，因此坚定目标、充满勇气应该是创业者的人生第一课。

二、创业者基本素质与必备能力

素质通常指的是个体或群体在生理、心理、道德、文化、技能等方面所展现出的相对稳定的内在品质和特征。一般而言，创业者的创业素质越高，其创业成功的概率也就越大。创业者应具备的素质与能力，主要包括心理素质、道德素质、专业素质三个方面。

(一)心理素质

1. 独立自主

独立自主包括选择自主、行为自主和思维独立三个层面。选择自主，即创业者在选择职业发展方向、确定创业目标时，有自己的见解和主张。行为自主，即创业者在行动上不受外界因素的干扰和支配，能够坚定将自己的想法、主张和决策贯彻到底。思维独立，即创业者能够开拓创新，不因循守旧、步人后尘，能为创业项目注入新的活力与竞争力。

2. 自信乐观

创业之路是一条荆棘丛生的道路，但无论如何，创业者都要保持自信乐观的心态。自信是创业者对创业选择的坚定信念，相信自己能够实现目标。自信乐观是人生和事业成功的重要基石，一个对自己充满信心、拥有积极心态的人，在创业过程中才能够承受更多的压力和挫败，从而获得成功。

3. 敢于冒险

在市场经济的大潮中，机会与风险并存。要想创业成功，就必须敢闯敢干、敢于冒险，胆小怕事、不敢冒险的人，往往把握不住稍纵即逝的市场机遇。但是，敢于冒险绝不意味着冒进、蛮干。创业者在冒险之前，要对市场机会进行全面、科学的分析，综合考虑投入与风险大小、盈亏平衡点、所需条件等，以准确把握市场机会。

4. 顽强执着

顽强执着是创业成功的重要保证。创业之路往往充满艰辛，创业者不仅要面对各种困难，还可能会经历一次又一次的失败。如果没有顽强执着的精神，创业活动极有可能在困难面前半途而废。纵观那些成功企业的创业史，绝大部分创业者凭借顽强执着的努力，克服重重困难，最终带领团队摆脱逆境，走向成功。

创业榜样

面对挫折不屈不挠，大学生创业成功圆梦

蔡方舟大学时学习的是电子商务专业，大学毕业后，他在一家互联网公司从事电商销售工作，后来辞职自己创业。小蔡的家乡位于湖北省京山市，他选择在与家乡毗邻的屈家岭创业。屈家岭有一个大学生创业基地，为创业者免费提供办公场地。2016 年 1 月，他揣着 20 万元一头扎进了“互联网+农业”这一领域，成立了自己的电子商务公司。凭借着年轻人的一股冲劲，他的公司很快崭露头角。“每斤一元，五斤起运。帮某家薯业公司卖了 20 窖红薯，将屈家岭的红薯全部卖完了，还帮宜昌、当阳等地卖了一部分。”小蔡重点营销适合生吃的“水果红薯”品种。

在销售高峰时期，公司的销售额突破了 200 万元，“水果红薯”的日销售量突破了 5 万斤，快件每天源源不断地发往全国各地，该单品还一举成为全国全网零售

终端平台的销售冠军。

就在事业蒸蒸日上之际，伴随一场历史罕见的强降雨，厄运悄然而至。厂房被淹，货物被泡，道路损毁，累计4万余个订单无法按时发货，客户纷纷退单，差评蜂拥而至，公司网店不得不一度关闭。

面对打击，小蔡和他的团队没有气馁，而是积极主动与客户沟通，说明情况，并请地方政府部门与省网商协会出具相关证明，最终获得了淘宝平台和广大顾客的谅解，于8月中旬恢复营业。这次打击，也让小蔡和他的队友们明白，不能单纯地卖产品，还要在更多的地方推广可复制的商业模式，将全国各地的特色农产品都推向市场，送到消费者手中。

按照这一思路，他们先后在广西、重庆等地成立了连锁店。目前，这几家连锁店已经进入运营阶段。一个线上农产品电商联盟的梦想，正在一步步变成现实。

（资料来源：央视网，有改动）

（二）道德素质

1. 诚实守信

诚实守信，就是“诚实无欺，信守诺言，言行相符，表里如一”。诚实守信不仅是为人处世的基本准则，还是企业的安身立命之本。在创业过程中，诚实守信是创业者的“金质名片”，也是其在各种商业活动中克敌制胜的最佳利器。一个诚实守信的人，要比那些满嘴谎言、言而无信的人更值得他人信任，也更容易获得机会，并最终走向成功。

2. 责任心强

责任心，是一个人对自己、对家庭、对企业乃至对社会主动担负责任的意识和品质。责任心是创业者获得成功的基础。一个责任心强的人，在日常生活和创业过程中都会表现出成熟的行为，会尽最大努力去完成每一项任务。在创业过程中，创业者不仅要对企业员工负责，还要对社会负责。只有这样，企业才能在市场竞争中彰显其价值，实现长久发展。

3. 守法律己

守法律己，要求创业者在创办和经营企业的过程中，严格依据法律法规行事，杜绝任何违法活动，不与法律对抗。市场经济本质上是法治经济，创业者不仅要接受市场的考验，还要经受法律的考验。倘若创业者不依法经营和管理企业，不仅会使自己身败名裂，还会给企业带来重大损失。只有增强法律意识，做到遵纪守法、严以律己，企业才能实现良好且持久的发展目标。

4. 勤劳节俭

俗话说：“成由勤俭破由奢。”勤劳节俭作为中华民族的传统美德，是永远不会过时的品质。对于创业者，尤其是那些白手起家的创业者来说，勤劳可以创造财富，节俭可以聚集财富。坚守这一美德，不仅能提高企业的经营效率，还能有效降低企业的生产成本。

（三）专业素质

1. 专业能力

专业能力，是指与企业经营方向密切相关的主要岗位或岗位群所要求具备的能力。对于创业者来说，专业能力具体体现在两个方面：必备的专业知识和专业技能，学习新技术的能力。

通常来说，创业者不必精通每个领域，但熟练的专业知识和精湛的专业技能却是保证自己在业内游刃有余的必备条件。在当今竞争激烈的市场环境中，只有具备过硬的专业能力，创业者才能带领团队创造出满足市场需求的高质量、有竞争力的产品和服务。

创业榜样

大学生硬核创业靠什么才能成功？靠“专业”！

某知名教育家指出，大学生创业最大的优势就是专业，“基于专业的硬核创业现在已变成一种新的风口、趋势”。他表示，那些可复制的创业模式往往很容易失败，那什么才是难以被复制的呢？答案就是技术。大学生恰恰拥有在专业领域进行深耕的机会。

南京某职业学院的大三学生朱华新，将该教育家分享的观点记在了笔记本上，还在下面画了红线。朱华新有过两次失败的创业经历，上一次创业，他做的是互联网创业服务平台，致力于解决创业者在创业过程中遇到的各种问题，包括PPT定制、计划书撰写、资金申报、公司注册等。但是，由于同类型公司太多，公司没有核心竞争力，后期发展也不太顺利，就放弃了。

朱华新说，这次再出发，他将结合自己学习的数控技术专业，与机电一体化技术专业的同学一起合作，“我和我的合伙人都喜欢骑行，经常会遇到无法定位队友的位置、在骑行时无法转头确定后方交通情况等问题。发现这些痛点后，机械专业出身的我们就想研发一款创新产品，于是开发了智能背包和智能骑行把手”。

朱华新说，之前做互联网平台失败的原因，就是自己不了解这个领域，而基于自身专业进行创业，不但有技术壁垒，而且对市场把控更精准，对痛点分析也更准确，在创业过程中遇到的各种问题，都可以通过向老师请教或查阅相关知识来寻求解决方案，投资人也会更认可。

创业如逆水行舟，不进则退，必须通过不断学习去提升能力。上述教育家表示：“大学生创业就是要运用专业知识把创新创造的能力发挥好。”

（资料来源：中国青年网，有改动）

2. 社交能力

创业者在从事经济活动时，要与消费者或雇员打交道，还要与供应商、金融机构、同行打交道，更要与各种管理部门打交道，因此，创业者必须具备强大的社交能力。社交能力在很大程度上决定了创业者的人脉资源，即构建人际网络的能力。一个创业者如果不能在短时间内建立起广泛而有效的人际网络，创业之路可能会非常艰难。

3. 管理能力

企业的成功离不开创业者的管理能力。管理能力涵盖了多个关键领域，其中对人员、资金的管理尤为重要，人员管理包括人员的选择、使用、组合和优化，资金管理包括资金的聚集、核算、分配、使用和流动。管理能力是一种较高层次的综合能力，属于运筹性能力。创业者需要从学会经营、学会管理、学会用人、学会理财等方面入手，逐步提升自己的管理能力。

4. 创新能力

创新能力是化解外界风险和取得竞争优势的有效途径。创新能力包括两个重要的方面：一是思维能力，即创造性思维、创造性想象、独立性思维和捕捉灵感的能力；二是实践能力，即在创新活动中完成具体任务的能力。创新能力也是一种综合能力，它与创业者的知识、技能、经验、心态等密切相关。

课堂活动

按照实际情况填写表 2-1，填写说明如下。

(1) 要实事求是地填写表格。

(2) 填写每一项个人素质、能力或物质条件时，请先阅读说明，然后再评价你在这方面是有长处还是有弱点。

(3) 请他人对你进行评价，然后再把他人对你的评价填入表中。

(4) 数一数你有多少长处和多少弱点。

表 2-1　**创业素质评价表**

创业者应具备的素质、能力或物质条件	自我评价	他人的评价
承诺——要想创业成功，你要对企业有所承诺。也就是说，你要对企业负责任，不仅愿意用自己的钱冒创业的风险，全身心地投入，还要有坚持长期经营企业的打算(你肯这样做，就是你的长处；做不到，就是你的弱点。)	长处□　弱点□	长处□　弱点□
动机——如果你真心想创办企业且想做一名成功的企业主，那么你创业成功的可能性就越大(你有这样的动机，就是你的长处；没有这样的动机，就是你的弱点。)	长处□　弱点□	长处□　弱点□
诚信——如果你做事不重信誉，对员工、对客户不诚信，那么将有损你的信誉，名声不好对你创业是不利的(如果你不是如此，那么这就是你的长处。)	长处□　弱点□	长处□　弱点□

续表

创业者应具备的素质、能力或物质条件	自我评价	他人的评价
健康——经营企业是一项十分艰难的工作，它要求创业者具备良好的身体素质。没有健康的身体，你将无法兑现自己对企业的承诺(如果你身体健康，那么这就是你的长处。)	长处□ 弱点□	长处□ 弱点□
风险——世上没有只赚不赔的生意，企业随时存在倒闭的风险。创办企业的人必须具有冒险精神，但又不能盲目地去冒险，必须敢于承担企业经营中出现的合理的、难以避免的风险(如果你认为如此，那么这就是你的长处)	长处□ 弱点□	长处□ 弱点□
决策——在创办企业的过程中，你必须做出许多决策。当要做出对企业有重大影响的决策而又难以抉择时，你要有果断决策的魄力和勇气(如果你能果断决策，那么这就是你的长处。)	长处□ 弱点□	长处□ 弱点□
专项技能——这是你生产产品或提供服务所需要的实用技能。技能的类型将决定你可能选择的企业类型和企业构思(如果你有技能，那么这就是你的长处。)	长处□ 弱点□	长处□ 弱点□
企业经营能力——这是指经营企业所需要的综合能力，企业的市场营销固然重要，但企业生产(服务)、成本核算、记账、人员管理等其他经营企业的能力也必不可少(如果你同时具备其中的两项能力，那么这就是你的长处。)	长处□ 弱点□	长处□ 弱点□
相关行业知识——如果你对自己创办的企业及其所属行业有足够的认识和了解，拥有丰富的知识和经验，你就能避免很多失误。对企业经营特点的认知和信息的掌握是最重要的，如果你懂行，你就容易成功(如果你懂行，那么这就是你的长处。)	长处□ 弱点□	长处□ 弱点□
家庭状况——创办和经营企业将占用你很多时间，因此，获得家庭的理解和支持尤为重要. 如果你的家庭成员同意你的创业想法，支持你的创业计划，你就有了坚强的后盾(如果你具备这个优势，那么这就是你的长处。)	长处□ 弱点□	长处□ 弱点□
财务状况——创办和经营企业需要一定的经济收入，如果你有能力负担这样的投入且不影响你的生活，那么你的创业之路就会走得更加平稳(如果你资金充足，那么这就是你的长处。)	长处□ 弱点□	长处□ 弱点□
数一数你有多少长处和多少弱点，并将数量写在相应的横线上		
看看是你的长处多还是弱点多，把两边的数据加在一起做个比较。如果是长处多，说明你具备创办企业的潜力，选择“是”；反之，选择“否”	是□ 否□	

三、创业者的创业动机

(一)创业动机的含义

创业，是一个通过寻求、评估和开发创业机会，进而向消费者提供产品或服务的动态过程，在这一过程中，创业动机发挥着极为显著的影响。创业动机，是指引起和维持个体从事创业活动，并使该活动朝着特定目标不断推进的内部动力。它是鼓励和引导个体为实现创业成功而行动的内在力量，既是一种内在驱动力，也是一种目标和愿景。创业动机驱动着创业者的行为，激励他们不断发现问题、解决问题，从而实现自己的梦想。

创业者的需求层次及其影响因素共同作用，形成了不同的创业动机，进而导致创业者在行为过程与行为结果上呈现出明显的差异。

(二)创业动机的分类

根据马斯洛的“人类需求层次理论”，人的需求层次可以分为生理需求、安全需求，社交需求、尊重需求和自我实现需求。与之相应，创业者的类型也可以进行相应分类：解决生存需要的创业(满足基本的生理需求，涵盖衣食住行)、确保安全感的创业(提供稳定的收入来源、投资渠道、保险保障，确保其经济安全)、满足归属感的创业(建立人脉，获得情感支持和发展机会)、追求受尊重的创业(获得社会地位和良好声望)和实现自我价值的创业(追求人生精彩，实现价值)。

浙江大学王重鸣教授基于德尔诺夫舍克和格拉斯的研究，提出了适用于中国情景的创业动机二维模型：生存需求型和事业成就型创业。

1. 生存需求型创业

生存需求型创业主要是为了避免失业带来的不安全感，改善当前的经济状况，提高生活质量和经济收入，为创业者及其家庭提供经济保障，拓展自身发展空间和人脉，实现独立自主的生活。

2. 事业成就型创业

事业成就型创业不以单纯赚钱为目的，而是把创业视为一种独特的生活方式和人生态度，是一种挑战自我的人生体验。创业者通过创业来实现自己的创意和梦想，提升社会地位，赢得社会尊重。此外，还有些创业者通过公益创业，在服务社会的过程中实现自己的人生价值。

(三)创业动机的驱动因素

由于每个人的家庭背景、生活环境、教育经历不同，所处的社会文化和创业环境不同，因此其创业动机也各不相同。影响创业动机的驱动因素主要包括家庭背景、教育背景、社会文化、创业环境等。

1. 家庭背景

家庭、学校和社会是影响一个人创业行为的三个重要因素，其中家庭是人的第一所学校，父母是孩子的第一任老师。家庭对一个人的价值观、人生观和世界观有着深远的影响，家庭背景也深刻影响着创业者的创业认识、创业动机以及创业行为，创业者的启蒙教育，往往是在家庭环境中完成的。

父母不仅会影响子女的生活习惯和性格培养，还会影响其职业态度和职业选择。父母的职业、社会地位、社会影响，对子女的创业动机影响显著。研究表明，个人早期的观察和生活经历会对其职业选择产生重要影响。在美国，约 50%的公司创立者的父母是公司所有者、自由职业者、独立的手工艺人或农场主。

当父母创立家族企业时，子女在长期的耳濡目染和熏陶下，往往会选择继承家族事业，踏上创业之路。家族企业为子女创业提供了丰富的经验、广泛的人脉资源、充足的资金支持，以及包容失败的环境和良好的创业教育。例如，任正非的女儿孟晚舟担任华为首席财务官，王健林的儿子王思聪创办 IG 电子竞技俱乐部等，他们选择创业的主要原因就是家庭的影响。此外，父辈创业成功留下的基业，也需要子女继续走创业之路，以便更好地继承和发展家族企业。

大部分创业者是家中的长子或长女，这或许是因为他们需要担负照顾弟妹的责任，在个性上更为积极与负责。同时，也有研究表明，大多数创业者幼年家境贫困、经济不宽裕，但女性创业者却常常来自富裕家庭。

2. 教育背景

教育对创业者的创业动机也有显著影响。尽管许多实践研究表明，高学历与创业之间并没有必然联系，未接受高等教育的人也能够创业成功。例如，内地的万向集团创始人鲁冠球、福耀玻璃集团创始人曹德旺、台塑集团创始人王永庆、香港首富李嘉诚等，他们都未曾接受过大学教育，有的甚至小学都没有毕业。国外也有类似的例子，如洛克菲勒、希尔顿等，他们同样都没有受过完整的高等教育。然而，这些成功案例大多属于小概率事件，不具有普遍性，也不能因此就否定高等教育对创业的积极影响。

随着经济全球化的深化和科技的迅猛发展，未受过专业教育的创业者成功的机会相对较小。事实证明，读过工商管理硕士（MBA）的学生或本科读商科的大学生，创业的比例更高，受过高等教育的创业者在高科技领域创业成功的概率也更大。例如，百度总裁李彦宏毕业于北京大学，腾讯总裁马化腾毕业于深圳大学，京东总裁刘强东毕业于中国人民大学，小米科技创始人雷军毕业于武汉大学。

关于教育对创业者的影响，可深入研究国内外 3 所大学：美国的麻省理工学院、斯坦福大学和中国的浙江大学。这三所大学的校友在创业数量、创业质量、创业影响等方面，都对当地乃至世界产生了深远的影响。

创业榜样

创业俞敏洪的转型创业动机：助力国家振兴

俞敏洪提及新东方做农产品直播带货的初衷："每一次失败背后酝酿的是更大成功。这一次新东方变革，我跟新东方团队说，也许这是老天在给我们另外一次创造更大的事业、取得更多辉煌的机会。为什么我们要死盯着新东方的失败？新东方这个业务也不能做了，那个业务也不能做了？为什么我们不能想开一点呢？为什么不想想也许我们什么都可以做呢？比如，我们就去做农业了，就帮着农民卖货了，中国那么多的农民，种出了那么多的农产品，没有人帮他们打理、包装和销售，我说凭着新东方的声誉，新东方老师的能说会道，只要农产品到位，我们是不是可以把这些优秀的农产品卖给全中国？同时，新东方是不是可以聘请农业专家为中国的农民进行教育，让中国的农民从传统农民变成现代化农民呢？为什么不能做？世界大得很。而振兴农业是任何时代都会得到支持的一件事。想清楚了，失败就不再是失败，失败已经变成了机会。"

对于"面对教育新政的巨大挑战，为什么选择激流勇进"，俞敏洪解释道："人生是一个战场，如果你要彻底离开战场的话，其实会很失落，很容易衰老。所以我愿意继续在战场上，只要我的精力时间和能力还能跟得上。"

"其实我想到新东方的未来，还挺热血沸腾的。尽管对于中小学新东方面授和在线教育，我们都可能会停滞，但是孩子的成长需要大量的产品，不光是学科的产品，还有素质教育、科技发展等这样的产品。我们可以把这些产品送到孩子身边去，让孩子自由地和家长一起选择学还是不学。这个本身对孩子成长就会有重要帮助。由于现在国家提倡素质教育，所以新东方针对孩子设计了非常多的活动课程，走遍中国的山山水水、文化之地、博物馆等，让孩子们能够开阔自己胸怀，得到全面发展。"

谈及转型直播如何定位时，俞敏洪认为："第一，说直播格局已定是错误的，任何一个格局都是可以突破的。第二，我想做直播，只是一个方式而已，我背后想做的是帮国家振兴农业发展这件事。"

（资料来源：校长盟，httpes：//mp. weixin. q9. com/s/k92rloe_3TN7151a023XAw）

3. 社会文化

社会文化与基层广大群众的生产和生活紧密相连，它由基层群众创造，具有地域、民族或群体特征，并对社会群体施加广泛的影响。不同的文化和民族特性会孕育出不同的社会文化，虽然社会文化看不见、摸不着，但它却深刻影响着人们的价值观念、思维方式、价值取向和行为方式，同时也潜在而持久地影响着创业者的创业心理和行为。

在中国，传统的"士、农、工、商"价值取向和官本位思想，对大学生创业者的影响很大，很多大学生毕业后，会优先选择考公务员、事业编制，而不是自主创业，甚至一些已经取得初步成功的大学生创业者，仍会被父母要求考取事业编制。这种现象导致自主创业的人数远远低于报考公务员的人数。

4. 创业环境

从心理学角度来看，引起动机的内在条件是需求，而外在条件则是诱因。创业环境正是引发创业动机的外在条件，为创业动机的产生提供了外部诱因。健全的政策法规，优化的政策环境，完善的创业载体、浓厚的创业文化氛围，以及功能完备的创业生态体系，对于激发大学生的创业动机至关重要。

美国有两大创新核心区：一是美国东部波士顿地区以麻省理工学院为中心的 128 号公路区域；二是美国西部加州地区以斯坦福大学为中心的硅谷。美国 128 号公路和硅谷之所以成为创新创业者的天堂，最重要的原因就是这两个地方拥有得天独厚的创业环境。这里风险投资机构众多，创新创业教育资源丰富，创业基础设施完善，创新创业服务周到，优秀创客云集。创业者只要有好的创意、具备市场前景的产品或优秀的创业计划书，就很容易找到创业投资公司，获得风险投资。

近年来，中国的上海、深圳、北京等地也涌现了众多的众创空间、创客咖啡、小微企业孵化器、风险投资机构。加上配套齐全的创新创业设施和不断优化的创新创业政策，创业环境持续改善，创业人数明显增加，这一切都说明了创业环境的重要性。

四、提升创业素质的方法

(一)提升心理素质的方法

1. 培养独立能力

要想成为一个独立自主的人，首先，要从内心认定自己是一个具备独立能力的人，要认可自己，不要轻视自己。其次，要培养自己独立决策的能力，即按照自己的意志和思维来做出决策。但独立决策绝不能闭门造车或固执己见，而是在学习一切有益经验的基础上，进行独立思考、审时度势，同时开阔思维，透过现象看本质。

为确保决策的正确性，创业者应全面考虑事物的优点、缺点及重要性。因此，在做决策前，创业者不妨先花一些时间，将自己所能想到的关于这一决策的所有优点和缺点、所涉及的利害关系、实施该决策可能的后果及其连锁反应，以及明确该决策的目的，都一一记录下来，然后再进行斟酌和决定。

2. 提高自信心

肯定自己的优点和成就。一个人的自信心往往是在成功实践的基础上，经过他人或自我的肯定而逐渐树立起来的。创业者可以通过经常回顾自己的优点和过去的成功经历，来帮助自己树立自信心。

掌握一项技能。拥有一技之长的人，在任何时候都会比那些一无所长的人更有底气。通过打造自己的一技之长，创业者不仅能够在某个领域给予他人帮助、提供价值，还能借此树立自信心。

积累知识。知识能够赋予人们自信心。一个学识丰富的人，往往能够随时与他人谈古论今、谈笑风生。即使性格内向，少言寡语，也不会觉得自己被他人轻视。因此，创业者应努力提高自己的学识，广泛积累知识。虽然知识的积累是一个长期的过程，但只要勤勉苦学、持之以恒，创业者总有一天会变得博学多才，从而更加自信。

做足事前“功夫”。很多时候，做事缺乏自信是因为对事情不了解，害怕出错和失败。如果创业者能够充分了解要做的事，熟悉每一个步骤，并掌握可能出现问题时相应的解决方法，那么就不会再畏惧任何事情了。因此，创业者需做足事前“功夫”，深入、细致地了解要做的事，认真学习前人的经验，有不懂的地方立刻请教他人。这样，创业者在处理事情时便会信心倍增。

敢于表现自己。现实中，一些很有才华和见解的人，由于缺乏当众表现自己的勇气，遇事紧张胆怯，常常退避三舍。他们不仅失去了很多机会，还给人留下了平庸无能、无所作为的印象，自然得不到好评和重用，久而久之，他们就会变得唯唯诺诺、缺少自信。这些现象从反面说明，不管做得好或不好，都要敢于尝试，敢于表现自己。敢于表现自己，能给人带来自信、激情和力量，同时也能带来机会和成功。

3. 增大胆量

人的胆量虽然与先天遗传因素有关，但也可以通过后天训练来提升。增大胆量的方法主要有以下几种。

(1)多实践、多行动。敢于做自己想做的事，在实践和行动中磨炼自己，能够培养自己临危不惧、泰然自若地应对各种突发事件的能力。

(2)做正确的事。当我们做一件事时，内心经常会思考这件事是有利于他人还是有害于他人。当明确这件事是有利于他人、是正确的，就会自然而然地产生勇气去做。也就是说，坚持正确的道理，是胆量的真正来源。因此，要想做正确的事，就要学会明辨是非、善恶和对错。

(3)多和有胆量的人接触。正所谓“近朱者赤，近墨者黑”，经常与有胆量的人接触，学习他们勇敢的精神和大胆的行事方式，自己的胆量也会随之增大。

(4)适当做自己害怕的事。在道德和法律允许的范围内，在保证生命安全的前提下，适当做自己害怕的事。做完之后会发现，很多事情其实并没有想象中的那么困难。

4. 培养毅力

(1)做事情要有始有终，不能因为遇到困难就轻易放弃。

(2)保持良好的心态，不要患得患失，也不要冲动莽撞，更不要消极被动。

(3)专注于做好某件事，并能抵制外界的诱惑或干扰。

(4)做事情要有明确的目标和有效的计划，要一步一步地深入下去。

(5)学会不断地反省，反省是寻找事物发展规律的方法之一，能够帮助自己找到正确的前进方向。

(二)提升道德素质的方法

1. 培养诚信品质

(1)认识诚信的重要性，诚信是各行各业生存的根本，通过坑蒙拐骗、以假乱真、以次充好等不正当手段谋取利益的企业，不可能长久地经营下去。

(2)以诚待人，努力做到言行一致、表里如一，做老实人、说老实话、办老实事。在创业活动中，更要展现出诚信的姿态，要有先人一步的勇气，不怕吃亏。

(3)以信立业，努力建立企业的良好信誉，做到“言必行、行必果”。当履行承诺的条件发生变化时，无论面临多大的困难，都要想方设法、按时按质按量地履行合同。

2. 培养责任心

培养责任心并非一蹴而就，而是需要从身边的小事做起。在日常生活、学习及工作中，我们要克服懒惰思想，不怕艰难困苦，敢于承担各种责任。例如，对于大学生来说，在学习上，应发奋学习科学知识和各种技能，提升自己的综合素质，对自己负责；在家庭中，要节省开销，尽力为父母减轻经济负担，对家庭负责；在社会交往中，要力所能及地帮助有困难的同学和朋友，遵守公共秩序，对社会负责。

3. 增强法律意识

要增强法律意识，首先应学习法律、懂得法律，深入理解法律在现代社会中的重要作用。学习法律知识的途径有很多，可以从书本中学习，可以从新闻媒体中学习，还可以从社会实践中学习。其次，应树立法律信仰，一个人只有从内心深处真正认同、信任和信仰法律，才会自觉遵守法律，自觉维护法律的权威。最后，以实际行动践行法律精神，我们应从身边的小事做起，养成良好的行为习惯，自觉遵守校纪校规，不侵犯他人隐私，不抄袭他人劳动成果等。

4. 养成节俭习惯

(1) 积极行动，从身边小事做起。在生活中，我们要爱惜粮食，做到不挑食、不剩饭；不随便扔弃衣物、用具；不过度打电话；晚上睡觉前切断电脑、饮水机的电源，出门及时关灯、关水，降低能源消耗。

(2) 有计划地进行消费。我们可以每年初和每月初都做一个详细的预算，等年底和月底时，核查实际支出是否和当初的预算相吻合。遇到想买的东西时，先问一下自己是否真的有必要买，这笔钱是否在计划内。

(3) 保持理性和节制的消费观念。在消费过程中，不与他人攀比，要根据自己的实际经济状况和需求进行消费，不向家长提出过分的物质要求。

(三) 提升专业素质的方法

1. 提高专业能力

在现实社会中，每一次成功的创业实践，往往都是创业者在某个领域取得了一定成就而实现的。要想在某个领域取得成就，就必须具备扎实的专业知识和较高的专业水平。因此，创业者应努力学习创业领域内的专业知识，提升自己的专业能力。具体来说，需要做到以下两点。

(1) 创业者应选择自己喜爱的专业，并努力学好专业知识，为创业构建坚实而系统的理论体系。

(2) 注重实践，提升专业技能。创业者要重视在专业技术方面的经验积累和职业技能的训练。

2. 提高社交能力

(1) 创业者首先要找出自己在社交方面的困扰和问题，只有明确了问题的根源，才能有针对性地采取措施加以解决。

(2) 创业者要以包容的心态对待与自己有不一样想法的人，不要因为与对方“不投缘”就拒绝交往；遇到比自己能力强的同学、朋友时，不要自卑，要学习他人的优点和长处。

(3)创业者可以多读一些待人接物方面的书籍，了解社交心理，掌握一些实用的社交技巧，提升自己的社交能力。

3. 培养管理能力

(1)创业者要学会掌控自己的时间。具体而言，应分析每天的时间分配，排除那些不必花费时间或无需亲力亲为的事务，并通过改进办事方法来全面提高时间利用效率。

(2)创业者要学会用人所长，每个人都有自己的优点和不足，真正优秀的管理者会根据他人的长处来安排工作。

(3)创业者要遵从要事优先原则，明确哪些事情是重要的、紧急的，集中精力先处理这些关键事务。

(4)锻炼自己的信息收集和处理能力、观察能力，能够敏锐地洞察潜在的商机和挑战，并做出正确的决策。

4. 提高创新能力

创新能力取决于人的创新意识、创造性思维等方面的能力高低。因此，创业者要提高自己的创新能力，可以从以下三个方面入手：首先，发展自己的个性，保持强烈的好奇心和求知欲，勇于突破前人经验和书本知识的束缚。其次，积累多学科知识，拓宽自己的视野，同时要具备扎实的专业基础知识、熟练的专业技能和丰富的实践经验。最后，保持积极、乐观的心态，不断勉励自己，永不言弃。

课堂活动

(1)记住他人。

通过开展“记住他人”课堂小活动，学习基本的社交技巧，了解并记住他人的名字及爱好，培养尊重他人的意识，提升人际交往能力。活动步骤如下：

①教师将全班学生分成若干组，每组5人。

②各小组成员围成一个圈。任意一位同学率先进行自我介绍，说出自己的姓名和喜欢做的事情，随后第二位同学进行自我介绍时，要先重复第一位同学的姓名及爱好，再介绍自己，例如：“×××喜欢做×××，我是×××，我喜欢×××。”第三位同学要分别说出前两位同学的姓名及爱好，然后再介绍自己。以此类推，最后一位同学要将前面所有同学的姓名和爱好复述一遍，再进行自我介绍。

③活动结束后，教师根据评分标准(见表2-2)对每个小组及成员进行评分。

表2-2　**“记住他人”活动评价表**

评分标准	满分	实际得分	备注
积极参与活动	25		
表达能力强	25		
能准确地说出其他同学的姓名及爱好	25		

续表

评分标准	满分	实际得分	备注
语言表达简明、连贯	25		
总分	100		

(2)制订“我的创业能力培训计划”。

按照实际情况填写表2-3。填写说明如下：

①要实事求是地填写表格。

②在“弱点”一栏中，列出在个人素质、能力和物质条件等方面的弱点。

③在“计划”一栏中，详细列出用于克服这些弱点的计划。

表2-3 **我的创业能力培训计划**

序号	弱点	计划
1		
2		
3		
4		
5		
6		

第二节 创业团队概述

对于大学生创业者来说，要想推动所创事业实现快速发展并最终取得成功，就必须以崭新的团队观念替代传统独自创业的观念。具体而言，就是尽可能地与身边志同道合的同学或朋友携手，组成一个目标一致、成员优势互补的创业团队。

一、创业团队的概念与要素

《辞海》对“团队”一词的解释为：由一些知识技能互补、彼此承诺协作完成一项共同目标或一系列绩效目标的成员组成的特殊群体。据此，可以对创业团队作出如下定义：创业团队是在新企业创建初期，由两个或两个以上才能互补、责任共担、彼此信任、所有权共享、愿为共同的创业目标而奋斗的人共同组成的特殊群体。创业团队的构成主要包括以下五个方面：

(1)目标。创业团队需要有一个明确的目标，目标可以为团队成员指明方向，让大家清楚地知道要向何处去。没有明确的目标，团队成员各行其是，创业团队也就失去了存在的意义和价值。

(2)人员。人员是创业团队最重要的资源，只有吸纳适合创业的人员加入团队，才能保证创业企业的稳健发展，否则，会对企业的经营发展产生不利影响。因此，要谨慎选择团队成员，应根据团队的目标来确定所需成员应具备的学识、技能、经验和才华等，使团队成员结构合理，知识技能互补。

(3)定位。创业团队中的成员需要有一个清晰的定位，明确每位成员在团队中所扮演的角色，例如，团队最终由谁来负责统筹全局，每位成员处于什么具体位置等。

(4)权限。创业团队应明确每位成员在企业运营过程中的权利和义务，确保权限既不重叠也不空缺。在创业团队中，主导人物的权限大小和团队的发展阶段以及初创企业的行业性质密切相关。一般来说，创业团队越成熟，主导人物的权限相对越小。

(5)计划。创业团队的根本任务是实现创业目标，而实现目标需要制定一系列具体可行的计划(或行动方案)。提出切合实际的发展计划，并且按照计划一步一步地实施，可以保障创业团队顺利运作，最终达成既定目标。

二、创业团队的优势

相比独自创业，组建团队创业具有更大的优势。例如，团队成员之间能够实现技能互补，提升初创企业应对环境不确定性的能力，从而增加创业的成功率。具体来说，创业团队的优势主要体现在以下几个方面。

1. 技能互补，提升整体效能

创业团队能够将成员互补的技能和经验汇聚在一起，形成的整体效能远超个人能力之和。这种技能和技巧在更大范围内的组合，使团队能应对多方面的挑战，如创新、质量把控和客户服务等，并形成一种协同工作的整体优势。

2. 灵活应变，敏锐察觉变化

团队在应对变化时展现出更高灵活性和敏感度。由于个人的感知能力有限，很难做到面面俱到，但由多个人组成的团队则可以在不同角度察觉变化并及时作出反应。因此，团队就好像一个人拥有了更多“眼睛”“耳朵”和“大脑”，能够随时根据新的信息和变化，灵活调整企业的经营策略。

3. 营造积极心理环境

团队有利于营造更加轻松愉快的心理环境。创业团队的工作氛围与业绩之间是相辅相成的关系，良好的工作氛围能使团队成员愿意为了实现团队目标而积极努力工作，并且在追求团队业绩的过程中相互信任。这种令人满意的心理环境是初创企业持续成长的关键因素之一。

4. 提升企业成长潜力

虽然没有团队的创业企业并不一定走向失败(事实上，现实中确实存在许多个人创业成功的案例)，但要建立一个没有团队支撑仍具有高成长潜力的企业，却是十分困难的。一般而言，个人独立创业的企业成长较慢，因为风险投资者在投资新企业时，通常会将团队因素列为重要的评估指标。

三、提升创业素质的方法

(一)有核心领导的创业团队

有核心领导的创业团队中存在一个领袖式的主导人物。这种团队的组建过程通常是核心领导者凭借自身掌握的较强技术或较好的创意，吸引合伙人加入团队。在这些团队成员中，大多数人扮演支持者的角色，这种创业团队具有以下特点。

(1)核心领导者在团队中拥有较大话语权，权力相对集中。

(2)团队决策速度快，执行力强。

(3)当团队成员之间出现意见不一致时，非核心成员处于较为被动的地位，其意见较难被采纳。

(二)协作式创业团队

协作式创业团队中没有权威性的核心领导，而是由一群有相同目标且相互依赖的人，经过协商组建而成。在初创企业中，每一位成员都需要明确自己在团队中的定位，并尽到自己的职责。这种创业团队具有以下明显特点。

(1)团队成员的话语权相对均等，容易形成权力重叠的现象。

(2)在做决策时，需要经过团队成员的充分讨论，虽然决策失败的概率小，但决策速度相对较慢。

(3)当团队成员意见不一致时，通常采用协商的方式解决问题，注重团队成员之间的沟通和协调。

(三)混合式创业团队

混合式创业团队是前两种团队形式的中间形态。这种团队存在一个核心领导人物，但该成员地位的确立是团队成员协商的结果。因此，核心领导者更像是整个团队的代言人，没有绝对权威，在做决策时需要充分考虑其他成员的意见。这种创业团队具有以下特点。

(1)核心领导者通常由团队成员投票产生，有着令人信服的领导地位。

(2)因为有核心领导者的存在，所以团队决策速度较快，执行力强。

(3)核心领导者在做决策时要充分考虑其他成员的意见，在一定程度上保证了团队决策的民主性和科学性。

在创业过程中，创业团队要根据自身的实际情况，选择合适的团队模式，扬长避短，充分发挥团队的优势，以保证创业活动的顺利开展(见表2-4)。

表2-4　**不同类型创业团队的优缺点**

类型	含义	优点	缺点
有核心领导的创业团队	有一个核心主导人物，充当了领军者的角色	决策程序简单，效率较高；组织结构紧密；稳定性较好	容易形成权力过分集中的局面；当成员和主导人物冲突严重时，往往会选择离开

续表

类型	含义	优点	缺点
协作式创业团队	由志趣相投的伙伴组成，共同认可某一创业想法，共同进行创业	成员的地位较平等，有利于沟通和交流；成员关系较密切，较容易达成共识；成员不会轻易离开	结构较为松散；决策效率相对较低；容易导致整个团队涣散；容易形成多头领导的局面
混合式创业团队	有一个核心成员，但核心成员地位的确立是团队成员协商的结果	核心成员具有一定威信；既不过度集权，又不过于分散	核心成员的行为必须充分考虑其他成员的意见，不像第一种创业团队中的核心人物那样有绝对权威

创业榜样

《中国合伙人》原型——俞敏洪及其创业团队

商业励志电影《中国合伙人》的剧情及主角的原型取材自新东方教育科技集团有限公司及其创始团队，其中的主角成东青就是俞敏洪。

俞敏洪，1962 年出生于江苏省江阴市，1980 年考入北京大学，毕业后留校担任北京大学外语系教师。1991 年 9 月，俞敏洪从北京大学辞职，开始了自己的创业生涯。1993 年，俞敏洪创办了北京新东方学校(以下简称新东方)。1994 年，新东方已经拥有几千名学员，在北京已成为一个响亮的牌子，而俞敏洪也由此看到了一个潜力巨大的教育市场。

聚集人才

在新东方创办之前，北京已经有三四所同类学校。参加新东方培训的学员多是以出国留学为目的，那时新东方能做到的，其他学校也能做到。就当时的大环境而言，受出国热及人们在工作、学习及晋升等方面对英语的多样化要求的影响，国内掀起了学习英语的热潮，越来越多的优秀教师加入英语培训这个行业。对于如何先人一步，取得自己的竞争优势，把新东方做大做强，俞敏洪有自己的想法，他认为英语培训机构必须拥有一流的师资队伍。

俞敏洪需要找到更多的合作伙伴来帮他提升英语培训的质量。而这样的人，不仅要有过硬的专业能力，更要和俞敏洪有一样的办学理念。他首先想到的是远在美国的王强和留学加拿大的徐小平等人，实际上这也是俞敏洪思考了很久所做的决定——这些人不仅符合他进行业务扩展的要求，更重要的是，他们作为自己在北大时期的同学、好友，肯定比其他人更能理解并认同自己的办学理念，合作也会更加稳固和长久。从 1994 年到 2000 年，杜子华、徐小平、王强、胡敏、包凡一、何庆权、钱永强、江博和周成刚等人陆续被俞敏洪网罗到新东方旗下。

构建团队

作为教育机构，师资构成了新东方的核心竞争力，但如何让这支高精尖的队伍最大限度地发挥作用呢？俞敏洪从学员的实际需求出发，秉持“比别人多做一点，比别人做得好一点”的理念，合理构建自己的团队，寻找和抓住英语培训市场上别人不能提供或忽略的服务，使新东方的业务体系不断完善。

徐小平、王强、包凡一、钱永强等人分别在出国咨询、基础英语、出版和网络等领域各显其能，为新东方建立了完备的产品链。徐小平开设的“美国签证哲学”课，把出国留学过程中大家最关心的一个程序问题上升到人生哲学的高度，让学员在会心大笑中思路大开；王强开创的“美语思维”训练法，突破了一对一的口语训练模式；杜子华的“电影视听培训法”已成为国内外语教学培训界极有影响力的教学方法……很多新东方的老师根据自己的教学经验和心得著书立说，并形成了自身独有的特色，使新东方成为一个有思想、有创造力的地方。

俞敏洪的成功之道在于他为新东方组建了一支年轻而又充满激情的团队。俞敏洪的温厚、王强的爽直、徐小平的激情、杜子华的洒脱、包凡一的稳重，五个人的鲜明个性让新东方总是处于一种不甘平庸的氛围当中。

俞敏洪敢于选择这帮牛人作为创业伙伴，并且真的和他们一起做成了大事，成就了新东方传奇。从这一点来说，他是一个成功的创业团队领导者。他知道新东方人多是性情中人，大家从来不掩饰自己的情绪，也不愿迎合他人的想法，打交道都是直来直去，有话直说。因此，新东方形成了一种批判和宽容相结合的文化氛围，批判使新东方人敢于互相指责，纠正错误；宽容使新东方人在批判之后能够互相谅解，共同合作。这就是新东方人的特点：大家互相不记仇，不记恨，只关注谁对谁错谁公正。

这种源自北大精神的自由文化，是俞敏洪敢用“孙悟空”，而且是多个“孙悟空”的前提条件，也是新东方成功的关键因素之一。而另一个关键因素就是俞敏洪本人所具有的包容性。他带领着一帮比他厉害的“牛人”，不仅将新东方从小做大，还顺利完成了让局外人都为之捏了一把汗的股权改制。最令人意料不到的是，俞敏洪居然还将新东方带到了美国的资本市场，使之成为中国第一家在海外成功上市的民营教育机构。

（资料来源：搜狐网，有改动）

第三节 创业团队的组建

大学生创业者在组建创业团队时，通常会优先从身边招募兴趣相投、技术相关的同学和朋友。然而，在都是创业新人的情况下，要想组建一个合适的创业团队，就必须了解基本的创业团队组建原则，并掌握基本的创业团队组建程序。

一、创业团队的组建原则

组建创业团队时应遵循以下原则(如图 2-1)。

图 2-1　创业团队的组建原则

1. 能力互补原则

创业者寻求团队合作，主要目的是弥补创业目标与自身能力之间的差距。只有当团队成员在知识、技能、经验等方面实现互补时，才能通过相互协作发挥出团队的整体优势。

2. 精简高效原则

为了降低创业期的运作成本，并最大化地分享创业成果，创业团队的人员构成应在保证企业正常运作的前提下尽量精减。一般来说，一个创业团队由 7 个人组成较为理想，也可以根据实际情况适当增减 1~2 个人。有数据显示，如果创业团队规模超过 9 人，其运作速度就会明显放缓。

3. 动态开放原则

创业过程充满了不确定性，团队成员可能因能力不足、观念差异等多种原因选择离开，同时也会有人希望加入。因此，在组建创业团队时，应保持团队的动态性和开放性，及时吸纳与团队目标高度匹配的人才。

一个优秀的创业团队应包括以下几种关键角色。

(1)核心领袖。核心领袖需要能够高瞻远瞩，为企业制订明确的战略和战术；必须有良好的人品，处事公正，能够赢得团队成员的信任和尊重，从而有效团结整个团队；必须具有出色的协调能力，能够及时化解团队成员之间的矛盾。

(2)运营管家。运营管家主要负责企业的日常运营及各项规章制度的制订和执行。鉴于企业日常事务的琐碎性和复杂性，该角色必须心思缜密、工作细致。

(3)财务总管。资金是企业的生命线，因此，团队中最好有一位业务能力较强的财务总管，能够合理安排企业的收支，同时具备帮助企业融资的能力。

(4)营销总监。俗话说“产品是基础，营销是龙头”。如果营销工作不到位，再好的产品也不能转化为经济效益，企业最后只能关门大吉。

此外，如果创业企业属于技术密集型企业，还应配备一位技术专家。技术专家能够帮助企业不断更新技术或产品，始终引领企业站在行业前沿。

二、创业团队的组建程序

创业团队的组建是一个复杂且系统性的过程，不同类型的创业团队在组建过程中会有不同的侧重点，但基本流程大致相同。创业团队组建程序如图 2-2 所示。

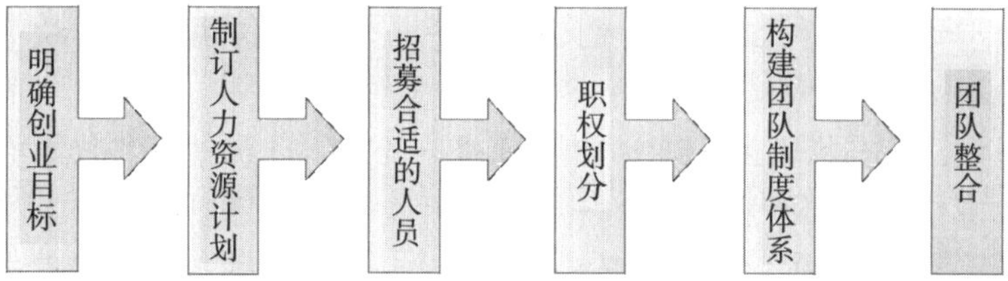

图 2-2 创业团队的组建程序

(1)明确创业目标。创业团队首先要制订一个明确的、鼓舞人心的创业目标，使各成员在目标方面达成一致。当团队成员对未来拥有共同愿景时，就会朝着共同目标努力奋斗。总目标确定之后，还可以将其分解，设定若干易于操作、具有阶段性的子目标。

(2)制订人力资源计划。一份完整的创业计划通常包含核心计划和人力资源计划。通过人力资源计划，可以进一步明确创业团队的具体需求，如人员的构成、对成员素质和能力的要求、对成员数量的要求等。人力资源计划需要契合创业核心计划的要求，确保人力资源的配置与创业项目的运作相匹配。

(3)招募合适的人员。招募合适的人员是创业团队组建过程中最关键的一步。创业团队成员的招募主要考虑以下两点：一是互补性。在大多数情况下，创业团队至少需要管理、技术和营销三个方面的人才，只有这三方面的人才形成良好的沟通协作关系，创业团队才可能实现稳定高效的发展。二是规模适度。团队成员数量太少，可能无法实现团队的功能和优势，而成员过多则可能产生交流障碍，甚至形成小团体，进而削弱团队的凝聚力。一般来说，创业团队的规模控制在 3~12 人为宜。

(4)职权划分。创业团队职权划分是指根据执行创业计划的需要，具体确定每个团队成员所担负的职责和享有的权限。团队成员之间的职权划分必须明确，既要避免重叠和交叉，又要避免遗漏。

(5)构建团队制度体系。创业团队制度体系体现了创业团队对成员的控制和激励能力，主要包括团队的各种约束制度和激励机制。约束制度主要包括纪律条例、组织条例、财务条例、保密条例等，这些制度用于指导成员的行为，避免成员做出不利于团队发展的行为，实现对成员行为的有效约束，保证团队的秩序稳定。激励机制主要包括利益分配方案、奖惩制度、考核标准、激励措施等。激励机制能使团队成员切实体会到创业带来的利益，从而充分调动团队成员的积极性和创造性，最大限度地发挥团队成员的作用。实现有效激励的前提是把团队成员的收益模式界定清楚，尤其是股权等与团队成员的重要利益密切相关的事宜。

(6)团队整合。强大的创业团队并不是一开始就能建立起来，很多时候团队是在企业创立一段时间之后才逐步形成的。随着团队的运作，在人员安排、制度设计、职权划分等方面的不合理之处会逐渐暴露出来，这时就需要对团队进行整合。

创业榜样

凝聚志同道合的创业伙伴，一起传播中国故事

林彬彬，广东某职业学院2018届优秀毕业生，珠海某网络传媒有限公司创始人。2012年，林彬彬还在上高中一年级的时候，他无意中在电视上看到国家领导人在阐释中国梦：“每个人都有理想和追求，都有自己的梦想。实现中华民族伟大复兴，就是中华民族近代以来最伟大的梦想。这个梦想，凝聚了几代中国人的夙愿，体现了中华民族和中国人民的整体利益，是每一个中华儿女的共同期盼。”那一刻，他突然有一种热血沸腾的感觉，总觉得他们这一代年轻人应该为这个宏伟的梦想做点什么。此后，他的脑海里渐渐充满了对视频创作的奇思妙想、对新媒体行业的憧憬。他有一种很强烈的预感：短视频时代就要来了。

2015年，林彬彬考上了大学，创业梦想开始得以实践。两年后，时任学院新媒体文化传播协会会长的他，已经多次在新媒体竞赛中获奖，他开始思考如何通过短视频创作传播中国故事，并发展成自己今后的事业。

2017年7月，他开始寻找志同道合的伙伴，从一个人独自拼搏到九兄弟相互鼓励；从宿舍办公到入驻学校的众创服务平台，他的梦想从一个创业构思变成了一家真正的企业。

“最完美、最舒服的状态就是一群志同道合的人在共同做一件喜欢的事情。”亲手创办的企业对林彬彬而言，是一起成长、凝聚同朋、共载梦想的红船。一个人的努力是远远不够的，需要更多的人朝着一个方向走才能走得更远。目前，他的公司已成立三年多，已直接带动大学生就业40多人，培养输出新媒体专业人才300多人。越来越多的师弟师妹加入公司，用实际行动证明了“95后”青年创业者所能发挥的无限潜力。林彬彬始终坚信梦想的力量，他认为如果这个梦想能够融入民族复兴的梦想，就能创造无限的青春奇迹。

（资料来源：搜狐网，有改动）

第四节　创业团队的管理策略

创业团队管理的重点在于，在维持团队稳定的前提下，充分发挥团队的多样性优势。有效的团队管理能使具有不同能力、不同个性的人组成一个有共同目标且相互协作的整体，充分发挥每个人的才能，推动团队不断革新、发展和进步。一般来说，管理创业团队主要从以下几个方面进行。

一、培养团队文化

团队文化是指团队成员在相互合作的过程中，为实现各自的价值，并为完成团队共

同目标而形成的一种潜意识文化。它包括团队在发展过程中所形成的价值观、最高目标、工作方式、思维习惯、管理制度、行为准则和道德风尚等内容。

和谐向上的团队文化能大大增强各个成员的团队意识，使成员之间相互理解和支持，为实现共同目标而努力。一个没有团队文化的企业，一切美好的想法和愿望都将化为泡影；一个没有团队意识的员工，无论学历有多高、技术有多精，对企业而言，也难以发挥出应有的价值。只有在创业团队中大力培养团队文化，创业团队才能形成强大的向心力、凝聚力，进而产生创造力。通常来说，良好的团队文化应具备以下三个基本要素。

(1)换位思考。团队的管理者要在企业中创造一种换位思考、相互尊重的氛围。当团队成员之间产生矛盾时，引导成员尽可能站在对方的角度去思考问题，尊重彼此的技术和能力、意见和观点，以及对团队的贡献。这样能够有效减少冲突，提高团队的工作效率。

(2)有效沟通。有效的沟通是维系团队成员之间良好关系的关键要素。团队成员应积极与同事交流，这样可以避免许多误会和矛盾。尤其是团队的管理者，更要致力于营造民主、平等的团队氛围，使各成员能够畅所欲言，自由顺畅地表达自己的观点。

(3)相互信任。团队成员要相互信任，相信彼此的品格和工作能力，并相互帮助和支持。管理者要确保企业在运营过程中的透明度和公开性，让成员之间能够坦诚、开放地相处。

二、确定岗位职责

大学生创业者所创办的企业大多为小微企业。在小微企业的创业团队管理中，最重要的一点是让合适的人做合适的事。因此，创业者必须重视建立企业管理制度，明确岗位职责，让所有员工清楚自己需要完成的工作，以及完成这些工作所需要的知识和技能。应尽量做到以制度管人，而非单纯依靠人管人。明确岗位职责有诸多好处，具体如下。

(1)明确岗位及职责、权利与利益：清晰的岗位职责能够让员工明确工作范围和责任，同时也清楚自己所享有的权利和利益，这有助于减少工作中的模糊地带和误解。

(2)提供绩效考评依据：明确的岗位职责为绩效考评提供了客观、具体的依据，员工能够清楚自己的工作目标和评价标准，从而有效调动员工的积极性，激励员工更好地完成工作任务。

(3)确定工作岗位名称及数量：根据企业经营的实际需要，合理确定工作岗位的名称和数量，确保企业拥有足够的人力资源来支持各项业务的开展，提高企业的运营效率。

(4)明确岗位职务范围：依据岗位工种的特点，清晰界定每个岗位的职务范围，避免职责重叠或遗漏，确保企业各项工作都能有序开展。

(5)明确岗位任职条件：明确每个岗位所需的任职条件，包括专业知识、技能水平、工作经验等方面的要求，有助于企业在招聘和人员配置时更加精准地选择合适的人才，提高团队的整体素质。

(6)确定岗位之间的关系：清晰界定各个岗位之间的协作关系和沟通机制，确保团队成员之间能够高效协作，形成工作合力，共同推动企业的发展。

(7)明确实现岗位目标的责任：根据岗位的性质，明确每个岗位实现目标所需承担的责任，让员工清楚自己的工作目标和责任，这有助于增强员工的责任感和使命感，提高工作效率和质量。

通过明确岗位职责，创业者可以构建一个高效、有序的企业管理体系，充分发挥每个员工的潜力，推动企业的稳定发展。

三、设计团队组织结构

(一)团队组织结构的选择

初创企业最常见的组织结构是直线式组织结构，这种结构将企业的人员按照工作职责分配到若干部门，并在每个部门设立一个领导岗位，同时明确各部门之间的关系。在这种组织结构中，企业内部从上到下实行垂直领导，下属部门只接受一个上级的领导，部门领导对所属部门的一切问题负责。此外，创业者还可以结合企业的实际情况，灵活设计不同的组织结构。

(二)团队组织结构的设计步骤

1. 理清工作职责与部门设置

首先，要全面梳理企业的工作职责，明确应该设置哪些部门，以及每个相关部门需设置哪些岗位。这一步骤是组织结构设计的基础，只有确保每个部门和岗位都有明确的职责和任务，才能为后续的组织运行提供保障。

2. 明确部门和岗位之间的关系

明确各部门和岗位之间是从属关系还是并列关系，对于并列关系的部门和岗位，要考虑它们之间如何进行协调和配合。合理的部门和岗位关系有助于提高工作效率，减少内部冲突。

3. 明确工作职责

进一步细化各部门和岗位的工作职责，确保每个岗位的职责清晰、具体、可衡量，要避免职责重叠或遗漏。这有助于提高工作效率，减少工作中的模糊地带和误解。

4. 合理配置人员

根据各部门和岗位的工作需求，考虑应该设置哪些人员以及设置多少人员。根据工作量和任务需求合理配置人力资源，确保每个岗位都有合适的人选，从而既能满足工作需要，又可避免人员过剩或不足。

一般来说，常见的企业组织结构如图 2-3 所示。

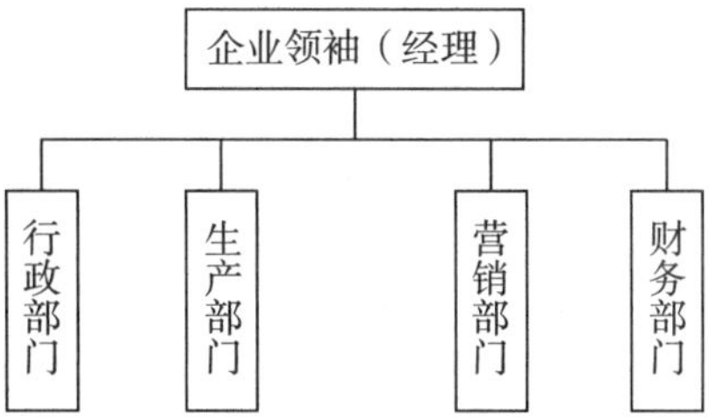

图 2-3　常见的企业组织结构

(三)设计团队组织结构的注意事项

1. 权责分明

团队的各项工作都离不开团队成员的密切配合，只有彼此互相协作，才能顺利开展工作。对于初创团队来说，人员分工一般较为粗放，很多事情大家不分彼此，往往是一起决策、共同实施。但一定要注意权责分明，明确落实责任，以避免出现错误或者失误时，团队成员互相推诿，进而产生矛盾。

2. 分工合理

团队成员的分工一般按照个人能力、专业优势等标准进行，同时要合理、均衡地分配工作任务量。在分工过程中，不要强行分配工作，否则容易引发矛盾。此外，分工也不是越细越好，因为分工过细会导致工作环节增加，工作流程延长，从而削弱分工带来的效率提升效果。

3. 适时联动

适时联动是指为了完成特定任务，成立打破部门分工、跨越部门职能的专门工作小组。该小组成员具有双重身份，既要向本部门主管汇报工作，又要向跨部门小组组长负责。这种模式适用于已经具有一定规模的创业企业。

在创业初期，由于企业规模较小，团队成员只需各司其职就可以保持企业的平稳运行。但随着企业规模的不断扩大，尤其是在新产品更新速度加快及处理一些重大项目时，若缺乏全盘的统筹和协调，就会造成企业运转困难。因此，对于具有一定规模的创业企业来说，设立一个专门负责新项目或重大项目组织协调工作的跨部门小组，显得尤为必要。

课堂活动

假设你现在是一家生产型初创企业的创始人，请你按照以下要求填写表 2-5，为企业设置相应岗位。

(1)表 2-5 第一列中列出的岗位是大多数生产型企业会设立的岗位。如果你还有其他想法，可以在第一列中增补岗位。

(2)补全所有岗位的信息和需求，包括明确每种岗位的工作内容，进而确定完成这些工作需要哪些技能、经验和其他素质。

（3）在图 2-4 中画出你的企业组织结构图。

表 2-5　**岗位需求表**

岗位	工作内容	所需素质或技能	需要的员工数
经理			
财务			
产品生产			
销售			

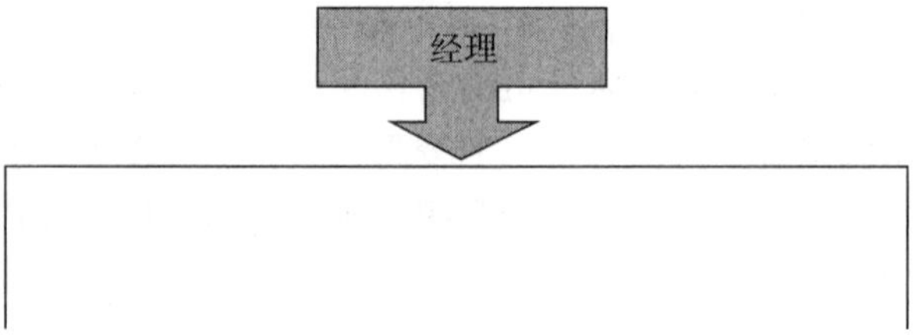

图 2-4　企业组织结构图

四、优化团队运作机制

（一）做好决策权限分配

创业团队要妥善处理内部的各种权力和利益关系，明确界定每位团队成员适合承担的关键任务，以及对应这些任务所应承担的责任。同时，还必须建立完善的进入机制和退出机制，约定团队成员退出的条件，明确股权的转让、增股等问题的规则和流程。在创业团队的管理层面，最基本的工作原则有以下三条：一是平等原则，即制度面前人人平等；二是服从原则，即下级要服从上级，行动听从指挥；三是秩序原则，团队成员既不能随意越级指导，也不能随意越级请示。虽然大学生创业团队在成立初期，内部的管理界限可能没有那么明显，但一定要尽早厘清决策权限，做到有权必有责。

（二）制订员工激励办法

创业团队需要妥善处理团队内部的利益关系。对于大学生创业团队而言，资金筹措本身就是一个巨大的难题，因此利益分配更应合理和谨慎。团队的管理者要认真研究和设计整个团队的报酬体系，使其具有足够的吸引力，同时，报酬水平必须能够反映出团队成员的贡献程度。此外，还应注意报酬体系应不受人员增加的影响，即能够保证按实际贡献支付报酬，不会因为人员增加而降低报酬水平。

（三）建立绩效评估体系

绩效考核必须将个人的能力、团队的发展、所扮演的角色和取得的成绩结合起来进行综合评估。传统的绩效评估体系和管理方式往往只关注个人绩效如何，而忽视了个人绩效与团队绩效之间的内在联系。造成这种状况的原因多种多样，包括评估不及时、各方意见不能真实反映实际情况、评估标准含糊不清、易掺入情感因素、忽略了被评估人的绩效给他人带来的影响等。成功的绩效管理不应仅仅局限于个人绩效的评估，而应更加注重团队的整体表现。这样才能让员工充分意识到团队合作的重要性，从而不断地进行自我调整和改进，以适应不断变化的环境和业务发展的需求。

创业视窗

如何防止创业团队分裂

创业团队分裂，始终是创业领域中备受关注却又无可奈何的事，似乎只能慨叹一句“共苦易，同甘难”。然而，面对众多相关案例，很少有人对其进行系统归纳总结，并提出切实有效的建议。以下是防止创业团队分裂的7条建议，可供大学生创业者参考。

(1)理念要正确。要坚信团队能够健康发展下去，不要一开始就想着失败，尤其不要用“只能共苦，不能同甘”“天下没有不散的筵席”“过河拆桥”等消极思想来支配自己的思想，否则容易为失败的结局埋下种子。

(2)持续沟通。开始创业时要多沟通，遇到问题时要沟通，解决问题时也要沟通，有矛盾时更要沟通，团队成员间充分沟通有利于团队的健康发展。

(3)坚决处理不良行为。如果发现团队中有人利用成员之间的矛盾或分歧来达到个人目的或损害团队利益，那么就要毫不犹豫地将其开除。

(4)学会换位思考。多从对方的角度考虑问题，多一些宽容，少一些指责。

(5)及时协调立字据。在创业初期和创业过程中，该立的字据一定要立，要把最基本的责、权、利说明白、讲透彻，例如，谁该做什么事，在什么时间完成，完成到什么程度。尤其是股权、利益分配更要说清楚，包括增资、扩股、融资、撤资、人事安排、解散事宜等具体内容。

(6)不要过分计较小事。“难得糊涂”对创业合作的各方来说都是团队运转的润滑剂，这与前面所讲的“及时协调立字据”并不矛盾。前者讲的是在没有形成事实的情况下的做法；后者是说事实已经形成了，就不要太计较了，计较了也于事无补、毫无实际意义。

(7)一直向前看。在创业合作的过程中，遇到问题、矛盾时，要向前看，利益是一致的，因为成功会给大家带来更丰厚的收益；盯住眼前的事情不放，只能是越盯矛盾越多，越盯矛盾越复杂，最后裹足不前。回头看，回忆起合作中的不愉快，反而会丧失前进的斗志和动力。因此，只有向前看，用成功的希望激励合作各方摒弃前嫌，才能勇往直前，抵达成功的彼岸。

第三章
创业机会与风险

本章导读

创业是从识别创业机会开始的。可以说，找到一个好的创业机会是创业成功的基础。大学生创业者需要具备一定的分析能力，以便准确地对创业机会进行分析和评价，这样才能提高创业成功率。此外，机会与风险总是相伴而行的，创业者在寻找创业机会的同时，还要充分了解创业风险，做好风险管理。

知识目标

· 了解创业机会的概念与特征，以及创业机会的来源。

· 了解影响创业机会识别的因素、创业机会的识别方法，以及创业机会的定性和定量评价方法。

· 了解选择创业项目的原则，以及选择创业项目的思路和技巧。

· 了解创业风险的概念与特征、创业风险的来源与类型，以及创业风险的管理要点。

能力目标

· 能够通过自己或他人的"痛点"识别创业机会。

· 能够使用"标准打分矩阵法"等评价创业机会。

素质目标

· 自觉树立创业是为了解决问题、服务社会、造福人民的理念。

· 不断增强环保意识，积极主动把握环境等领域的创业机会。

案例导入

成长路上兴趣为师，好搭档巧抓商机再创业

黄希和张林是浙江省某大学的大三学生，他们将兴趣爱好与创业相结合，成功

开启了自己的事业，成为学校里的创业明星。两人因此成为众多同学的榜样，他们的事迹有效推动了本校毕业生的高质量就业创业。

兴趣为师，创业萌芽

中原文化博大精深，来自河南省的黄希从小便喜欢收集各类具有历史气息的老物件，高中时期，他开始痴迷于研究中国古代钱币。兴趣的力量不可小觑，在研究中国古代钱币的7年时间里，黄希将兴趣爱好与创业相结合，俨然成为一名“学者型商人”。他现为中国最专业的两个钱币网站的正式会员，长期与国内知名评级鉴定公司保持合作关系，广开线上线下销售渠道，已拥有三家网络店铺，成绩斐然。从兴趣出发小试牛刀，黄希赚取了人生中的第一桶金，正是这一经历，让他深深体会到找准商机再创业的重要性。

一拍即合，再次出发

球场上，青年大学生们你追我赶，在奔跑和跳跃中挥洒着汗水，享受着快乐。黄希也不例外，在打球的过程中，他认识了很多志同道合的球友，出于自己和朋友们对各类品牌球鞋的喜爱，在大一时他便做起了推销球鞋的生意。

在推销球鞋的过程中，黄希发现同学们常常会遇到一个问题：球鞋该如何保养？他发现很多同学在购买球鞋之后根本不会正确地保养，仅仅是在穿过以后进行简单的刷洗，这会导致缝隙里的污垢越积越多，不仅影响舒适度，也大大缩短了球鞋的寿命。

喜爱篮球运动的张林也有同样的发现，同学们的球鞋需要清洗养护，但这种需求本市的专业洗鞋机构已远远不能满足。于是两人一拍即合，有了一个大胆的想法——做洗鞋生意。在学习了球鞋洗护知识之后，他们决定成立“喜·鞋社”专业球鞋洗护机构。

创业不能盲目，他们首先利用假期进行了详细的行业调研和消费者走访调查，对市场、投资、宣传、场地等各个方面进行考察。两人还广泛寻找合作伙伴，申请浙江省大学生创业扶持资金，认真思考自己的优势和不足，力求将前期准备工作做到最佳。

“市场调查、考察场地、签合同、拉投资、出差学习技术、引进机器和材料、宣传营销策划、市场开拓、客服、财务规划，所有的流程和工作都是我与张林亲自做，反复从中总结经验、吸取教训。”黄希说。

前不久，“喜·鞋社”成功入驻学校的双创大楼，拥有了自己的办公室，黄希和张林也成为该创业项目的负责人，开启了他们人生中的新旅程。

（资料来源：“湖州师范学院经济管理学院”微信公众号，有改动）

第一节 创业机会概述

创业往往开始于对某个或某些创业机会的敏锐发现、精准把握和高效利用。一个好的创业机会，可以显著提升创业的成功率。大学生创业者要想把握住好的创业机会，就要对创业机会有一个清晰、全面的认识，同时还要熟悉创业机会的来源渠道。

一、创业机会的概念与特征

（一）创业机会的概念

机会是指恰好的时候、时机，它是人们获得成功的关键。创业机会，又称商业机会或市场机会，是指在市场经济的大环境下，经济活动过程中形成和产生的一种有利于企业经营成功的因素。这种因素带有一定的偶然性，但它能被具有敏锐洞察力的经营者认识并加以利用。

经济学家认为，创业机会的最初状态是“未精确定义的市场需求或未得到利用（或充分利用）的资源和能力”。随着创业者准确定义了这种市场需求，或者指明相关资源和能力的具体用途时，创业机会才逐渐显露出来。

（二）创业机会的特征

（1）模糊性。创业机会在初始阶段通常是模糊不清的，需要创业者凭借独特的眼光和开创性思维将其挖掘出来。如果一个机会表现得非常明晰，那么它大概率已经被其他人发现并利用了。

（2）风险性。机会无处不在，风险如影随形。创业机会基本上会伴随不同程度的风险。在创业活动中，利益与风险往往是成正比的。适度地挑战风险，可以让企业获得更多的利润。善于捕获具有风险的机会从而获得更高的收入回报，是创业者的行为特征之一。

（3）适时性。创业机会存在于特定的时空范围之内，随着催生创业机会的客观条件的变化，创业机会往往转瞬即逝。因此，创业者需要尽快抓住并利用它。

（4）普遍性。凡是有市场、有商业活动的地方，客观上就存在着创业机会。很多创业机会就隐藏在日常现象背后，需要创业者敏锐地发现并加以利用。

（5）高回报性。发现创业机会的创业者，在市场中通常比后来者更具先发优势，因此，他们往往能获得较高的回报。高价值回报是激励创业者不断前进的主要动力。

二、创业机会的来源

创业机会的来源具有多样性，总体而言，主要源自问题需求、市场变化、知识经验和资源网络，如图 3-1 所示。

（一）问题需求

当市场需求得不到满足时，就会成为令消费者感到困扰的问题，也就是俗称的“痛点”。对于创业者来说，寻找创业机会的一个重要途径就是分析、研究日常生活中消费者经常遇到的困境、难题和不协调的现象，还有市场发展过程中的瓶颈问题等。如果创业者能够解决这类问题，一般就能发现创业机会。例如，大多数学校会在重大节日举办晚会，学生们为了营造更好的晚会氛围和提升活动效果，非常渴望有精美的演出服或节目道具，但直接购买相关商品，成本高且使用率低，又显得非常浪费。此时，如果创业

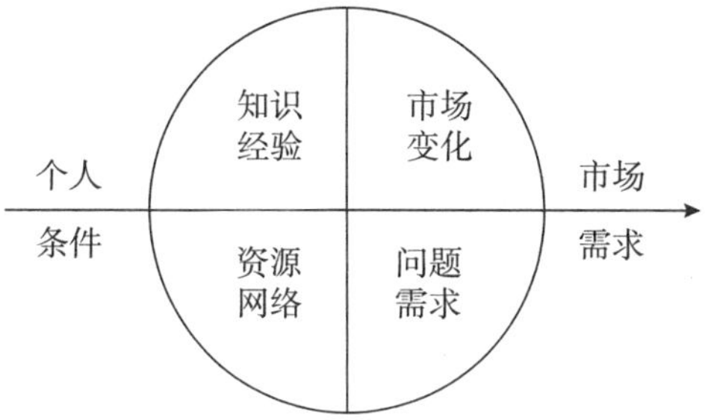

图 3-1　创业机会的来源

者在大学城周围开办一家租赁演出服和节目道具的公司，那么就可以解决这一“痛点”，进而获得创业机会。

（二）市场变化

大量的创业机会产生于不断变化的市场环境，原来供需关系的改变，自然催生了对新企业的需求。市场环境的变化主要包括产业结构的变动，如消费结构升级、城市化进程加快、居民思想观念变化、国家政策变化、人口结构变化、全球化趋势等方面。例如，城市化进程会带动房地产行业的发展，进而产生大量关于装修服务和家居产品方面的需求；又如，城市中老年人的占比逐年增加，刺激了养老服务市场的高速增长。

（三）知识经验

对于创业者而言，以往掌握的知识经验是识别创业机会的重要基础。创业者可以从自身所处的行业或工作中发现潜在机会，也可以基于自己掌握的专业知识和技能，产生创新的创业想法和项目。如果能将兴趣特长或能力优势转化为消费者需要的服务或产品，创业机会自然也就会翩然而至。

将知识经验作为创业机会来源的创业者通常具有强大的创造力，他们在创新突破的过程中，还可以凭借技术突破成果直接创业。例如，百度公司的创始人就发明了超链分析技术，并据此研发了一款中文搜索引擎，也就是我们常用的百度。

（四）资源网络

一部分创业者的创业机会直接来源于其独特的资源网络，如优质的人脉网络、独占的业务渠道或专有技术，他们借此得以满足市场上其他企业无法满足的需求。例如，李笑在大学期间曾经参与当地电视台的某个节目，与电视台的工作人员成了朋友，李笑毕业以后凭借这一资源开办了一家航拍服务公司，电视台的工作人员不仅继续与其合作，还为其介绍了不少其他电视台的业务。

第二节　创业机会的识别与评价

从创业的整体过程来看，创业者开启创业的第一步，就是要找到一个进入创业目标市场的契机。在对各种机会进行分析的过程中，创业者对于创业机会的选择会逐渐明确，这一过程被称为创业机会的识别与评价。

一、创业机会识别的影响因素

创业机会识别是创业过程中的关键环节。一方面，创业者要从众多“貌似创业机会”的选择中，筛选出真正具有商业价值的创业机会；另一方面，创业者要从多个可行的创业机会中，结合自身团队的情况，筛选出最适合团队发展的创业机会。在现实生活中，创业者能否发现并牢牢抓住真正的创业机会，通常会受到多种因素的影响，主要体现在以下几个方面。

（一）先前经验

有人认为，机会识别可能是一项先天技能（又称“第六感”），创业者凭借这种特殊技能，更容易发现创业机会。然而，这种“警觉”更多是一种后天形成的习得性技能。在特定领域积累了丰富知识和经验的人，往往对该领域内的各种机会更为敏感，进而更容易识别出相关的创业机会。例如，计算机工程师就比律师更容易识别出计算机产业内的创业机会。

（二）认知因素

在特定产业中，先前经验有助于创业者识别机会，即通常所说的“走廊原理”。当创业者进入一个产业并创建企业后，就像走进了一条充满未知与机遇的走廊，在不断的探索中，创业者对相关产业有了更深入的了解，通向创业机会的路径逐渐变得清晰起来，从而更容易识别新的机会。

（三）社会关系网络

社会关系网络的广度对创业机会识别有着显著影响。社会关系网络较广的人，能够接触到更多的人脉资源和信息渠道。一项针对 65 家创业企业的调查结果显示，约有一半的创业者是通过社会关系获得创业机会的。此外，相关研究还发现，网络型创业者（通过社会关系识别机会的创业者）比独立创业者（独自识别机会的创业者），能够识别出更多的创业机会。这是因为社会关系网络为创业者提供了更广阔的视野和更多的信息来源，使其能够从不同角度发现潜在的创业机会。

（四）创造性

创造性是创业机会识别的重要内在驱动力。从本质上来说，机会识别是一个创造过程，需要创业者不断进行创新性思考。具有创造性思维的人，能够突破传统思维的局限，从不同的视角看待问题，发现新奇的创意和机会。例如，那些平时喜欢关注奇闻轶事、探索新奇事物的人，往往更容易从日常生活中的细微之处发现独特的创业机会。

二、创业机会的识别方法

图 3-2

(一)从消费者的“痛点”中发现机会

消费者的“痛点”中潜藏着大量的创业机会，很多企业正是以解决人们在工作、生活中遇到的各种问题来维持自身的生存并实现持续发展。在识别这类创业机会时，创业者可以从以下两个方面进行深入思考。

(1)聚焦自身遇到的问题。自己在消费时遇到过什么问题？这些问题涉及的人群大吗？有人提出解决方案吗？

(2)倾听其他人遇到的问题。倾听其他消费者的抱怨和诉求，了解他们的需求和在消费过程中遇到的问题。

如果消费者无法获得所需要的产品或服务，或是对现有的产品或服务存在不满，对于创业者来说，这就是一个填补空白的创业机会。例如，某小区的居民很多是白领上班族，他们没有时间洗衣服，但工作对着装的要求普遍较高，那么就可以在小区内开一家干洗店；又如，如果本地市场上某一项产品或服务竞争不激烈，致使其价格偏高，创业者可以通过寻找更便宜的货源或者不那么贵的替代品，也可以提供成本更低的同类商品来参与市场竞争。

课堂活动

(1)分析一下自己的生活中有哪些不便之处或遇到过哪些问题，根据问题设想一种解决方案，然后分析其中蕴含的创业机会。将思考的结果填入表 3-1 中。

表 3-1　**从自己的痛点中发现创业机会**

自己的痛点	创业机会
例如：自己经常戴眼镜，在户外活动时很容易弄脏镜片，但是很少有人随时携带擦镜布，镜片清洁是一个问题	例如：能不能制造一种方便携带的一次性便携布，并且加入特殊的溶液，可以在擦拭眼镜镜片后使其防尘防雾

(2)采访一下自己的朋友、亲人、同学，看看他们对自己的生活有哪些不满意的地方，然后分析其中蕴含的创业机会。将思考的结果填入表3-2中。

表3-2　**从别人的痛点中发现创业机会**

别人的痛点	创业机会
例如：同学小张总是抱怨学习压力大	例如：能不能在学校创办一家用于缓解压力的密室逃脱店

(二)通过变化发现机会

通常而言，变化中蕴藏着无限商机，许多创业机会产生于不断变化的市场环境之中。环境的变化可以带来产业结构的调整、消费结构的升级、思想观念的转变、政府政策的变化、居民收入水平的提高等，而创业者可以透过这些变化发现新的创业机会。例如，党的二十大报告将"人与自然和谐共生的现代化"列为"中国式现代化"的内涵之一，再次明确了新时代中国生态文明建设的战略方向，总基调是推动绿色发展，促进人与自然和谐共生。在这一政策的指引下，当前环保相关市场就可能孕育出各种创业机会。

(三)在需求差异中发现机会

创业机会往往隐藏于为消费者创造有价值的产品或服务的过程中，而消费者的需求本身就存在着显著的差异。创业者要善于捕捉消费者的特殊需求，聚集于那些被市场忽视的个性需求，并认真研究其特征，从而发现和把握潜在的创业机会。例如，市场上的剪刀大多是为惯用右手的人而设计的，但有相当一部分人习惯使用左手，如果创业者能开发出专为惯用左手的人设计的剪刀，就能创造出独特的创业机会。

(四)跟踪技术创新发现机会

产业的变革或产品的迭代是创业机会的重要来源之一，技术创新不仅能够满足消费者日益增长的需求，也带来了前所未有的创业机会。新技术的出现使人们能够实现以前无法想象的事情，也改变了企业之间的竞争模式，使得创办新企业的机会大大增加。例如，智能手机和4G/5G网络的普及催生了网络直播，而直播带货更是为无数创业者带来了新的机会。

创业榜样

将关键核心技术产业化，大学生展现使命担当

陈海洋是浙江某大学材料学院2017届博士毕业生。2019年，他的新型稀土永磁材料项目获得了第五届中国“互联网+”大学生创新创业大赛总决赛主赛道金奖。大赛“敢为人先放飞青春梦，勇立潮头建功新时代”的主题正是他求学、创业经历的写照。

“只有把关键核心技术掌握在自己手中，才能从根本上保障国家经济安全、国防安全和其他安全。”陈海洋认为，始终不渝地为国家掌握核心技术做出贡献，就是高校青年科研人的初心，大学生有使命和责任去坚守这样的初心，并实现自己的价值。

在陈海洋所从事研究的磁材行业中，磁性材料是一种在国防军工、汽车、家电等众多领域应用广泛的材料，在国民经济和产业中有着不可替代的重要作用。但是，中国的磁性材料产业却长期面临着大而不强的困境。因此，《中国制造2025》(国家行动纲领)、“十三五”规划等国家战略均指出，要重点发展高端新型稀土永磁材料。例如，“稀土永磁钐铁氮塑磁”一旦实现工业化量产，稀土钐的附加值就可以提高数十倍乃至上百倍，但是因为工艺难度非常大，国内还没有企业可以量产。面对这样的困境，磁学专家杨应昌院士一直呼吁：“新一代稀土永磁体钐铁氮克服了钕铁硼的弱点，这个材料、这个市场，绝对不能再让外国人垄断！”

正是着眼于国内产业升级和人才培养的需要，陈海洋的导师于2011年回国创立了磁电功能材料研究所，陈海洋也是在那时开始接触磁性材料这个领域。2014年，陈海洋参加了浙江省“新苗人才计划”，并成功申报大学生科技成果推广项目“高性能钐铁氮稀土磁粉的制备与应用研究”。依托该项目，他深入挖掘，连续发表7篇SCI论文，申报国家发明专利7项，并成立创业公司，实现项目产业化。随后，他还入选杭州市“131”人才计划和杭州市原江干区“136”人才计划。回顾科技创业之路，他坦言，正是这些省级、校级、院级层面的创新创业，使他萌发并实践了科技创业的想法。

陈海洋创立的企业是一家典型的师生共创型科技企业，是一家专业从事研发生产销售新型稀土永磁材料并提供全套技术解决方案的科技型企业，其研发生产的钐铁氮塑磁，实现了该产品在国内的唯一量产，打破了国外对该产品的技术与市场封锁。

一路走来，他一直在思考：“钐铁氮这个项目是我们团队从0到1、从无到有，一点点做起来的，实验室研究做到目前水平非常不容易，如果发表几篇SCI论文、拿个学位就将它束之高阁，我们是不甘心的，一定要通过产业化的形式把它做大做强，让我们开发的新材料真正应用在我们的日常生活中，成为提高人们生活品质的一种核心材料。”陈海洋希望通过科学研究、技术应用和产业化，帮助改变产业界的一些落后现状，助力中国制造高质量发展，这也是青年人应有的使命担当。

（资料来源：中国青年网，有改动）

（五）弥补对手缺陷发现机会

在日常生活中，很多创业机会源于竞争对手的失误，如果创业者能够敏锐捕捉竞争对手策略中的漏洞和不足，并迅速展开深入研究，进而比竞争对手更快、更可靠地提供产品或服务，就可能发现新的创业机会。因此，创业者应持续追踪、分析和评价竞争对手的产品和服务，精准找出其现有产品和服务的缺陷，针对性地提出改进方法，从而出其不意地把握创业机会。

三、创业机会的定性评价

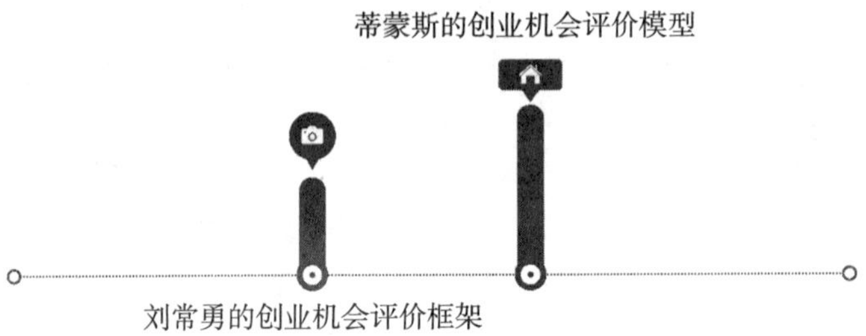

图 3-3

（一）蒂蒙斯的创业机会评价模型

创业教育领域的权威人物蒂蒙斯，提出了一个包含 8 大类 53 项指标的创业机会评价模型（见表 3-3）。该模型涵盖了行业与市场、经济因素、收获条件、竞争优势、管理团队、创业家的个人标准、理想与现实的战略性差异以及致命缺陷这 8 个关键方面，共计 53 项具体指标。这一模型因其全面性和实用性，常被风险投资商、政府基金和创业大赛等机构用来对创业项目进行专业评价。

表 3-3　**蒂蒙斯的创业机会评价模型**

评价要素	评价指标
行业与市场	市场容易识别，可以带来持续收入
	顾客可以接受产品或服务，并愿意为此付费
	产品的附加价值高
	产品对市场的影响力大
	将要开发的产品生命长久
	项目所在的行业是新兴行业，竞争不激烈
	市场规模大，销售潜力达到 1000 万～10 亿美元

续表

评价要素	评价指标
行业与市场	市场成长率为 30%~50%，甚至更高
	现有厂商的生产能力几乎饱和
	项目所在行业在 5 年内能占据市场的领导地位
	产品拥有低成本的供货商，具有成本优势
经济因素	达到盈亏平衡点所需要的时间短于 1.5 年或 2 年
	盈亏平衡点不会逐渐提高
经济因素	投资回报率在 25%以上
	项目对资金的要求不是很高，能够获得融资
	销售额的年增长率高于 15%
	有良好的现金流量，能占到销售额的 20%~30%
	能获得持久的毛利，毛利率要在 40%以上
	能获得持久的税后利润，税后利润率要超过 10%
	资产售中程度低
	运营资金不多，其需求量是逐渐增加的
	研究开发工作对资金的要求不高
收获条件	项目带来的附加价值具有较高的战略意义
	存在现有的或可预料的退出方式
	资本市场有利，可以实现资本的流动
竞争优势	固定成本和可变成本低
	对成本、价格和销售的控制较高
	已经获得或可以获得对专利所有权的保护
	竞争对手尚未觉醒，竞争较弱
	拥有专利或对专利具有某种独占性
	拥有发展良好的人际关系网络，容易获得签订合同的机会
	拥有杰出的关键人员和管理团队
管理团队	创业团队是优秀管理者的组合
	行业和技术经验达到了本行业内的最高水平
	管理团队的正直、廉洁程度能达到最高水平
	管理团队知道自己缺乏哪方面的知识

续表

评价要素	评 价 指 标
创业家的个人标准	个人目标与创业活动目标相符合
	创业家可以做到在有限的风险下实现成功
	创业家能承受薪水减少等损失
	创业家渴望创业这种生活方式，而不只是为了赚大钱
创业家的个人标准	创业家可以承受适当的风险
	创业家在压力下身心状态依然良好
理想与现实的战略性差异	理想与现实情况相吻合
	管理团队已经是最好的
	管理团队在客户服务管理方面有良好的理念
	所创办的事业顺应时代潮流
	所采取的技术具有突破性，不存在许多替代品或部分对手
	管理团队具备灵活的适应能力，能快速地进行取舍
	创业家始终在寻找新的机会
	定价与市场领导者的定价几乎持平
	产品能够获得销售渠道，或已经拥有现成的销售网络
	项目能够允许失败
致命缺陷	创业机会不存在任何致命缺陷

(二)刘常勇的创业机会评价框架

1. 市场评价

市场评价是创业机会评价的关键环节，主要从以下几个方面展开：

(1)市场需求与价值：在评估创业机会时，要明确其是否有明确的市场，是否真正专注于消费者的具体需求。只有精准把握消费者需求，才能为消费者带来新的价值，从而奠定创业的基础。

(2)市场结构分析：依据“波特五力模型”来评价创业机会的市场结构。“波特五力模型”由商业管理界公认的“竞争战略之父”迈克尔·波特于20世纪80年代初提出。该模型认为，行业中存在着决定竞争规模和程度的五种力量，即同行业内现有竞争者的竞争能力、潜在竞争者进入的能力、替代品的替代能力、供应商的讨价还价能力和购买者的议价能力。这五种力量综合起来，会深刻影响着产业的吸引力以及现有企业的竞争战略决策。

(3)市场规模评估：分析创业机会所面临的市场规模大小至关重要。市场规模的大小直接关系到创业企业未来的发展空间和增长潜力。

(4)市场渗透力评价：评价创业机会的市场渗透力，即企业能否有效地进入目标市场并获得消费者的认可。这涉及产品或服务的推广策略、品牌建设、销售渠道等多个方面。

(5)市场占有率预测：这是创业机会评估中的核心环节，市场占有率的高低反映了企业未来在市场中的生存空间、竞争地位和盈利能力。

(6)成本结构分析：分析产品的成本结构，明确各项成本的构成和占比情况。合理的成本结构有助于企业控制生产成本，提高产品的竞争力和盈利能力。

2. 回报评价

回报评价是衡量创业机会是否具有吸引力的重要指标，主要包括以下几个方面：

(1)税后利润水平：考察创业机会的税后净利润是否稳定高于5%。税后利润是企业实际可支配的利润，较高的税后利润水平意味着企业具有较强的盈利能力和投资价值。

(2)盈亏平衡时间：评估创业项目达到盈亏平衡的时间是否在2年以内。如果超过3年还无法实现盈亏平衡，那么这样的创业机会通常被认为没有商业可行性。

(3)投资回报率：需测算创业机会的投资回报率是否高于25%。较高的投资回报率表明该项目能够为投资者带来较为丰厚的回报，具有较高的投资吸引力。

(4)资本需求量：考虑创业机会的资本需求量是否处于合理区间。较低的资本需求量意味着企业对外部融资的依赖程度较小，可有效降低资金链断裂风险，同时也降低了企业的财务风险。

(5)毛利率水平：评价创业机会的毛利率是否高于40%。毛利率反映了企业产品或服务的盈利能力，较高的毛利率意味着企业有较大的利润空间。

(6)战略价值评估：除了短期的财务回报，还需综合评估创业机会的战略价值，如是否有助于拓展市场份额、完善产业链布局、提升品牌形象等。

(7)资本市场活跃程度：活跃的资本市场能够为创业企业提供多元化的融资渠道和退出机制，有利于企业获得资金支持和发展壮大。

(8)退出机制的难易程度：需明确创业项目退出市场的路径和可行性。清晰、可行的退出机制是创业投资者关注的重要问题之一。

四、创业机会的定量评价

(一)标准打分矩阵法

标准打分矩阵法是指创业者先选出对创业机会成功具有重要影响的因素，再由专家小组针对每个因素在特定创业机会中的表现，按“最好”(3分)、“好”(2分)、“一般”(1分)3个等级进行打分，最后对每个因素在各个创业机会中的评分求取加权平均值，从而筛选出更具潜力的创业机会。表3-4列出了10项主要的评价因素，创业者在使用标准打分矩阵法时，可以根据具体情况选择其中的全部或部分因素进行评价。

表 3-4　　　　　　　　　　**标准打分矩阵法评价表**

标准	打分			
	最好(3 分)	好(2 份)	一般(1 分)	加权平均分
易操作性				
质量和易维护性				
市场接受性				
增强资本的能力				
投资回报				
专利权状况				
市场大小				
制造的简单性				
口碑传播潜力				
成长潜力				

(二)温斯丁豪斯法

温斯丁豪斯法通过量化公式计算创业机会的优先级排序。其计算公式如下：

$$\text{机会优先级}=\frac{\text{技术成功率}\times\text{商业成功率}\times(\text{价格}-\text{成本})\times\text{投资生命周期收入}}{\text{总成本}}$$

在上述公式中，技术成功率和商业成功率以百分比(0～100%)表示；成本以单位产品的成本计算；投资生命周期收入是指项目投资期内可以预期的所有收入；总成本为研究、设计、制造和营销等各环节的成本之和。对于不同的创业机会，应将其相应的具体数值代入计算公式。机会的优先级越高，表示创业者利用该机会创业成功的可能性越大。

(三)珀泰申米特法

珀泰申米特法是通过计算创业机会成功潜力的各项指标分值来评价创业机会。该方法为每个评价因素设定了明确的得分范围，即从-2 分到+2 分。创业者需要根据实际情况对每个因素进行打分，然后将所有因素的得分累加，得到最后的总分。总分越高，表明该创业机会的成功潜力越大。一般来说，只有那些最后得分高于 15 分的创业机会，才值得进入下一步策划，而得分低于 15 分的创业机会则被认为成功潜力不足，应该予以淘汰。珀泰申米特法评价表见表 3-5。

在具体实践中，创业者既可以综合应用上述评价方法，也可以适当延伸后将其灵活应用于对创业机会的分析和研究中。

表 3-5　**珀泰申米特法评价表**

评 价 因 素	得　　分
税前投资回报率的高低	
预期的年销售额增长率	
生命周期中预期的成长阶段时间	
从创业到销售额高速增长的预期时间	
投资回收期的长短	
获得领先地位的潜力大小	
商业周期的影响大小	
产品定高价的潜力大小	
进入市场的容易程序	
市场试验的时间长短	
对销售人员的要求	
总　　分	

课堂活动

针对前面找到的创业机会，试着使用"标准打分矩阵法"对你最满意的一个创业机会进行评价并将评分填入表 3-6 中。

表 3-6　**标准打分矩阵法评价表**

标准	打分			
	最好(3 分)	好(2 分)	一般(1 分)	加权平均分
易操作性				
质量和易维护性				
市场接受性				
增加资本的能力				
投资回报				
专利权状况				
市场大小				
制造的简单性				
口碑传播潜力				
成长潜力				

第三节　创业项目的选择

创业者在创业之前必须审慎选择创业项目。创业项目是创业机会的具体化，是将创意转化为满足市场所需的产品或服务的实践载体。对创业机会进行识别和评价后，创业者还须结合自身条件和资源，对创业机会进行深度细化，将其转化为具体的产品或服务，以选择合适的创业项目。

一、选择创业项目的原则

（一）选择自己熟悉的项目

创业是一项风险很高的活动，大学生初次创业更是如此。因此，创业者在选择创业项目时，应优先考虑自己熟悉的行业和领域，充分利用自己的优势，如专业技术、行业经验、管理能力、人脉资源等。这样不仅能较好地控制风险，还能发挥自己的特长，形成自己的经营特色，敏锐洞察市场变化，从而在市场竞争中占据有利地位。我国许多老字号品牌，如“北京烤鸭”“山西老陈醋”等，能够历经百年而长盛不衰，正是源于其在创业初期对专有技术的潜心开发与有效利用。

（二）选择自己感兴趣的项目

兴趣是驱动创业成功的内在动力。创业者如果选择自己感兴趣的创业项目，创业活动更容易获得成功，活动开展也会更高效；相反，如果仅出于营利目的而选择并不感兴趣的创业项目，那么往往难以做好，即使成功，也事倍功半。因此，创业者选择创业项目时，应优先选择自己感兴趣的领域。

（三）选择自己可以掌控的项目

初次创业者普遍缺乏企业管理经验，资金和社会资源也相对匮乏，这些因素让他们极易遭遇“初始危险期”。因此，创业者必须仔细衡量自身资源，量入为出，尽可能将风险控制在可承受的范围内。在同等条件下，优先选择“短平快”类项目。一方面，这类项目收回投资周期短，风险较低；另一方面，即便后期成长性不佳，创业者也可选择维持经营或主动退出，利用赚到的“第一桶金”另寻出路。现实中，许多成功的企业家的经营项目与创业初期的选择大相径庭，就正说明了灵活选择项目的重要性。

（四）选择市场需要的项目

产品生产应以市场需求为导向。创业者在选择项目前，必须做好充分的市场调查，创业者可以通过问卷调研、深度访谈、实地考察等方式，获取准确的市场需求信息和第一手资料，尤其要关注市场空白点，因为这些领域可能隐藏着巨大的消费潜力，是绝佳的创业机会。例如，温州一位企业家的创业秘诀是“生意一火就转行”。他从开饭店起步，先后涉足鞋革、大排档和火锅店等行业，每次都创当地行业之先河，盈利颇丰，原因就在于他敏锐地发现并抓住了市场空白，快速响应。

(五)选择可持续发展的项目

选择创业项目时，创业者要有长远的眼光，将可持续发展作为重要考量目标。如果只考虑眼前利益而忽视长期规划，企业极易在市场饱和后被淘汰。因此，创业者应该选择那些市场需求持续稳定，并具备反复消费特性的创业项目，只有这样，企业才能实现可持续发展。

(六)选择符合政策导向的项目

成功的创业者会时刻关注国家政策的变化，政策导向反映了国家对于特定产业的支持力度和产业未来的前景。国家扶持的产业往往是重点发展方向，也是创业者的机会所在。许多民营企业家正是借助改革开放初期的政策变化找到了创业机会，实现了梦想。

同时，创业者选择的创业项目必须严格符合国家法律法规的要求。对于国家明令禁止的领域(如制毒贩毒、非法军火交易等)、有条件限制的领域(如制药、烟草等)、有资质要求的领域(如大型建筑工程建造、矿山开采等)，需谨慎对待，在满足所有准入条件后方可进入。面向普通大众的民用商品领域大多没有限制，创业者只需守法经营、依法纳税即可。总之，创业项目及经营活动必须符合法律规定。

二、选择创业项目的思路和技巧

(一)利用市场细分

市场细分是指根据整体市场上消费者需求的差异性，以影响消费者需求和欲望的某些因素为依据，把某种商品的整体市场划分为若干个具有相似需求的消费者群体(子市场)。通过研究这些子市场，创业者可以找出某类消费者的共同特点，然后针对这些特点进行产品研发，发现创业机会并选定创业项目。

(二)关注政策变化

政策环境的变化往往可以带来商机。在众多影响创业的环境要素中，各地发展政策的调整与优化较为频繁。这就要求创业者在日常生活中积极收集这些信息，很可能在某个时间节点，就会出现适合自己的机会。

(三)寻找市场空白

寻找市场空白是发现创业机会较为简单直接的方法之一。市场空白意味着存在尚未被满足的巨大消费需求。然而，创业者需要注意的是，市场空白别人往往也能看到，也容易被模仿甚至超越。因此，这一技巧适合寻找“短平快”类型的创业项目，以便快速进入市场并获得收益。

(四)发挥技能专长

创业者自身所具备的技能是成功创业的有力武器，也是选择创业项目的重要依据。这项技能是创业者在长期的学习和工作过程中积累形成的，如果创业项目的运作与创业者的某项技能密切相关，就容易形成独特的经营特色，他人难以模仿和超越，这不仅有助于项目的长期发展，还能更加高效地解决运营中的各种疑难问题。因此，创业者在选择项目时，应尽可能挑选与自身技能密切相关的项目。这里所说的技能，既包括生产技术，也包括经营管理技能，甚至包括创意能力等。

(五)利用自然和社会资源

自然资源是指创业所在地具备的、在现代经济技术条件下能为人类开发利用的自然条件，如自然风景、气候条件、水土资源、地理位置、能源储备等。这些自然资源应具有独特性，以便为创业项目提供竞争优势。社会资源的内涵更为丰富，包含民族风俗、传统工艺、人际关系等。各地独特的自然和社会资源不可复制，借助这些资源选择的创业项目具有独占性优势，客观上提高了其他竞争者进入市场和参与竞争的门槛。

(六)改变经营模式

人们往往习惯于固有的企业经营模式，不愿主动思考更多的可能性。实际上，只要转换视角去观察和思考，就有可能发现全新的商业机会。如果创业者把这种思维方式应用到企业经营领域，对某个产业的经营全过程进行全面或局部的重新整合，就可能产生新的商业机会，管理学中将其称为“价值链重构”。例如，某著名计算机厂商通过将计算机产业的价值链进行重新设计，以直销代替传统的代理制销售模式，一跃成为世界最著名的计算机供应商之一。

(七)关注外围经营项目

任何一项具体行业都是生产某种物质产品或提供某种劳务活动的集合体，还包括众多相互关联、相互影响的经营项目，这些经营项目有核心和外围之分。例如，在运输行业中，核心业务是提供交通运输服务(即交通工具的运营)，而辅助性业务包括零配件供应、燃料供应、交通工具修理等。这些外围项目可借助核心项目的繁荣发展而取得非常好的盈利效果。例如，安徽一位创业者，在当地政府鼓励养殖户养蟹时，选择做成品蟹销售；当其他人也开始卖成品蟹时，他又转向成品蟹交易市场的建设与运营。他始终围绕成品蟹养殖产业的核心项目外围开展创业活动，凭借这种策略，他的项目成功率非常高。

第四节 创业风险概述

在创业过程中，风险无处不在，尤其在创业初期，风险种类繁多，此时创业失败的概率较高。但是，如果创业者能针对创业风险提前进行有效评估并采取防范措施，就能有效降低风险，从而提高创业成功率。

一、创业风险的概念与特征

风险，是指在特定环境和一定时间段内，影响决策目标实现的不确定性，或者某种损失发生的可能性。损失发生的可能性越大，风险就越高。风险可以用不同结果出现的概率来描述，这些结果可能是好的，也可能是坏的。其中，坏结果出现的概率越大，风险就越高。

创业风险，是指在创业活动推进过程中，创业环境的不确定性、创业机会与创业企业本身的复杂性，以及创业者与创业投资者能力的局限性，所导致的创业活动偏离预期目标的可能性及后果。概括来说，创业风险具有以下几个显著特征。

(1)客观性。创业是一个复杂多变的过程，需要创业者不断识别和应对各种风险，创业风险的出现不以人的意志为转移，具有客观实在性。

(2)不确定性。创业会受到多方面因素的影响，而这些因素本身就具有不确定性。因此，创业风险难以做到完全预测，且是不断变化和发展的。

(3)双重性。创业既蕴藏着巨大的收益，同时也伴随失败的可能，具有盈利和亏损的双重性。

(4)可变性。随着创业过程的不断深入，创业风险的大小、性质和程度也会随之发生变化。

(5)可识别性。创业风险并非完全不可预见。根据其性质、特征和影响程度等因素，创业风险是可以被识别和划分的。

(6)相关性。创业风险与创业行为紧密相连，对于同一风险，如果采取不同的对策，将会出现不同的结果。

二、创业风险的来源与类型

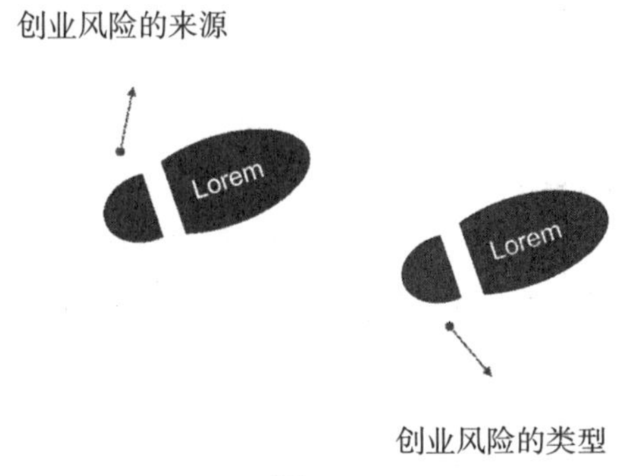

图 3-4

(一)创业风险的来源

创业环境的不确定性、创业机会与创业企业的复杂性，以及创业者与创业投资者能力的局限性，决定了创业风险不可避免。

创业的过程通常是将某一构想或技术转化为具体的产品或服务的过程。在这一过程中，存在几个基本的且相互联系的缺口，这些缺口是导致不确定性、复杂性和局限性的主要因素。也就是说，在既定的宏观条件下，创业风险往往直接来源于这些缺口。

1. 融资缺口

融资缺口主要存在于将概念转化为有市场潜力的产品原型的过程中，这种产品原型应具备令人满意的性能，创业者对其生产成本有足够的了解，并且能够识别其市场潜力。一般情况下，创业者可以证明其构想的可行性，但往往缺乏足够的资金将其商品化，这无疑给创业带来了风险。通常，只有极少数的早期投资机构或个人愿意支持创业者跨越这一融资缺口，例如，一些天使投资人(自由投资者)和非正式的风险投资机构，就专门从事或倾向于这类初创期项目的投资。

2. 研究缺口

研究缺口主要存在于个人兴趣驱动的研究判断和基于市场潜力的商业判断之间。当创业者最初证明某个科学或技术突破可能成为商业化产品的基础时，他们仅仅停留在自己满意的论证程度上。然而，这种程度的论证可能在后续阶段被证明不可行。创业者在将预想的产品真正转化为商业化产品(即具备有效性能、低廉成本和高质量)的过程中，需要进行大量复杂且可能耗资巨大的研究工作(有时这一过程需要几年时间)，这无疑给创业带来了风险。

3. 信息和信任缺口

信息和信任缺口主要存在于技术专家和管理者(投资者)之间。在创业过程中，存在两种不同类型的人：技术专家和管理者(投资者)。技术专家通常了解哪些内容在科学上有趣、技术上可行，哪些无法实现。而管理者(投资者)则比较了解将新产品推向市场的程序，当涉及具体项目的技术部分时，他们不得不依靠技术专家，可以说是在拿金钱冒险。如果技术专家和管理者(投资者)之间不能建立充分的信任，或者进行有效的沟通，这一缺口将会带来更大的风险。

4. 资源缺口

资源与创业者之间的关系，就如同颜料和画笔与画家之间的关系。没有颜料和画笔，画家即使有构思也无从实现。同样，没有所需的资源，创业者将一筹莫展，创业也就无从谈起。在大多数情况下，创业者不一定能够拥有所需的全部资源，这就形成了资源缺口。如果创业者没有能力弥补相应的资源缺口，创业就无法起步，或者在创业过程中受制于人。

5. 管理缺口

管理缺口是指创业者并不一定是出色的企业家，也不一定具备出色的管理才能。管理缺口在创业活动中主要表现在两个方面：一是创业者在利用新技术进行创业时，他可能是技术方面的专业人才，但不一定具备专业的管理才能，从而形成管理缺口；二是创业者可能有一种“奇思妙想”，如新的商业点子，但在战略规划或管理具体事务方面不具备出色的才能，从而形成管理缺口。

创业视窗

大学生创业常见的风险

大学生创业者一定要明白自己创业面临的最大风险是什么，最大的损失可能有多少，自己是否有能力承担并渡过难关。概括来说，大学生创业常见的风险主要有以下几个方面。

(1)项目选择的风险。大学生在创业时如果缺乏前期市场调研和论证，只是凭自己的兴趣和想象来决定创业方向，甚至仅凭一时心血来潮决定创业项目，很大程度上会导致创业失败。大学生创业者在创业初期一定要做好市场调研，在了解市场的基础上创业。一般来说，大学生创业者的资金实力较弱，所以适合选择启动资金不多、人手配备要求不高的项目。

(2)创业技能缺乏的风险。一些大学生创业者眼高手低，当创业计划转变为实际操作时，才发现自己根本不具备解决问题的能力，这样的创业无异于纸上谈兵。因此，大学生创业者应该去企业工作和学习，以积累相关的管理和营销经验，同时积极参加创业培训，积累创业知识，接受专业指导，从而提高创业成功率。

(3)资金风险。资金风险在创业初期会一直伴随创业者左右。是否有足够的资金创办企业是创业者遇到的第一个问题。企业创办后，还必须考虑是否有足够的资金支持企业的日常运作。对于初创企业来说，如果连续几个月入不敷出或因为其他原因导致企业的现金流中断，都会给企业带来极大的威胁。相当多的企业会在创办初期因资金紧缺而严重影响业务的拓展，甚至错失商机而不得不宣布破产。此外，如果没有广阔的融资渠道，创业计划也只能是一纸空谈。除了银行贷款、自筹资金、民间借贷等传统方式外，大学生创业者还可以充分利用风险投资、创业基金等融资渠道。

(4)社会资源缺乏的风险。企业创建、市场开拓、产品推介等工作都需要调动社会资源，大多数大学生创业者在这方面会感到非常吃力。因此，大学生创业者平时应多参加各种社会实践活动，扩大自己的人际交往范围。例如，大学生在创业前，可以先到相关行业领域工作一段时间，以便为自己日后的创业积累人脉。

(5)管理风险。一些大学生创业者虽然在技术上出类拔萃，但是在理财、营销、沟通、管理等方面的能力不足。因此，大学生创业者要想创业成功，必须技术、经营两手抓，可以从合伙创业、家庭创业或虚拟店铺开始，锻炼自己的创业能力。当然，也可以聘用职业经理人负责企业的经营管理。很多创业失败者都是管理方面出了问题，其中包括决策随意、信息不通、理念不清、患得患失、用人不当、忽视创新、急功近利、盲目跟风、意志薄弱等。对于大学生创业者来说，由于知识单一、缺乏经验，并且资金实力和心理素质明显不足，更会增加管理上的风险。

(6)竞争风险。寻找蓝海(未知的市场空间)是创业的良好开端，但并非所有的新创企业都能找到蓝海。更何况，蓝海也只是暂时的，所以，竞争是必然的。如何面对竞争是每个企业都要考虑的问题，新创企业更是如此。如果创业者选择的行业是一个竞争非常激烈的领域，那么在创业之初极有可能会受到同行的强烈排挤。例如，一些大企业为了吞并或挤垮小企业，通常会采用低价销售的手段。对于大企业来说，由于规模效益或实力雄厚，短时间的降价并不会对其造成致命的伤害，而对初创企业则可能意味着彻底毁灭。因此，如何应对来自同行的残酷竞争是创业企业必须考虑的问题。

(7) 团队分歧的风险。现代企业越来越重视团队的力量。创业企业在诞生或成长过程中最主要的力量来源一般都是创业团队，一个优秀的创业团队能使创业企业迅速成长起来。但与此同时，风险也蕴藏其中，并且团队的力量越大，产生的风险也就越大。一旦创业团队的核心成员在某些问题上产生分歧或不能达成一致意见时，就极有可能对企业造成强烈的冲击。事实上，做好团队协作并非易事。特别是当与股权、利益等问题相关联时，很多初创时很好的伙伴往往会闹得不欢而散。

(8) 缺乏核心竞争力的风险。对于具有长远发展目标的创业者来说，他们的目标是不断发展壮大企业，因此，企业若缺乏自己的核心竞争力就是最主要的风险。一个依靠别人的产品或市场来参与竞争的企业是永远不会成长为优秀企业的。核心竞争力在企业的创立之初可能不是最重要的问题，但要谋求企业的长远发展，核心竞争力却是最不容忽视的问题。没有核心竞争力的企业终究会被淘汰出局。

(9) 人力资源流失的风险。在一些依靠某种技术或专利创业的企业中，拥有或掌握关键技术的专业人才或业务骨干是企业成长的重要基础，所以这类人才的流失是创业失败最主要的风险源。创业者应时刻注意专业人才及业务骨干流失的问题。

(10) 意识上的风险。意识上的风险是创业团队最内在的风险。这种风险是无形的，但却有着强大的毁灭力。风险性较大的意识有投机的心态、侥幸的心理、试试看的心态、过分依赖他人的心理、回本的心理等。

（资料来源：应届毕业生网，有改动）

(二) 创业风险的类型

1. 按创业风险产生的原因划分

(1) 主观创业风险：指在创业阶段，由创业者自身的身体条件、心理素质、知识结构和能力缺陷等主观原因导致创业失败的可能性。例如，其因专业知识不足而判断错误、决策失误、抗压能力弱等。

(2) 客观创业风险：指在创业阶段，由客观因素导致创业失败的可能性，例如，消费需求的下降、行业技术标准的更新、国际贸易摩擦的加剧等。

2. 按创业风险的内容划分

(1) 技术风险：指技术方面的因素及其变化的不确定性所导致的创业失败的可能性。例如，技术研发的难度、技术前景的不确定性、技术寿命的长短、技术效果的稳定性和技术成果转化的难易程度等，都可能带来技术风险。

(2)市场风险：指市场情况的不确定性所导致的创业失败的可能性。例如，市场供给和需求变化、市场对产品的接受度和接受时间的不确定性、产品价格变化、市场战略失误等，都可能给创业活动带来市场风险。

(3)政策风险：指政策改变或新政策的出台，而导致创业者或创业企业蒙受损失的可能性。

(4)管理风险：指由于创业企业管理不善而产生的风险。

(5)生产风险：指创业企业提供的产品(或服务)从小批试制到大批量生产过程中可能遇到的风险。

(6)经济风险：指由于宏观经济环境发生大幅度波动或调整，而使创业者或创业企业蒙受损失的风险。

3. 按创业风险对创业投资的影响程度划分

(1)安全性风险：指从创业投资的安全性角度来看，不仅预期收益存在损失的可能，而且专业投资者与创业者自身投入的其他财产也可能遭受损失，即投资方的财产安全存在风险。

(2)收益性风险：指投资方的资本和其他财产不会遭受损失，但预期收益存在损失的可能性。

(3)流动性风险：指投资方的资本、其他财产和预期收益不会遭受损失，但资金可能无法按期转移或支付，导致资金运营停滞，从而给投资方带来损失的可能性。

4. 按创业过程划分

(1)识别与评估机会风险：在机会的识别与评估过程中，由于各种主客观因素，如信息获取不足、把握不准确或推理偏误等，创业活动可能一开始就面临方向错误的风险。此外，机会成本风险(即创业者由于创业而放弃原有职业所面临的风险)也是该阶段的重要风险之一。

(2)准备与撰写创业计划风险：在创业计划的准备与撰写过程中存在的风险。创业计划通常是投资方决定是否投资的重要依据，因此创业计划的质量将对具体的创业活动产生重大影响。此外，创业计划制订过程中的各种不确定性因素以及制订者自身能力的限制，也会给创业活动带来风险。

(3)确定并获取创业资源风险：由于存在资源缺口，创业者可能无法获取所需的关键资源，或者即使可以获取，但获取资源的成本较高，从而给创业活动带来一定风险。

(4)新创企业管理风险：主要包括管理方式的选择、企业文化的塑造与创建、发展战略的制定，以及组织、技术、营销等各方面的管理中存在的风险。

5. 按创业与市场和技术的关系划分

(1)改良型风险：指利用现有的市场和技术进行创业所存在的风险。这种风险相对较低，但经济回报也有限。创业企业要想在现有市场中生存和发展，同时获取较高的经济回报，通常面临较大挑战：一方面，会遭遇已有市场竞争者的排挤或进入壁垒的限制；另一方面，即便进入市场，想要占有一定的市场份额也非常困难。

(2)杠杆型风险：指利用新的市场和现有的技术进行创业所存在的风险。这种风险稍高，对于全球性公司来说，这种风险往往体现在地理拓展上。例如，某智能家居企业利用原有技术进入下沉市场，该风险常见于开拓新的市场。

(3)跨越型风险：指利用现有的市场和新的技术进行创业所存在的风险。这种风险稍高，主要体现在创新技术的应用方面，通常反映了技术的更新换代，这种风险常见于企业的二次创业，领先者可获得一定的竞争优势，但模仿者很快就会跟上。

(4)激进型风险：指利用新的市场和技术进行创业所存在的风险。这种风险最大，如果市场潜力巨大，也可能带来巨大的机会。对于第一个行动者来说，其优势在于竞争风险较低，但同时知识产权的保护力度很弱，市场需求不确定，确定产品性能有很大的风险。

6. 按创业中技术因素、市场因素与管理因素的关系划分

按创业中技术因素、市场因素与管理因素的关系划分，创业风险可分为技术风险、市场风险和代理风险。其中，代理风险指高级经营管理人才、组织结构及生产管理等，能否适应创业企业的快速增长或战胜创业企业危机阶段的动态不确定性因素的风险。

这三类风险之间相互作用，使得创业企业运作的各个层面上的诸多因素的不确定性更加复杂，并且在创业企业的不同发展阶段，各因素的风险性质也会产生一定的变化。

三、创业风险的管理

(一)创业风险的识别

风险识别是指在风险事件发生之前，风险管理人员在搜集资料和调查研究的基础上，运用各种方法对尚未发生的潜在风险进行系统归类和全面识别的过程。其主要任务是查明各种不确定性因素和风险来源，预估各类风险事件可能产生的后果，确定哪些因素会对创业构成威胁，哪些因素可能带来机会，从而为风险管理做好准备。以下是几种常见的风险识别方法：

业务流程法：按照创业企业经营过程的内在逻辑制作流程图，并针对流程中的关键环节和薄弱环节进行调查分析，找出可能存在的风险，进而分析该风险产生的原因和可能造成的损失。

咨询法：委托专业的咨询公司或保险代理人对创业企业进行风险调查和识别，由其提出针对性的风险管理方案，供创业者参考。

现场观察法：通过直接观察创业企业的各类生产经营设施和具体业务活动，全面了解和掌握企业面临的各种风险。

财务报表法：通过分析资产负债表、损益表和现金流量表等财务报表中的每一个会计科目，确定创业企业在何种情况下会有何种潜在损失及其成因。由于每家企业的经营活动最终都会涉及商品和资金，而财务报表可集中反映商品和资金的流转情况，所以用财务报表法分析企业风险比较客观、准确。

(二)创业风险的评估

风险评估是指在风险识别的基础上，对可能发生的某类风险的预计和度量。在这一

阶段，创业者可以先按照相关风险的发生概率，将风险划分为大概率风险、一般风险和小概率风险，并对风险事件可能带来的损失规模进行分析，从而使风险分析更加科学化。然后，综合考虑风险事件的发生概率、损失程度与其他综合因素，并比较风险管理所需支付的费用，进而决定是否需要采取风险控制措施及控制措施的实施程度，为风险决策提供可靠的依据。

创业风险的评估方法有很多种，如 SWOT 分析法、事故树分析法等，下面简单介绍事故树分析法。

事故树分析法是一种从特定事故或风险事件(一般称为“顶事件”)开始，层层剖析其发生的原因，直至找出事故或风险事件的基本原因(一般称为“底事件”)的方法。这些事件的数据是已知的，或者已经有统计或试验的结果作为支撑。事故树分析法能够对各种事故或风险事件进行辨识和评价，分析出发生事故或风险事件的直接原因和潜在原因。其具体步骤如下。

(1)确定事故树的顶事件。将创业过程中容易遭遇且后果严重的事故或风险事件作为顶事件，例如，资金链断裂、产品研发失败、核心人员流失等。

(2)调查与顶事件相关的所有原因事件。全面收集与顶事件相关的各种潜在原因，确保不遗漏任何可能因素。

(3)事故树画图。从顶事件开始，逐层分析各自的原因事件。根据它们之间的逻辑关系，使用逻辑门符号连接上下层事件，直至底事件(即无须再分析的基本事件或已明确的问题)。

(4)事故树定性或定量分析。定性分析是通过事故树发现事故或危险的发生规律及特点，通过求取基本事件，找出控制事故或危险的可行方案，并从事故树的结构上分析各基本事件的重要程度；定量分析则是根据各基本事件的发生概率，分析顶事件发生的可能性大小。

(三)创业风险的防范

创业者评估风险后，若认为某类风险会给企业带来较大的损失，就可以针对该类风险采取相应的防范措施，具体内容见表 3-7。

表 3-7　**针对各类创业风险的防范措施**

风险类型	防范措施
资金风险	①对创业所需资金进行合理估计，避免因筹资问题影响企业的健康成长和后续发展。②为创业企业建立信用，以提高成功筹集资金的概率。③正确权衡企业的长远发展和当前利益，设置合理的财务结构，从恰当的渠道获得资金。④妥善管理现金流，避免现金断流，进而造成财务拮据甚至破产清算的局面
竞争风险	①回归到产品本身，提高产品质量，丰富产品种类。②密切关注竞争对手的动向和用户需求，找到竞争对手的弱点，据此找到市场竞争的突破口，进而为用户提供独一无二的产品

续表

风险类型	防范措施
技术风险	①加强技术创新方案的可行性论证，减少技术开发与技术选择的盲目性，并通过建立灵敏的信息预警系统，及时预防技术风险。②通过组建技术联合开发体或建立创新联盟等方式，降低技术风险发生的可能性。③高度重视专利申请、技术标准申请等，通过法律手段降低技术风险出现的可能性
市场风险	①以市场为导向，以消费者的需求为出发点，有针对性地组织生产。②时刻关注市场变化，及时规避市场不利因素的影响。③广泛收集市场信息，并加以分析比较，进而制订有效的市场营销策略。④摸清竞争对手的底细，分析其营销思路并找出其弱点，据此调整自己的营销思路，规避市场风险。⑤对各种成本精打细算，杜绝不必要的开销。⑥建立健全符合自身产品特点的销售网络。⑦以良好的售后服务赢得消费者的青睐
团队风险	①谨慎选择创业团队成员。②构建团队的共同价值观和愿景，让所有团队成员就“创业使命”“共同目标”等关键命题达成共识，并用这些共识去指导团队成员的言行。③制订团队管理制度，规范团队纪律，用良好的制度和纪律来约束团队成员

课堂活动

随着户外运动的兴起，新兴户外运动品牌如雨后春笋般不断涌现，许多传统运动服装企业也嗅到了商机，纷纷开发推出户外系列服装。选择一个你喜欢的户外运动品牌，并想一想：如果通过加盟该品牌的方式进行创业，那么需要注意哪些风险？应采取哪些防范措施？活动的具体操作步骤如下。

(1)教师对学生进行分组，每3~5人为一组，每组选出一个负责人。

(2)各组成员就上述资料中提出的问题进行讨论，然后写一份约600字的分析报告。

(3)各组负责人上台汇报讨论的结果。

第四章
创业资源

本章导读

俗话说，巧妇难为无米之炊。同样，即使发现了极具潜力的创业机会，但如果没有创业资源，创业者也只能“望洋兴叹”。其中，资金是初创企业最急需的创业资源。如何获取和有效整合创业资源？何时融资？如何融资？这些问题都需要大学生创业者认真对待。

知识目标

· 了解创业资源的概念和类型，影响创业资源获取的因素，掌握获取创业资源的途径。

· 了解创业资源整合的概念和内容，熟悉创业资源的整合过程。

· 了解创业融资的概念、渠道和选择策略，学会创业资金的估算方法。

能力目标

· 能够汇总自己拥有的创业资源并对其进行分类。

· 能够准确识别核心创业资源并认识其重要性。

· 能够运用科学方法估算创业所需的资金。

素质目标

· 体会创业资源的重要性，强化节约资源、合理利用资源的意识。

· 感受我国政府对大学生创业融资的重视和扶持力度，树立创业信心。

案例导入

大学生创业两年融资过亿

谈到创业，很多人想到的是“改变世界”“实现人生价值”等豪言壮语，但黄益松最初的创业想法其实非常现实——“我要靠创业赚学费，不再向家里要钱。”2012

年，他创立了专注高性价比商品的平价电子商务平台——卷宜网。卷宜网上线后大受欢迎，吸引了不少投资者，两年内融资超过1亿元人民币，黄益松也成为当代大学生创业的典型代表之一。

大学生创业应尽量避免抢"风口"

大学期间，黄益松主要依靠编写计算机程序来挣学费和生活费，从没向家里要过钱。2010年，他用自己攒的钱创建了一个电商导购返利类网站，开启了人生的第一个创业项目。当时，他以为这种创业模式资金回收快，应该很容易成功，但真正经营时才发现远比自己想象的要困难。当时全国已经有几十家导购返利类网站，同质化现象非常严重，还是学生的黄益松没有资金优势和相应的创业资源支持，很快就败下阵来。

这是黄益松创业旅途中的第一次"滑铁卢"，他差点连生活费都赔光了。这次失败给他的教训是，大学生创业缺少资金、资源和经验，最好不要去抢热门的"风口"。虽然追逐"风口"看起来容易成功，但竞争会更加激烈，创业资源不足的创业者很难支撑下去。

创业再出发，两年融资过亿

有了先前的教训，黄益松便开始思考"风口"之外的创业方向。他注意到，人们在网上购物时很容易被"特价""打折"等字眼吸引，那为什么不去搭建一个聚集很多特价商品信息的导购平台，用超低价的定位吸引消费者呢？并且在特价商品导购模式下，导购平台只负责提供特价商品信息，对创业资源投入的要求也相对较低，比较适合大学生创业。

2012年，黄益松正式创办卷宜网，推出了国内首创的9.9元包邮服务。此举很快吸引了众多消费者的眼球，不到一年的时间，卷宜网的月交易额就突破了2000万元人民币，用户数量超过千万。随着用户量和交易额的增长，卷宜网受到不少投资者的青睐。2014年6月，卷宜网完成了5000万元人民币的A轮融资，同年12月又拿到知名投资机构3500万美元的B轮融资。

短短两年时间，卷宜网就获得了上亿元人民币的融资，黄益松总结道："首先，价值链完整，一端对商户有价值，一端对用户有价值，在模式上符合投资人的需求；其次，团队综合实力强；最后，市场体量足够大。低端消费市场的商业价值很高，需要有平台来承接。"

除了融资，还要经营好"校友圈"

黄益松表示，对于大学生来说，创业资源的来源多种多样，校友圈是一个值得大家关注的地方。回想过去的创业经历，黄益松很后悔创业前没有加入学校的技术社团，发现自己跟学校里的"牛人"交集太少。此外，他也没有大公司的工作经验，所以早期招人很吃力。后来通过圈子逐层扩展人脉，才有幸结识了创业搭档夏文峰，夏文峰也是他的校友之一。一般来说，大学生创业者没有足够的经济实力去招揽高端人才，而自己的校友圈里往往就隐藏着很合适的人才。

（资料来源："长江创创社区"微信公众号，有改动）

第一节　创业资源概述

创业不是凭空变出一家企业，而是需要各类创业资源共同支持才能成功。创业资源，和创业机会、创业团队一样，是创业必备的要素之一。

一、创业资源的概念与特点

(一)创业资源的概念

在创业理论中，资源是指任何一个主体在向社会提供产品或服务的过程中，所拥有或者能够支配的、用于实现自己目标的各种要素及其组合。资源对于创业活动的重要意义，不应仅仅局限于资金量的单纯积累和直接运用。我们还应认识到，创业过程实质上是各类创业资源的重新协调和组合，从而支持企业获取竞争优势。从这一角度来看，创业活动本质上是一种资源整合与配置的过程。

概括地讲，创业资源是指企业在创立及成长过程中所需的各类资源与支撑条件。它是初创企业在创造价值过程中所依赖的特定资产。对于创业者来说，只要是对其创业项目和初创企业发展有所帮助的要素，都可以纳入创业资源的范畴。依据其与创业活动的紧密程度，创业资源可以从狭义和广义两个角度来理解，如图 4-1 所示。

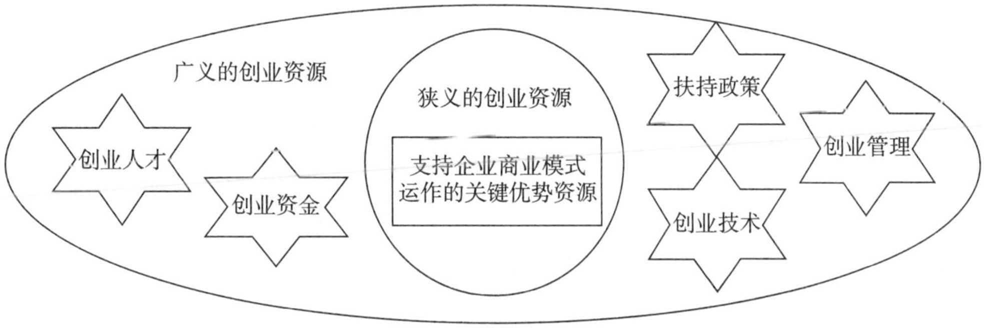

图 4-1　创业资源的概念

狭义的创业资源是指直接支持和推动创业活动的各类要素组合。值得注意的是，并非所有资源都能成为企业的关键优势资源。只有那些和企业定位、盈利模式、业务系统流程、现金流结构相契合，并且能够互相强化的资源和能力，才是企业真正需要的创业资源。

广义的创业资源包括创业者创业活动顺利进行的一切支持性资源，构成了创业的全面支持体系。这些资源既有有形的，也有无形的，主要包括创业人才、创业资金、创业技术、创业信息等。创业的过程，实际上就是创业者建立、整合和拓展创业资源的过程。

在创业实践中，创业者对关键优势资源识别得越清晰，利用得越充分，在激烈的市场竞争中所保持的竞争优势也就越持久。创业者对创业资源的管理原则是，必要资源要齐备适量，关键优势资源要多聚集并不断追加。

（二）创业资源的特点

1. 价值性

价值性是指创业资源能够为初创企业的经营效率和效果带来一定的价值。从价值创造的角度来看，创业者不应一味地追求资源占有的数量。资源获取本身需要承担成本，如果占有太多的资源，但没有让这些资源为企业创造价值，不仅会造成资源浪费，而且会让企业承担不必要的成本与代价。例如，一些初创企业为了快速筹集资金而急于上市，但上市后，如果不能有效利用筹集到的资金，又找不到合适的投资项目，就会导致大量资源闲置，造成巨大的损失与浪费。因此，初创企业一定要注意挖掘和评估资源的价值潜力，使其更好地发挥作用，助力企业实现快速成长。

2. 稀缺性

稀缺性是指创业者在获取所需创业资源时所面临的局限性，其实质是一种供求不平衡的状态。由于资源的稀缺性，创业者在寻求资源，尤其是关键资源时，必须认真分析其获取的难易程度和可利用的价值，从而作出相对合理的选择。例如，在创业过程中，创业者需要决定如何利用有限的资源去生产产品、选择生产方式、确定目标客户，以及如何满足市场需求等。此外，资源的稀缺性也会受市场需求影响。随着我国经济持续快速增长，对能源和原材料等资源的需求不断增加，其消耗速度很快，相应地，这些资源也就成为当下的稀缺资源。

3. 难以模仿性

难以模仿性是指创业者所掌握的资源无法被竞争对手轻易复制，或是竞争对手需要付出极大的代价才能复制这些资源。资源的难以模仿性主要源于以下三点：①创业者将独特的个人经历和强烈的个人色彩融入整个创业过程，这种无形资源是其他企业或个人难以复制的。②企业在创业过程中积累的独特经验和复杂知识体系，这类资源与企业竞争优势之间的关系通常是模糊且复杂的，即使是亲身参与创业与成长过程的人，也难以清晰地识别其中的关键因素。③复杂的社会关系网络，如果企业的创业资源是在复杂的社会关系中发展并生成的，其他企业很难在自己的组织架构下成功复制。

4. 不可替代性

不可替代性是衡量创业资源在初创企业中重要程度的一个关键指标，这类资源无法轻易被其他资源所取代。换句话说，如果企业试图替换某种重要资源，需要付出巨大的成本和代价，甚至有时也无法成功替换。不可替代性是一把双刃剑。一方面，它可以帮助企业构建行业进入壁垒，使竞争对手望而却步。另一方面，企业对该类资源的过度依赖，有时也会成为企业发展的瓶颈。因此，在创业过程中，创业资源需要不断创新迭代，创业者的一项重要任务是正确辨别各类创业资源之间的关系，对于关键资源，努力寻找适合的替代方式，以缓解资源短缺给企业带来的经营压力和风险。

二、创业资源的类型

分类的过程实际上是对一个事物进行识别、理解和区分的过程，人们可以根据不同的目的和视角对事物进行分类，从而更全面、深入地了解事物。随着创业理论研究的发展，很多学者按照不同的标准对创业资源进行了分类，这些分类有助于人们理解创业资源的来源、构成，以及创业资源的获取与整合。

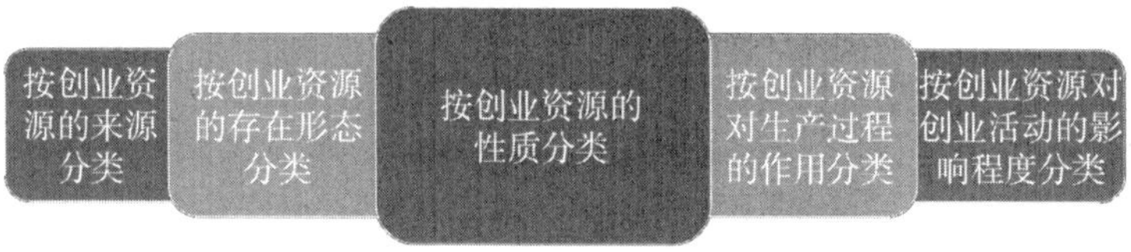

图 4-2 创业资源的性质分类

1. 按照创业资源的来源分类

自有资源：创业者或者创业团队自身拥有的、能够自由配置和使用的各种资源，如资金、技术、信息、员工、厂房和营销网络等。企业对自有资源在数量和质量方面的掌控程度，往往决定了企业的竞争优势。

外部资源：创业者从外部获取的各种资源，具体包括创业者的朋友或其他主体提供的资金、设备、技术等，社会团体及政府的资助，以及其他从外部发现的创业资源。外部资源具有可利用性和相对无限性等特征。通常情况下，企业只需支付一定的使用成本或开发成本，就可以让外部资源为自己服务。并且，外部资源在数量和种类上都是相对无限的。

2. 按创业资源的存在形态分类

有形资源：具有物质形态的创业资源。例如，企业日常运作需要办公室和办公用品，生产产品需要车间厂房、原材料和机器设备，参加产品展销会需要宣传物料(如传单等)。这些东西看得见、摸得着，其价值可以用资金准确衡量，并通过市场交易的方式获取。

无形资源：以非物质形态存在的资源，其价值往往难以精确估算。它包括创业者的创业经验和能力、员工所具备的专业知识、企业的品牌影响力或信誉、企业收集的市场信息或做出的行情分析等。例如，一个创业企业如果诚实守信，给合作伙伴留下了良好的印象，合作伙伴往往会给予资金、原材料等有形资源的支持；企业可以将其技术资源通过专利授权的方式，获得专利费等相关收益。因此，无形资源虽然无法准确估算，但它却是“撬动”有形资源的重要工具。

3. 按创业资源的性质分类

人力资源：创业者及其创业团队成员所拥有的知识、技能、经验和愿景，以及他们所构建的人际关系网络。一般来说，创业者是创业企业最重要的人力资源，其创业素质、经验和愿景是企业发展壮大的重要基石。此外，如果创业者或创业团队成员的人际关系网络比较发达，还能为初创企业带来更多的创业资源。可以说，人才是企业发展的核心资源，高素质人才资源的获取和开发是创业企业可持续发展的关键因素。例如，在校大学生可以通过学校提供的一系列创新创业训练项目组建自己的团队，这样在真正创业时才能拥有足够的人力资源。

财务资源：满足创业企业生存和发展的资金。在创业初期，及时筹集到充足的财务资源，是企业成功创办并顺利经营的前提。筹集创业资金的方式包括自筹资金、向银行商业贷款、获得风险投资、申领政策补贴等。

物质资源：经营创业企业所需要的各种有形资源，如场地、设施、机器设备、原材料等。在某些情况下，一些自然资源(如矿山、森林等)也可能成为创业企业的物质资源。

信息资源：创业企业在经营管理过程中所需要的文件、图表、数据等信息。例如，行业规则、项目交易数据、供求信息、调研报告、经济数据、相关科研数据等。

技术资源：创业企业在向客户提供产品或服务的过程中所必需的相关技术，包括产品专利、制造流程、生产工艺等。技术资源一般与物质资源结合使用，部分技术资源还会形成企业的无形资产。创业企业可通过法律手段来保护自身的技术资源，防止被侵权或滥用。

品牌资源：某个名称、符号或形象设计，或是它们的组合，一般用于识别某个产品或服务，并使之与竞争对手的产品或服务区别开来。一个优秀的品牌是产品或服务质量、企业信誉的象征，其价值巨大。大学生创业者应该重视品牌资源的拓展，培养品牌意识。

组织资源：主要包括企业的组织结构、作业流程、工作规范、决策体系、质量管理体系，以及正式或非正式的计划等。

4. 按创业资源对生产过程的作用分类

要素资源：直接参与企业日常生产、经营活动的资源，例如，厂房、资金、机器设备、人力等。

环境资源：未直接参与企业生产，但其存在可以极大地提高企业经营效率或增强企业竞争力的资源，例如，品牌影响力、企业文化、政府扶持政策等。

5. 按创业资源对创业活动的影响程度分类

一般性运营资源：使企业能够保持正常运营的基础资源，例如，资金、人力、技术、厂房等。

战略性资源：在知识经济时代，知识资源成为企业进行生产、竞争的关键资源。战略性资源主要包括知识资源，如专利技术、知识产权、专业人才、创新能力和核心竞争力等。很多初创企业的工作重点就是战略性地开发和利用知识资源。知识资源的获取比一般性运营资源更困难，但它们可以促进一般性运营资源的优化配置和增值。

课堂活动

结合实际情况，审视一下自己拥有哪些创业资源，然后将已拥有的创业资源填入表 4-1 中，并对其进行归类。

表 4-1 **审视自己拥有的创业资源**

自己拥有的创业资源	创业资源的类型

创业视窗

创业资源与商业资源的区别

创业资源与商业资源的区别主要表现在以下3个方面。

(1)创业资源比商业资源要少。创业资源与创业活动紧密联系，创业活动往往是一个初创企业从无到有、从小到大的发展过程，充满着不确定性和资源限制，因此创业者拥有的或可以利用的资源，无论在数量上还是种类上都表现为“少”。成熟企业所拥有的商业资源往往比初创企业更多。

(2)商业资源比创业资源涵盖的范围更广。尽管创业资源与商业资源的内容比较相近，但并不是所有的商业资源都是创业资源，只有创业者可以利用的或者能够获得的资源才是创业资源。例如，某些高精尖技术是一种商业资源，但初创企业很难获得和利用，所以该类技术可以算作商业资源但不属于创业资源。

(3)创业资源中无形资源占多数，而商业资源中却是有形资源占多数。创业企业积累有形资源的过程很短，绝大部分创业资源都属于无形资源。随着创业过程的推进，创业者才能逐步将无形资源转化为有形资源。在创业初期，创业者的个人能力和社交圈是最为关键的资源。

三、创业资源的获取

创业资源的获取，是指在确认并识别资源的基础上，成功得到所需资源，并使之为创业服务的过程。创业资源的获取不仅决定着创业者能否把创业设想转化为创业行动，而且对企业这一契约组织的形成方式有着深远影响。

(一)影响创业资源获取的因素

1. 创业导向

简单来说，创业导向是一种态度或意愿，这种态度或意愿会驱动创业者产生一系列创业行为。在创业理论研究中，许多学者将创业导向划分为三个维度：创新性、风险承担性和前瞻性。

(1)创新性：创业者热衷于探索能够带来新产品、新服务、新工艺的新思想、新观点和新的实验手段。

(2)风险承担性：创业者愿意投身于高风险的事务，并且能够理性地评估风险和收益。

(3)前瞻性：创业者通过预测未来需求，主动寻求比竞争对手更早开发新产品或新服务的机会。

在明确的创业导向指引下，创业者能够创造性地整合与利用创业资源。因此，创业者需要重视创业导向的培育和实施，充分关注创业者特质、组织文化和组织激励等影响创业导向形成的重要因素。同时，采取有效的方式获取资源，并在资源的动态获取、整合和利用过程中，注意区分不同资源的特性，充分发挥知识资源的促进作用。

2. 创业者的工作经验

创业者的工作经验主要分为两类：一类是创业经验；另一类是行业经验。

(1)创业经验：若创业者先前有过创业的经历，那么在这些经历中，他们会积累诸多关于创业资源获取的知识与技能。

(2)行业经验：创业者在所处行业中的工作经验，能够为其提供行业规则、供应商和客户详情、市场概览等重要信息，这些信息可以有效增强创业者获取创业资源的能力。

创业过程本身是一个知识转移的过程，从先前创业经验中转移来的知识和技能能够提高创业者获取创业资源的能力。此外，创业者先前的工作经验还能帮助其避开创业道路上的诸多不利因素，化解风险事件，从而更好地获取创业资源。

3. 商业创意的价值

一个好的商业创意能够使创业者接触更多的外部资源。商业创意为创业者获取创业资源提供了杠杆作用，外部资源所有者对某个商业创意的认可度越高，其对该商业创意的估值就越大。也就是说，被资源所有者认同的、有价值的商业创意，能够有效降低创业者获取创业资源的难度。

4. 创业资源的配置方式

创业资源的配置方式主要有市场交易与非市场交易两种。在市场经济条件下，大多数资源可以通过市场交易获得。但是，由于创业过程中资源具有异质性、效用的多维性和知识的分散性等特点，不同的人对同一创业资源往往具有不同的估值。因此，创业者期望获得的创业资源难以完全依靠市场交易得到满足。在这种情况下，如果通过创业资源配置方式的创新，使创业企业更好地满足外部资源所有者的期望，创业者就有可能从外部资源所有者手中获得资源使用权，从而顺利开展生产经营活动。

5. 创业者的管理能力

创业者的管理能力是企业软实力的重要表现，创业者的管理能力越强，获取创业资源就越容易。管理能力可以从多个方面进行衡量，包括沟通能力、激励能力、行政管理能力、学习能力和协调能力等。创业者通过强大的管理能力获取创业资源的同时，还能为创业企业创造良好的发展环境，促进企业的持续发展。

6. 社会网络

社会网络是由机构之间及人与人之间比较持久的、稳定的多种关系结合而成的网络关系。由于创业资源广泛存在于各种资源所有者手中，而这些资源所有者又处于一定的社会网络之中，因此社会网络对于创业资源的获取具有重要意义。

此外，人们对于商业活动的认识和参与客观上会受到自己所处的社会网络及在网络中的地位的影响。不同的社会网络和在网络中的地位，为人们之间的沟通协作提供了不同渠道。在社会网络中，处于优势地位的创业者通常具有较好的社会关系依托。他们可以有选择地了解不同对象的效用需求，有针对性地对不同对象传递商业创意，有目的地获取不同资源所有者的理解和信任，最终成功地从不同网络成员那里获取所需资源，为创业资源配置方式的创新提供基础支持。

除上述因素外，创业者的资源辨识能力和外部社会环境等，也会对创业资源的获取产生一定的影响。

(二)获取创业资源的途径

1. 通过市场途径获取创业资源

(1)购买：利用财务资源，创业者可以通过市场购买的方式获取外部资源。这种方式具有直接、高效的特点，适用于获取厂房、设备等物质资源，关键技术、专利等技术资源，以及有经验的员工等人力资源。需要注意的是，某些知识，尤其是隐性知识，可能会附着在物质资源上。例如，购买先进的机器设备时，附带的相关操作技术或维修知识也可能随之获得。

(2)联盟：创业者通过与其他组织联合，共同开发一些难以自行开发的资源。联盟的前提是双方的资源和能力互补，且有着共同的利益诉求。此外，双方还需要对资源的价值和使用达成共识。

(3)并购：通过股权收购或资产收购，将其他企业的资源内部化的一种方式。并购的前提是并购双方的资源，尤其是知识等无形资源具有较高的关联度。并购通常需要大量的资金，因此在大学生创业者中并不常见。

2. 通过非市场途径获取创业资源

(1)资源吸引：创业者通过企业的无形资源吸引外部的各类创业资源。创业者可以利用创业计划和创业团队的声誉等，通过对创业前景的描述来打动投资者，从而吸引物质资源、技术资源、人力资源和财务资源等。一份优秀的创业计划书，配上一支在行业中享有一定声誉的创业团队，可以产生极大的资源吸附能力。目前，国内许多“独角兽”公司正是在资源匮乏的情况下，凭借创业团队的描述和有吸引力的创业计划，成功吸引了资金方注资和战略投资者入股。

(2)资源积累：创业者利用企业现有资源，在企业内部通过建造、开发、培训等方式形成所需的资源。这包括自建厂房和设施、在企业内部开发新技术、通过培训提升员工的技能和知识，以及通过自主经营获取资金等。资源积累是大多数企业常用的资源获取方式。初创企业可以根据创业周期和发展阶段逐步积累资源。然而，这种积累方式一般历时较长，在激烈的市场竞争环境下，初创企业需综合权衡资源积累所付出的时间成本。

大学生创业者应根据创业资源的市场成本选用合适的获取方式。若创业资源在市场上的价格较高，宜采用非市场途径获取；若创业资源在市场上的价格较低，可以直接购买。总之，大学生创业者应该灵活采用上述两种获取途径。

创业榜样

缺少资源？乳制品企业巧妙借力，一鸣惊人

“M 牛奶”的创始人和他的创业团队，把一个一无奶源、二无工厂、三无市场的“三无企业”发展成国内数一数二的乳制品企业，其成功的核心因素之一就是借力。

对于乳制品企业来说，奶源的重要作用不言而喻。但在“M 牛奶”创立初期，奶源已被各大企业瓜分殆尽，企业若自建奶源基地和工厂，不仅费时、费力、费钱，而且建成后也难以体现竞争优势。面对资源匮乏的困境，“M 牛奶”的创业团队创造性地提出了“先建市场，后建工厂”的战略。他们通过与其他经营不善的液体奶公司合作，从合作伙伴那里借来奶源，然后向其借出技术、管理人员等资源，一举将别人的工厂变成了“自有车间”，实现了真正意义上的双赢。

此外，“M 牛奶”还通过“虚拟联合”战略，将传统的“体内循环”变为“体外循环”。企业内部只专注于自己最擅长的事，如销售、管理等。奶站基地、运输车辆等都外包给了其他更为专业、更有效率的外部主体去运营。这种资源外取的战略整合了大量的外部资源，既强化了企业的核心业务，又补足了其短板，进一步促进了企业的快速发展。

“M 牛奶”的创始人和他的创业团队就是这样，巧妙地借力各种资源，用别人的钱干自己的事，用智慧及灵活的战略和战术，创造了乳制品行业的神话。

第二节 创业资源的整合

创业，本质上就是不断整合创业资源以实现创业机会的活动，创业资源的整合伴随整个创业过程。特别是在创业初期，创业资源往往是零散的，创业者需要了解并掌握创业资源整合的知识和方法，以使创业资源发挥最大价值。

一、创业资源整合的概念

在创立企业时，创业者不可能也没有必要拥有企业发展所需要的全部资源。面对资源有限和经验不足的困境，创业者需要积极进取、锐意创新，进行创业资源整合。

创业资源整合是一个复杂的动态过程，指创业者对不同来源、不同层次、不同结构、不同内容的创业资源，进行识别与选择、汲取与配置、激活和有机融合。通过这一系列操作，使其具有较强的柔性、条理性、系统性和价值性，并创造出新的资源。简单来说，创业资源整合就是要优化创业资源配置，获得整体的最优解。

资源整合不仅是企业战略调整的手段，也是企业日常经营管理工作的关键内容。其本质在于通过优化资源配置，来获得资源的整体最优。随着全球经济一体化进程的加快，初创企业要想在日益激烈的全球竞争中占有一席之地，不仅需要通过组合方式整合好内部资源，还需要通过重组并购等手段整合外部资源，以提高效率、降低成本、扩大市场占有率、增强企业的核心竞争力，使企业获得新的发展机遇。

当前，我国企业在规模上不断扩大，取得了一定的竞争优势，国际竞争能力也有了明显提升。党的十八大以来，党中央准确把握国际国内环境变化趋势，科学分析我国经济发展的阶段性特征，提出了我国经济发展已经进入新常态的战略判断。这一判断揭示了中国经济正在向形态更高级、分工更复杂，结构更合理的阶段演化，为我国经济未来发展指明了方向。适应新常态、把握新常态、引领新常态，已成为当前和今后一个时期我国经济发展的大逻辑。在科学发展观的指导下，传统的“高耗能、高污染、低效率”的经济增长模式已经难以为继，粗放式的管理方式也即将走到尽头。

在这一背景下，初创企业如何在经济结构调整和经济波动的双重压力下，寻找一条适合自己的发展之路？关键就在于能否把握好市场经济的规律，对内外部资源进行有效整合。通过市场这一推手，推动资源配置实现效益最大化和效率最优化，为企业释放更多空间和活力，从而发展经济、创造财富。

二、创业资源整合的内容

创业机会具有稍纵即逝的特性，大部分创业者在创业时，不会等到所有条件都准备妥当后再行动。因此，创业者，尤其是大学生创业者，经常会面临资源贫乏、经验不足的情况，此时，创业资源整合就显得尤为关键。创业者需要善于发现有价值的外部资源，并利用现有资源吸引外部资源，从而成功创业，并使初创企业健康生存下去。一般来说，创业者需要整合的资源包括人力资源、信息资源、财务资源、技术资源、行业资源等。

(一)人力资源整合

人才是创新之源，是企业最核心的竞争力。现代企业的竞争，归根结底是人才的竞争。新创企业要吸引和留住人才，就必须在尊重人才价值上下功夫。新创企业的人力资源主要由创业发起者、核心团队成员、管理团队与其他人力资源构成。

随着新创企业发展到一定阶段，部分创业初期的核心成员可能会出现精力和能力不足，或无法胜任当前工作的情况。此时，企业就有必要从外部引入专业的管理团队，推动企业管理的规范化发展。同时，新创企业需要根据企业发展战略，相应地建立起一套完善的人力资源规划体系。

(1)建立完善的激励体系。构建一个包含物质和精神层面的完善激励体系，以充分激发员工的潜能，并将其发挥到极致。

(2)建立培养与培训机制。采用“使用与培养相结合”的策略，通过培训提升员工的技能水平，使其在为企业创造价值的过程中同步实现个人成长与价值。

(3)善待员工。善待员工是留住人才的法宝之一。这种善待不仅体现在精神层面的关心与温暖，还要通过合理的物质待遇给予保障，让员工在企业中有一种家的归属感。

(4)明确分工，量材而用。明确各岗位的分工，根据员工的能力和特长合理安排岗位，做到“量力而用，适才而晋”，充分发挥人才优势，相互弥补不足。同时，要考虑人才结构与岗位职能的相互补充。

(5)制定动态人力资源机制。在创业企业发展的不同阶段，根据企业的实际需求引入不同类型的人才，吸纳外部力量，保持人力资源的动态调整能力，这有助于企业快速找到所需的人才。

对于中小型企业来说，人才是可遇而不可求的。企业发展的关键在于吸引那些具有潜力、强烈事业心以及对企业有认同感的人才。

(二)信息资源整合

在当今社会，信息资源对很多创业者来说是成功的机遇。创业者应当像管理其他创业资源一样，对信息资源进行有效的管理和整合。在决策过程中，创业者要综合考虑竞争对手、政策、行业、合作伙伴和客户等多方面的信息，做到有的放矢，精准抓住成功的机遇。对于大学生来说，创业之初可以借鉴相关企业的创业模式，并在此基础上进行整合创新。在进行市场调查时，大学生创业者可以直接利用现有的调查问卷等工具，以减少收集信息的成本和工作量。

对于信息资源，创业者既要开发与整合外部信息资源，抓住机遇，又要有效管理内部信息资源，做好信息资源的规划与利用。

(三)财务资源整合

创业离不开资金的支持。创业者不仅要合理评估和利用自身的财务资源，还要学会通过多种渠道筹集资金。在接受外部投资时，创业者要对投资者的基本情况(如资质、业绩等)进行全面掌握，并根据自身企业的实际情况，在众多投资者中进行慎重选择。大学生创业者要依托自身优势，深入了解政府、银行、风投公司对大学生创新创业的政策支持和帮扶措施，合理筹集创业资金并进行融资。

(四)技术资源整合

在创业初期，技术往往是决定创业产品市场竞争力和盈利能力的关键因素。企业成功的核心是有好的产品，而好的产品必须具备专业化特点。要在同一领域内做到最专业，技术上就必须始终保持领先地位。如果企业自身难以保持技术优势，可以通过整合外部技术资源来弥补。技术资源的拥有情况对初创企业整体的资源配置方式具有根本性的决定作用。技术水平的高低不仅影响产品的市场竞争力和盈利能力，也直接影响企业所需创业资本的规模。技术资源的获取途径主要有以下几种。

(1)自主研发或吸引技术持有者加入创业团队。

(2)购买他人的成熟技术，对购买的技术进行技术市场寿命分析等。

(3)购买他人的前景型技术，通过后续的完善和开发，使之达到商业化要求。

(4)与技术持有者建立战略联盟，通过合作共享技术资源，实现互利共赢。

由于初创企业通常难以独立保持技术优势，因此，可以通过整合外部技术资源，更多地汲取和依赖经济环境中的技术资源。此外，企业还可以通过与大专院校、科研院所合作，获取前沿技术人才或专利成果。当前，各大高校也非常愿意与企业开展深度合作，将研究成果快速转化为具有商业价值的产品。

(五)行业资源整合

企业要充分了解本行业的情况，掌握行业内的各种关系网，包括竞争对手、供货商、经销商、客户、行业协会和行业展会等。同时，企业还要注重整合行业内竞争对手的资源，尝试把竞争对手转化为合作伙伴。例如，同行之间或产业上下游的创业企业可以通过策略联盟等方式整合资源，实现人力资源、研发能力、市场渠道和客户资源的优势互补。

企业要想发展壮大，就应该尽可能整合各种资源，采取合法手段，积极务实地做好自己的事业。

三、创业资源的整合过程

创业资源的整合是一个复杂且关键的过程，它是初创企业对不同来源、不同层次、不同结构、不同内容的资源进行选择、汲取、配置、激活和有机融合的过程。通过对原有资源体系进行重构，摒弃无价值的资源，使其具有更强的条理性、系统性和价值性，从而形成新的核心资源体系。创业资源的整合可以分为资源扫描、资源控制、资源利用和资源拓展四个步骤，如图 4-3 所示。

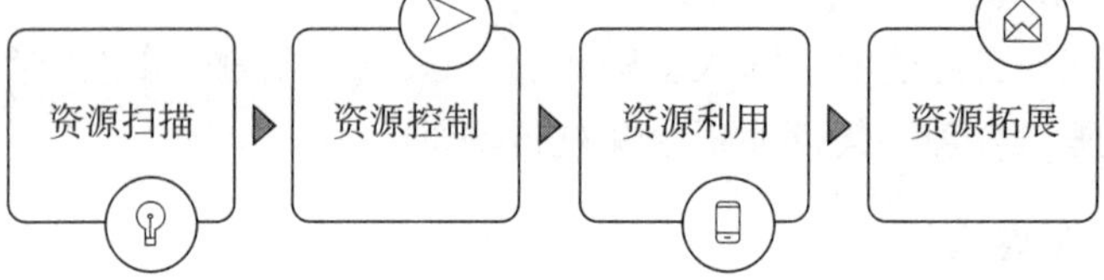

图 4-3　创业资源整合的步骤

(一) 资源扫描

创业者先要全面了解自己及企业最初所拥有的创业资源，这些资源包括所有有价值的有形资产和无形资产，如人才、技术、设备、品牌等。通过梳理这些资源，创业者能够找到自己的资源优势和不足之处，并识别哪些属于战略性资源，哪些属于一般性运营资源。同时，创业者还要确定资源的数量、质量、使用时间及使用顺序。

在扫描自身已有资源的同时，创业者也要对外部环境进行扫描，及时发现创业所需的资源。创业者需要明确自己所缺资源的获取渠道和来源，并对各种资源获取的难易程度进行排序，进而寻找利益交集，深度分析资源所有者的利益需求，并与自己所拥有的资源进行比较，找到利益契合点。这通常需要创业者具备足够的行业知识和一定的社会关系网络。在初始创业阶段，创业者要充分利用与自己关系较近的资源网络，并随着业务的发展逐步扩充这一网络。

(二) 资源控制

资源控制是指创业者对各种资源的掌握程度。资源控制的范围较为广泛，包括创业者自身拥有的资源(如教育背景、工作经验、声誉、行业知识、资金和社会网络等)，通过交易等形式可获得的资源，以及通过社会网络等形式可控制的资源。在特定的行业，创业团队成员的社会网络资源和技术对企业的成功至关重要。在获取资源的过程中，创业者需要判断这种资源对实现企业目标是否关键，并创造性地设计出双赢的合作方案，形成长期互利关系。资源控制力越强，创业者在利用资源时就越得心应手，同时还能有效规避因资源消失而产生的风险。资源控制的方法主要包括资源拼凑、步步为营、资源杠杆等。

1. 资源拼凑

资源拼凑是指创业者利用手头已有的资源，创造出独特的服务和价值，或创造性地利用资源。很多企业在创办之初会不自觉地采用拼凑方法。根据拼凑内容的全面性，资源拼凑可分为全面拼凑和选择性拼凑。

全面拼凑是指创业者在物质资源、人力资源、技术资源、客户资源等诸多方面长期使用拼凑方法。然而，我们并不建议企业长期使用这种方法。因为在企业步入稳定发展阶段以后，如果继续长期使用全面拼凑的方式整合资源，会导致企业在内部经营管理上无法形成标准化的规则章程，在外部拓展市场上也会因采用低标准资源而遇到阻力，使企业处于混沌状态，难以走上正常轨道。更重要的是，初创企业如果在每个领域都采用拼凑手段，久而久之容易被外界认定为标准低、质量次的“拼凑型企业”。这种定位一旦形成，企业将丧失更有利润的客户群，也很难开发新的市场。

选择性拼凑是指创业者在拼凑行为上有一定的选择性。在应用领域上，他们往往只选择在一两个领域内进行拼凑；在应用时间上，只在早期创业资源紧缺的情况下采用拼凑方法。随着企业的不断发展，创业者会渐渐减少对拼凑的依赖，直到完全放弃。只有这样，才能使企业彻底避免拼凑带来的负面影响，更好地满足更广泛的市场需求。

综上所述，选择性拼凑是创业者在创业初期的首选资源整合策略，但有时限于自身条件，创业者不得不选择全面拼凑，那么在后续创业过程也应努力做到“有所为、有所不为”。

2. 步步为营

步步为营是指在缺乏资源的情况下，创业者分多个阶段投入资源，并且在每个阶段或决策点投入相对最少的资源。这种策略主要体现在以下两个方面：

一是节俭，即设法降低资源的使用量和管理成本。对于初创企业而言，前期资金投入受限，步步为营的策略可以彰显其益处。但如果过分通过降低成本来谨慎化经营，也会使企业缺乏创新动力，影响产品和服务质量，最终制约企业的可持续发展。例如，有的创业者为了节约成本，以次充好，甚至忽视了环境保护这一重大问题。类似这样的创业活动并不可取。虽然短期内可能赚取一定的利润，但这种获利却有违一位真正创业者应该承担的社会责任。从长远来看，必定会失去消费者的信赖，自断前程。正如习近平总书记考察洱海时指出的：“要把生态环境保护放在更加突出位置，像保护眼睛一样保护生态环境，像对待生命一样对待生态环境。”希望每一位创业者都能牢记这一理念。

二是自力更生，即减少对外部资源的依赖。步步为营是创业者在资源受限的情况下寻找实现企业目标的途径，也是在有限资源约束下获取满意收益的方法。习惯于步步为营的创业者会形成一种审慎控制和管理的价值理念，最大限度地发挥企业内部资源的作用，降低经营风险。但这种经营策略有时会使创业者降低链接和获取外部资源的机会，失去开创新疆域的上升动力。对初次创业的大学生创业者而言，要注重步步为营策略的优劣势分析，并谨慎使用。

3. 资源杠杆

资源杠杆效应是指以尽可能少的付出获取尽可能多的收获。资源杠杆效应的发挥是一个创造性产生的过程，成功的创业者善于利用关键资源的杠杆效应。具体方法包括：利用他人或别的企业资源实现自己的创业目的；用一种资源补足另一种资源，产生更高的复合价值；利用一种资源撬动和获得其他资源。

其实，大企业不仅仅专注于积累资源，它们更擅长通过资源互换，对资源结构进行更新和调整，不断积累有价值的战略性资源，这一点是非常值得初创企业认真学习的宝贵经验。

对于创业者来说，容易产生杠杆效应的资源主要包括人力资源和社会资源等非物质资源。初创企业由于资金缺乏、时间紧迫，此时最合适的杠杆就是创业者个人的素质和能力，具备专业知识技能和先前创业经验的创业者能够更快地整合资源。例如。360 创始人周鸿祎在创业之前，凭借在雅虎的出色工作业绩，已经在互联网界小有名气。当他离职创业后，能够快速聚拢创业团队，并能顺利拿到创业融资。

社会资源有别于人力资源，它存在于社会结构之中，为社会结构之间的行为者进行交易与协作提供便利。创业者个人的社会网络可以提供开拓不同市场的重要信息，有助于加强创业者对特定商业活动的认知和理解，使创业者更容易识别出在常规商业活动中难以被其他人发现的客户需求，进而更容易获得资源。创业者可以从各种不同的社会结构中获得相应利益，这也正是其杠杆作用所在。例如，在携程创业团队中，除 CEO 梁建章外，沈南鹏、范敏、季琦均是上海交通大学校友。在早年的中学生计算机竞赛上，沈南鹏和梁建章同时获奖并建立了友谊。后来，梁维章与季琦、沈南鹏等校友聚会，决定整合各自资源，共同创办一个向大众提供旅游服务的电子商务网站，开启了携程的创业之旅。

(三)资源利用

在获取和控制大量资源的基础上，创业企业开始对这些资源进行配置和利用，将它们合理且有效地配置到最能发挥其使用效益的地方，从而彰显出这些资源的价值。创业资源在未整合之前，大多是零碎的、低效的，要发挥这些资源的最大使用价值，以产生最佳效益，就必须运用科学方法对各类资源进行细化、配置和激活，将有价值的资源有机融合，使它们相互匹配、互为补充、互相增强。

在资源被整合并转化为企业内部的独特优势之后，企业必须利用这种区别于其他企业的优势来赢得市场。此时，创业者需要协调各种资源之间的关系，匹配有用的资源，剥离无用的资源，使资源的联系更加紧密、更具匹配性，形成“1+1>2”的协同效应，并为下一步的资源拓展奠定基础。在构建资源利用的共赢机制时，创业者需要注意以下几个方面。

1. 描绘共同愿景

与创业者存在利益关系的资源投入者，其对资源投入的诉求通常是保障性因素或激励性因素。因此，创业者在创业伊始，就要描绘出企业的发展蓝图，为资源投入者提供收益或事业发展的平台。

2. 树立目标导向

创业者与资源投入者通过强调共同目标和建立信任来促进相互间的协作。建立以共同目标为导向的管理制度，通过“激励相容”的制度安排，使资源参与各方追求自身利益的行为与创业者实现企业价值最大化的目标相契合。例如，西贝莜面村的合伙人制度便是激励相容制度的最佳实践。创始人贾国龙通过股权配置，将总店与分店的目标进行统一，员工在帮助企业实现利润的同时，也为自己赢得了收入。

3. 激励约束

创业者要建立一套完善且切实可行的激励与约束机制。对于业绩突出并对企业发展作出重大贡献的资源方，要加大奖励力度。而对于业绩较差或制约企业发展的资源方，创业者要建立惩罚和退出机制。当然，说起来容易做起来难，若想有效达到预期目标，还需要创业者在实践中不断摸索和积累经验。

在设计共赢机制时，创业者既要帮助对方扩大收益，也要帮助对方降低风险。其实，降低风险本身也是扩大收益的一种方式。只有这样，创业者才能与资源投入者建立稳定的信任关系。对于已经在长期合作中获益的利益关联者，如果双赢或共赢机制运行良好，那么未来的进一步合作就很容易水到渠成。而对于首次合作的利益关联者，在建立共赢机制之前，一定要知己知彼，通过谈判技巧，让对方看到创业项目未来的潜在收益，从而促使对方愿意投入资源。

(四)资源拓展

资源拓展是指为孤立资源建立关联，并将新资源与已有资源体系进行融合，进而开发潜在资源为企业所用。因此，它构成了企业保持竞争优势的一项根本能力。资源拓展的过程能为创业企业带来新的资源，使创业者能够更充分地发现和把握创业机会。资源拓展主要包括资源横展和资源转化两个方面。

1. 资源横展

资源横展是将获取到的创业资源与企业原有资源进行整合，并横向拓展应用于新的领域。新的领域要求创业团队时刻保持敏锐的洞察力，不断寻找和识别市场机会，最大限度地创造和发挥资源价值。例如，美团是中国最大的生活服务电商平台，其业务囊括餐饮、外卖、出行、旅游、到店、生鲜采购等多个领域，美国通过线上平台盘活线下资源，以“吃”为核心，逐步拓展至本地化生活服务的全场景。

2. 资源转化

资源转化是初创企业将创业资源转化为能力的过程。创业者获取的内外部资源只有有机整合在一起，才能形成整体合力，否则只是资源的简单叠加。因此，在资源转化过程中，创业团队要全面审视和分析内外部资源，从战略、组织、流程和机制建设等方面全面搭建体系能力，通过体系能力巩固和拓展内外部资源。例如，携程旅行网在资源拓展阶段，把重点放在资源转化过程中，对不同来源的创业资源去芜存菁、提炼整合，形成了公司的核心竞争能力。在在线票务服务平台竞争加剧的背景下，携程能够将内外部资源转化为强大的体系能力，无论是面对外部竞争压力，还是面对内部组织矛盾，都能通过体系能力顺利化解。

创业活动基本上是在资源受到不同程度限制的情况下开展的商业活动。一个成功的创业者，对于把握商机过程中所需的资源会有自己独特的看法。在初创企业成长的各个阶段，创业者都会努力做到用尽可能少的资源来推动企业向前发展。对创业者来说，资源的所有权并不是关键，关键在于对他人资源的控制程度和影响力。换言之，创业之初资源的匮乏性凸显了创业者对资源掌控能力的重要性，即如何利用他人的资源，如何创造性地整合资源。这些都是创业者要高度关注的问题。

创业视窗

沟通：创业资源开发的关键技能

为获取创业资源，创业者及其团队应该有较好的人际沟通能力、沟通技巧以及顺畅的沟通机制。研究发现，“两个70%”的观点足以证明沟通的重要性。

第一个70%是指企业的管理者实际上将70%的时间用在沟通上。开会、谈判、谈话、作报告是最常见的沟通形式，撰写报告实际上是一种书面沟通方式，各种对外拜访、约见也是沟通的表现形式，所以有70%的时间用在沟通上。

第二个70%是指企业中70%的问题是由于沟通障碍引起的。比如企业常见的效率低下问题，实际上往往和有了问题、有了事情后，大家没有沟通或沟通能力欠缺有关。无论是人与人之间还是企业与企业之间，良好关系的建立都是双方持续不断地顺畅沟通的结果。创业者获取资源、整合资源的过程就是与创业企业内外部的资源供给者充分沟通的过程。在企业外部，创业者需要与投资者、银行、媒体、同行从业者、消费者、供应商等通过沟通建立联系，获得信任，消除利益分歧，争取对方的扶持与帮助，从而取得共赢的结果；在企业内部，创业者需要通过顺畅的沟通，鼓舞士气，吸引人才，留住人才，进而提升企业运营绩效。

（资料来源：李家华，张玉利，雷家骥．创业基础[M]．2版．北京：清华大学出版社，2015）

课堂活动

如果你要成立一家培训公司，表4-2中有11种创业资源可供选择，请选出4种创业资源并按照重要性进行排序，然后说明排序的理由。

排序的理由：____

表4-2 **创业资源列表**

资源名称	排序序号
一个投资人愿意投资50万元人民币，条件是占有企业50%的股份	
一位资深运营总监愿意加入创业团队	
一个与教育主管部门合作的机会	
一个自主搭建的网络培训平台	
一个与知名大学合作的机会	
位置偏远、租金低、面积大的厂房	
一套在行业中独一无二的培训课程	

续表

资源名称	排序序号
一位明星培训讲师愿意加入创业团队	
银行提供低息贷款10万元	
一个与知名培训机构合作的机会	
位于市中心、租金高、面积小的办公室	

第三节 创业融资

资金是维系企业生存的“血液”，对企业的生存和健康发展至关重要，是创业企业的重要资源。调查显示，将近80%的企业倒闭是由于资金链断裂造成的。大多数创业企业自诞生之日起，就面临着资金紧张的困境，因此，多方筹集资金成为创业者及其团队成员在创业初期的重要工作。那么，什么时候需要融资？融资的方式有哪些？融资是否有风险？这些都是大学生创业者需要考虑的重要问题。

一、创业融资的概念

创业融资是指创业企业依据自身生产经营及资金运用情况，结合未来经营发展的需要，通过一定的渠道或方式筹集资金，以满足后续经营发展需要的一种经济行为。无论是企业创立初期，还是进入正常发展阶段之后，创业融资都对企业有着重要的意义。

在企业创立初期，业务刚刚起步，开支大，收入少，企业需要不断地投入资金以维持正常的经营运转。事实证明，初创企业很难依靠自有资金来解决各种突发的资金问题，这就需要企业寻求外部资金的支持。当企业进入正常发展轨道后，为了在激烈的市场竞争中站稳脚跟，企业又面临扩大规模、进行市场推广、开展产品或技术研发等任务，而充足的资金是完成这些任务的必要条件。因此，企业仍需要不断进行融资。可以说，创业融资贯穿了企业发展的全过程。

二、创业融资的渠道

(一)私人资本融资

私人资本融资是大学生创业者融资的主要渠道，主要包括大学生的个人积蓄、亲友资金等。《中国青年创业发展报告(2022)》的数据显示，青年创业启动资金的来源中，接近90%来自个人或家庭积蓄、亲友借贷，而来自创投公司及其他渠道的较少，整体资金来源较为单一。具体来看，75.0%的创业者利用个人或家庭积蓄作为创业启动资金，通过亲友借贷进行创业的群体占比为14.4%。

1. 个人积蓄

个人积蓄是指创业者将自己的部分甚至全部积蓄投入新企业的创办。研究发现，70%的创业者依靠自己的资金为新企业提供融资。个人资金具有以下优势：使用成本低、获取容易且使用时间长。此外，其他投资者在提供资金支持时，通常也会考虑创业者个人资金的投入情况。

个人积蓄的投入对于创业企业具有重要意义：首先，创业者将个人积蓄投入企业，表明了其对项目前景的看法，只有当创业者对未来的项目充满信心时，才会毫无保留地向企业投入自己的积蓄。其次，将个人积蓄投入企业，是创业者日后继续向企业投入时间和精力的保证。投入企业的积蓄越多，创业者在日后的生产经营过程中对企业就越关注。再次，个人积蓄的投入是对债权人债权的保障。在企业破产清算时，债权人的权益优于投资者的权益。因此，企业能够融到的债务资金一般以投资者的投入为限，创业者投入企业的初始资金是对债权人债权的基本保障。最后，个人积蓄的投入有利于创业者在投资成功时分享更多的喜悦。

2. 亲友资金

亲友资金也是大学生创业融资的重要渠道。特别是在我国，以创业者为中心形成的亲缘、地缘、商缘等社会关系网络，对许多创业活动，包括创业融资都有着重要影响。

需要注意的是，大学生创业者在获取亲友资金时，需要仔细衡量借钱对亲友关系的影响，尤其是要考虑到创业失败的后果。在接受资金前，创业者需要将未来可能产生的有利和不利情况详细告知亲友，使他们有足够的准备和合理的预期。这样，亲友在真正面对失败时也能有足够的心理准备。

(二)机构融资

一般来说，私人资本的规模相对有限，而投资机构所拥有的资金规模通常较为庞大。对于企业来说，要想进一步发展壮大，机构融资必不可少。此外，投资机构挑选投资项目的程序相对正规，各类调查也非常详尽。当投资机构决定投资一家创业企业时，这通常意味着其看好企业的成长潜力，这种投资行为无形中会产生示范效应，增加其他潜在投资者的信心。

1. 向银行借款

银行贷款是指银行根据国家政策以一定的利率将资金贷放给资金需要者，并约定期限归还的一种经济行为。通常情况下，银行会要求资金需要者提供担保、房屋抵押或者收入证明，且个人征信良好才可以申请。大学生创业者向银行借款的形式主要有抵押贷款和担保贷款等。

(1)抵押贷款：抵押贷款是一种借款人以其所拥有的财产作抵押，从而获得银行贷款的借款方式。在抵押期间，借款人可以继续使用其用于抵押的财产。抵押贷款主要有以下几种形式。

①不动产抵押贷款。创业者以土地、房屋等不动产作抵押，从银行获取贷款。

②动产抵押贷款。创业者以机器设备、股票、债券、定期存单等银行承认的有价证

券，以及金银珠宝首饰等动产作抵押，从银行获取贷款。

③知识产权质押融资。这是一种创新性的抵押贷款形式，适用于拥有专利技术或专利产品的创业者。这类创业者可以用专利权、商标权、著作权中的财产权作抵押，从银行获取贷款。

(2)担保贷款：担保贷款是一种借款人向银行提供符合法定条件的第三方保证人作为还款保证的借款方式。当借款方无法按约定履约还款时，银行有权按照约定要求保证人履行还款义务或承担清偿贷款的连带责任。担保贷款一般有以下两种形式：

①自然人担保贷款，指由自然人作为担保人提供担保，取得贷款。

②专业公司担保贷款，指由专业的担保公司提供担保，取得贷款。

(3)创业贷款：创业贷款是根据国家政策设立的一种政策性贷款，旨在帮助符合贷款条件的创业人员解决自主创业或合伙经营中的资金困难，同时也面向那些吸纳了一定比例符合条件人员就业的小微企业。具体而言，由各级政府设立创业贷款担保基金，经指定担保机构承诺担保，通过银行发放，并由政府给予一定贴息扶持。创业贷款的主体既可以是创业的个人，也可以是符合条件的小微企业。创业贷款具有以下特点。

①额度灵活。个人创业贷款额度最高可达 20 万元，贷款期限最长为 3 年，最多可申请 3 次；小微企业贷款额度最高可达 300 万元，每次贷款期限最长两年，最多可申请 3 次。

②利率低。创业贷款的利率按照国家定期公布的 1 年期 LPR(贷款市场报价利率)减去 1.5 个百分点后计算，其余部分由财政部门给予贴息。

③可展期。创业贷款到期后，经担保机构及经办银行同意，可展期一年，但展期内财政不再给予贴息。

(4)其他贷款：

①创业者可以灵活地将个人消费贷款用于创业。

②如果因创业需要购置沿街商业房，创业者还可以用拟购置的房子作为抵押，向银行申请商用房贷款。

③若创业过程中需要购置轿车、卡车、专业设备等，创业者还可以办理汽车消费贷款，以此减少资金占用。

当前，创业贷款是比较适合大学生创业者的融资渠道，如果通过创业贷款仍不能满足资金需求，大学生创业者可以灵活凭借自身信用和有形资产，进一步向银行申请其他类型的贷款。

创业视窗

北京的“创业贷”

北京中小企业融资再担保有限公司(以下简称“北京再担保公司”)是经工信部与北京市政府批准成立的全国首家省级中小企业信用再担保机构，2008 年挂牌成立，是北京市中小企业信用担保体系建设的基础性平台，也是北京市实施公共财政政策和产业政策的重要载体。为切实解决北京地区初创期科技、文创小微企业融资难、融资贵问题，北京再担保公司在充分研究创业阶段小微企业特点及涉及业态的基础上，于2012年自主设计并推出了创业贷系列产品。

创业贷系列产品主要包括创业贷、创业贷+、双创贷、原创贷、文创普惠贷等。该系列产品具有授信期长、使用灵活、条件优惠、效率高、成本较低的特点，能够在有效解决企业融资难题的同时，针对创业企业的经营特点及融资需求特征提供专门的项目评价标准和业务操作流程。在评价项目过程中，打破以企业的财务指标、抵押物、经营规模等作为硬性条件的要求，突出对创业企业的技术创新能力、未来成长性，以及创业者的个人素质和能力等软实力评价。而在融资用途、融资方式、融资期限上，进一步贴近创业企业，优先采取授信额度方式，既有效控制了融资风险，又能帮助企业节省财务成本。

(1)创业贷主要针对主营业务持续经营时间在1年(含)以上，拥有自主知识产权或特色的商业模式且注册在北京各科技园、孵化器、文创园内的创业企业。该产品的优势在于授信期限最长可达24个月，可以灵活安排提款和还款；500万元(含)以内均为信用贷款，无须提供房产抵押。北京再担保公司内部采取绿色审批通道，企业提供资料齐全后，最快一周就能拿到资金。

(2)双创贷主要是为注册地在北京的双创企业提供的无抵押、纯信用首次贷款服务，贷款额度为10万~150万元。该产品的特点在于无须提供房产抵押、股权质押、出让期权，仅主要股东及配偶(如有)承担个人连带责任；授信期限最长可达24个月；按照政策性优惠费率，成本较低。

(3)原创贷和文创普惠贷主要对注册在北京地区的高新技术和文创类企业提供支持。特别是原创贷产品，可以突破传统根据抵押物、历史销售收入设定贷款的标准，根据企业技术和市场前景设定贷款额度，相较于一般科技企业，授信额度更高。

（资料来源："中国融资担保业协会"微信公众号，有改动）

2. 向非银行金融机构借款

非银行金融机构是指通过发行股票和债券、接受信用委托、提供保险等多种形式筹集资金，并将所筹资金用于长期性投资的金融机构。根据法律规定，非银行金融机构主要包括经国家金融监督管理总局等主管机关批准设立的各类金融机构，例如，信托公司、金融租赁公司、农村信用合作社、典当行、保险公司、小额贷款公司等。

向非银行金融机构借款主要有保单质押贷款、实物质押贷款、小额贷款等形式。

(1)保单质押贷款。2020年10月，国家金融监督管理总局发布《人身保险公司保单质押贷款管理办法(征求意见稿)》，其中第二条明确指出，保单质押贷款是指人身保险公司按照保险合同的约定，以投保人持有的保单现金价值为质押，向投保人提供的一种短期资金支持。保单质押贷款的最高限额一般不超过保单现金价值的80%，贷款利率按照同档次银行贷款利率计算。与退保相比，对于手头资金紧张、资金周转困难的投保人而言，保单质押贷款更加有利。合理利用保单质押贷款，既可以帮助投保人解决短期财务问题，又可以维持保险合同的效力，继续享受保险保障。

(2)实物质押贷款。当前，许多典当行都推出了个人贷款业务。借款人只需将有较高价值的物品质押在典当行，就能获得一定数额的贷款。典当行的质押放款额度一般是质押品价值的50%~80%。

(3)小额贷款。小额贷款机构一般由自然人、企业法人与其他社会组织投资设立，不吸收公众存款。经营小额贷款业务的机构包括有限责任公司、股份有限公司，以及通过与银行合作向用户提供小额贷款的互联网金融平台。小额贷款具有申请简单、办理便捷的特点，最快可在当天到账，能够快速解决企业的资金短缺问题。

3. 交易信贷

交易信贷是指企业在正常的经营活动和商品交易中，由于延期付款或预收货款所形成的企业间常见的信贷关系，通常也被称为商业信用。企业在筹办期及生产经营过程中，均可以通过交易信贷筹集部分资金。例如，在购置设备或原材料的过程中，企业可以通过延期付款的方式，在一定时期内免费使用供应商提供的部分资金。

4. 融资租赁

融资租赁是指出租人根据承租人对租赁物件的特定要求和对供货人的选择，出资向供货人购买租赁物件，并租给承租人使用，承租人则分期向出租人支付租金。在租赁期内，出租人拥有租赁物件的所有权，承租人拥有租赁物件的使用权。租期届满，租金支付完毕，并且承租人根据融资租赁合同的规定完全履行部分义务后，若对租赁物的归属没有约定或约定不明确的，可以协议补充；不能达成协议补充的，可按合同有关条款确定；仍然不能确定的，租赁物件归出租人所有。

融资租赁既可以使企业按期开业，顺利开始生产经营活动，又可以帮助企业缓解创业初期资金紧张的局面，节约创业初期的资金支出。

(三)风险投资

风险投资是指由专业机构提供的，专门投资于极具增长潜力的创业企业，并参与其管理的权益资本。

从投资的角度来看，风险投资是指具备雄厚资金实力的投资机构或投资家，针对那些拥有专门技术、具备良好市场发展前景，但缺乏充足资金的创新型企业进行资助。这种资助旨在帮助其实现创业计划，同时，投资方也需相应承担该阶段投资可能失败的风险。从运作方式来看，风险投资是指由专业化人才管理的投资中介，向具有较大发展潜力但同时也蕴藏着失败风险的创新型企业投入风险资本的过程。风险投资具有以下主要特点：

(1)投资对象。风险投资的对象多为处于创业期的中小企业，尤其是高新技术企业或现代服务业企业。

(2)投资期限与方式。风险投资的期限通常为3~5年，投资方式为股权投资。风险投资机构一般会占被投资企业15%~30%的股权。风险投资人不追求控股权，也不要求投资对象提供任何担保或抵押，但可能会对被投资企业后续各阶段的融资提出一定要求。

(3)投资决策。风险投资人的投资决策建立在高度专业化的基础之上。

(4)参与企业管理。风险投资人一般会积极参与投资对象的创业过程，弥补投资对象在企业管理上的不足。

(5)退出机制。由于风险投资的目的是追求超额回报，当投资对象实现增值后，风险投资人会通过上市、收购、兼并或其他股权转让方式撤出资本，实现增值后的超额回报。风险投资人顺利退出投资时，往往能够获得原始投资额数倍以上的资本升值，但同样也有因投资对象经营不善而投资失败的风险。

(6)重视创业者素质。在风险投资领域，有一句信条："投资就是投人。"投资者往往更看重创业者的能力和品德，而将项目或创意放在次要位置。

(四)天使投资

天使投资是一种非组织化的创业投资形式，通常指自由投资者(个人)或非正式风险投资机构(团体)对具有发展前景的原创项目构思或初创期小企业进行早期权益性资本投资，这种投资方式旨在帮助这些企业迅速启动，属于民间投资行为。

天使投资的金额一般较小，通常为一次性投入。与风险投资相比，天使投资对创业企业的审查相对宽松，更多地依赖投资人的主观判断或者个人喜好。天使投资通常由个人或小团体完成。

很多天使投资人本身是成功的企业家，了解创业者的难处。此外，天使投资人也可能是创业者的邻居、家庭成员、朋友、商业伙伴，以及供应商或其他愿意投资的人士。

天使投资人不但可以为企业带来资金，同时也能带来一定的资源网络。如果他们是行业内的知名人士，他们的投资行为还可以提高公司的信誉和影响力。

创业视窗

天使投资、风险投资和私募股权投资的主要区别

天使投资(AI)、风险投资(VC)和私募股权投资(PE)之间的区别，主要是在投资时企业的发展阶段不同。

天使投资主要是在企业的初创阶段。天使投资的资金来源有个人，也有天使投资机构。一般而言，天使投资主要是提供资金，并不参与企业的投后管理。

风险投资主要是在企业的成长阶段。风险投资一般是由专业的股权投资机构进行投资，其资金来源主要是向投资人募集的资金。风险投资一般会热衷于参与创业企业的经营管理。

私募股权投资主要是在企业的成熟阶段。私募股权投资一般投给处于成熟期但还未上市的企业。这种企业在市场上已经取得了一定程度的成功，短期内不会再面临生存的问题。此时企业融资的需求相对多元化，有些是为了规范上市，有些是为

了实施并购、进行产业整合，有些则可能是延伸业务线，但其共同特征都是为了让企业迈上更高的台阶。

（资料来源：“雪球”百家号，有改动）

(五)政府扶持基金

创业者还可以利用政府的扶持政策，从政府层面获得融资支持。随着我国经济的快速发展，政府对创业，尤其是大学生创业的支持力度越来越大，扶持基金的种类日益丰富，额度也在逐步提高。

例如，湖北省从2012年起设立“湖北省高校毕业生创业扶持资金”，这一举措旨在为高校毕业生自主创业提供项目资金支持，促进高校毕业生在湖北开展创业活动。扶持标准分为8个档次：2万元、5万元、8万元、10万元、12万元、15万元、18万元和20万元。具体扶持金额由省高校毕业生创业项目资助专家评审团确定，原则上规定项目扶持金额不得超过企业注册资本金的50%。

另外，2023年湖北省继续推进“湖北省大学生创业扶持项目”。凡符合条件的大学生，均可获得资金扶持和全方位的创业服务。资金扶持主要按照“优中选优”的原则，对每个通过评审的项目，提供5万~50万元的资金支持。创业服务则包括为大学生创业项目提供政策咨询、创业培训、创业指导、创业孵化和项目融资等全方位服务。对于获得8万元以上资金扶持的企业，政府还将给予优先推荐，助力其在湖北青年创新创业板挂牌。

三、创业融资的选择策略

(一)创业融资的原则

1. 合法原则

创业融资作为一种经济活动，涉及相关融资主体的经济权益。对于大学生创业者而言，在融资过程中必须严格遵守相关法律法规，依法履行责任与义务，维护相关融资主体的权益，避免出现非法融资行为。

2. 合理原则

创业企业在不同的发展阶段对资金的需求量是不同的，采用的融资方式也不一样。大学生创业者应根据每个阶段的特点，合理预测企业对资金的需求量，分析不同融资渠道的成本和可行性，从而确定合理的融资方案。

3. 及时原则

创业机会往往稍纵即逝，市场行情千变万化，这就要求大学生创业者能够及时筹集到足够的资金。大学生创业者应合理安排融资计划的节奏，确保筹集到的资金与创业企业使用资金的时间相匹配，避免出现资金闲置或短缺的情况，降低融资成本。

4. 效益原则

不同创业企业的盈利能力各不相同，对融资成本的承受能力也存在差异。大学生创业者必须准确预测创业企业的盈利能力，并选择融资成本低于企业盈利能力的融资方式。只有这样，创业企业才能在融资后持续产生效益，为企业的正常经营及发展奠定基础。

5. 杠杆原则

大学生创业者在融资时应尽量选择具备相关市场背景的出资方，以便利用资金的杠杆效应"撬动"更多的无形资产。例如，很多优秀的风险投资机构会为创业企业提供全方位的经营指导，甚至参与被投资企业的经营决策，这种帮助和指导对于创业企业来说往往是"无价之宝"。

(二)股权融资决策

股权融资是指企业的股东愿意让出部分企业所有权，通过企业增资的方式引进新股东的融资方式。对于通过股权融资所获得的资金，企业无须还本付息，但新股东将与老股东同样分享企业的利润。股权融资的特点决定了其用途的广泛性，既可以充实企业的运营资金，也可以用于企业的投资活动。

从广义上讲，股权融资包括内部股权融资与外部股权融资。内部股权融资主要是指企业的内部积累；外部股权融资则包括个人积蓄、亲友投入、合伙人投入、天使投资等多种形式。

在创业企业的创建启动阶段及较早发展阶段，内部积累极为重要。鉴于创业企业在资金实力、经营规模、信誉保证和还款能力等方面的限制，难以从外部获得大规模的资金支持。此时，内部积累的资金来源主要是企业在经营过程中赚取的利润，采用内部积累方式融资符合融资有序理论的要求，也是很多创业者的必然选择。创业企业往往会通过不分红或少分红的方式，将企业的经营利润尽可能以未分配利润的形式留存下来，投入再生产过程，为持续经营或扩大经营提供必要的资金支持。

股权融资是创业企业最基础，也是创业者最先采用的融资方式之一。股权融资的数量会影响债权融资的数量，股权融资的分布会影响创业企业未来利润的分配与长远发展。因此，大学生创业者在进行股权融资决策时应注意以下事项：

(1)考虑组建合伙企业。组建合伙企业对于企业日后的产权归属和企业发展有着重要的影响。合伙企业既是"资合"，也是"人合"。如果大学生创业者决定通过成立合伙企业吸收合伙人的资金，则一定要认真考虑合伙人的专长和经验。在吸引风险投资人时，也要分析其声誉、专业背景及其对投资企业的一贯态度，争取选择最适合企业发展的风险投资者。

(2)分析对企业控制权的影响。大学生创业者在进行股权融资时，需要搞清楚转让多少股份可以吸引到足够的资金，同时又不影响创始人对企业经营的实际控制。

(三)债权融资决策

债权融资是指创业企业通过借钱的方式进行融资。对于通过债权融资所获得的资金，企业首先要承担资金的利息，然后还要在借款到期后向债权人偿还本金。向亲友、银行、非银行金融机构及其他企业借款等都是常用的债权融资方式。债权融资的特点决定了其用途主要是解决企业短期运营资金短缺的问题，一般不用于长期的资本性项目。在进行债权融资决策时，大学生创业者需要注意以下几点：

(1) 评估盈利能力。创业者要考虑经营过程中的盈利是否能够超过借款的利息及其他费用支出。如果企业在日后的经营过程中赚取的利润能够支付借款的利息和其他费用支出且还有结余，则采用债权融资的方式较为有利。

(2) 慎重思考借款期限。大学生创业者在选择债权融资时，一定要考虑好借入资金的归还期限，尽量使企业在日后归还本金时不影响正常运营。

(3) 确定合理的借款金额。债权融资成本相对较低，但每期都会产生利息支出。大学生创业者在决定采用债权融资时，要确定一个合理的借款金额。如果金额少了，无法满足企业对资金的需求；如果金额多了，会产生闲置资金，白白损失利息支出。

(4) 考虑其他支出。在债权融资过程中，除了利息支出，还可能有其他费用。例如，如果大学生创业者没有可担保的财产，就需要与专业担保机构合作。担保公司作为商业机构，会收取担保服务费。

(5) 选择合适的债权人。大学生创业者应在债权融资前详细了解债权人的情况，包括他们的风险承受能力、专业背景、对投资企业的态度等。在多方调研的基础上，优中选优。

创业视窗

股权融资与债权融资的比较

股权融资与债权融资的比较见表4-3。创业者在筹集资金时应对两者的优缺点进行比较，并综合考虑企业的资金需求量，资金的可得性，宏观理财环境，筹资的成本、风险和收益，以及控制权分散等问题，以选择最适合企业的融资方式。

表4-3 **股权融资与债权融资的比较**

比较项目	股权融资	债权融资
本金	属于永久性资本，保证企业最低的资金需求	需在到期时归还本金
资金成本	根据企业经营情况变动，成本相对较高	事先约定固定金额的利息，成本较低
风险承担	投资者与企业共同承担高风险	投资者风险相对较低
企业控制权	按比例或约定享有，导致企业控制权分散	投资者不参与企业控制，企业控制权得到维护
资金使用限制	限制条款少	限制条款多

课堂活动

设计一个合适的融资方案

田心同学在居民区附近拟开设一家便利店，需资金6万元，而自己手中只有2万元，缺口4万元，需要进行融资。从以下融资方式中选择一种融资方式或者多种融资方式组合，设计一个风险小、付出小、到账快的融资方案。

融资方式之一：个人借款

向亲属、朋友借款，它适合简单生产经营和资本积累初期。但不足之处是，一旦经营发生亏损，可能面临无法按时还款的压力。

融资方式二：股东“融资”

寻找合适的投资合伙人，能引入外部资金和资源，共同承担经营风险。但是，需要牺牲一部分利益给合伙人，并可能分散对便利店的控制权。

融资方式之三：会员制

对于有较好无形资产或特殊实际资产的创业者较为适用，可提前回笼资金。

融资方式之四：向银行贷款

贷款利率相对较为规范，还款方式灵活，资金来源稳定。各银行实施的一般为抵押贷款，审批流程相对较长。

融资方式之五：典当

到典当行把自己的资产抵押，从典当行拿出资金。资产种类不受限制，大到房产、汽车，小到珠宝、首饰、服装等均可典当。而且手续便捷，很快拿到资金。但典当也有不足，成本较高，只能救急，不适合长期融资。

四、创业资金的估算

合理地筹集创业所需资金，是对创业者最基本的要求，也是创办企业的前提。若筹集不到足够的资金，企业可能会出现资金链断裂的情况，甚至被迫清算；而筹集的资金过多，又可能会导致企业资金闲置，影响企业的经营效益。因此，创业者在筹集资金之前，应先对创业所需资金进行科学估算。

(一) 创业资金的分类

创业资金按照不同的标准可以进行不同的分类。对创业资金不同种类的认识，有利于创业者在估算创业资金时充分考虑可能出现的资金需求。

1. 按照资金占用形态和流动性的分类

按照资金的占用形态和流动性，创业资金可以分为流动资金和非流动资金。

流动资金是指占用在原材料、在制品、库存商品等流动资产上的资金，以及用于支付工资和各种日常支出的资金。这类资金流动性较好，易于使用和变现，一般可在一年或一个营业周期内收回或耗用，属于短期资金的范畴。创业者在估算创业资金需求时，需要充分考虑其持续投入的特性，并选择合适的短期筹资方式筹集相应资金。

非流动资金是指用于购买机器设备、建造房屋建筑物、购置无形资产等的资金。非流动资金占用期限较长，不能在短期内回收，具有长期资金的性质，它能够在一年以上的经营过程中给企业带来经济利益的流入。创业者在进行创业资金估算时，通常将其作为一次性的资金需求来对待，并采用长期筹资的方式筹集相应资金。

2. 按照资金投入企业时间的分类

按照资金投入企业的时间，创业资金可分为投资资金和营运资金。

投资资金发生在企业开业之前，是企业在筹办期间发生各种支出所需要的资金。具体包括企业在筹建期间为取得原材料、库存商品等流动资产而投入的流动资金；购建房屋建筑物、机器设备等固定资产，购买或研发专利权、商标权、版权等无形资产而投入的非流动资金；以及在筹建期间发生的人员工资、办公费、培训费、差旅费、印刷费、注册登记费、营业执照费、市场调查费、咨询费和技术资料费等开办费用所需资金。

营运资金是从企业开始经营之日起，到企业能够实现资金收支平衡为止的期间内，企业发生各种支出所需要的资金。营运资金是投资者在开业后需要继续向企业追加投入的资金。企业从开始经营到实现资金收支平衡的这段期间称为营运前期，营运前期的资金投入主要是流动资金，具体包括占用在流动资产上的资金以及维持日常运营的费用性支出。

在企业开办之初，产品或服务往往很难在短期内获得消费者的认同，市场份额较小且不稳定，难以在开业时形成一定规模的销售额。此外，赊销业务的存在，使得企业实现的销售收入中有一部分无法在当期收到现金，导致现金流入少于预测的销售收入。规模较小且不稳定的销售额，以及赊销产生的大量应收款项，往往导致企业在开业后相当长一段时间内的销售现金流入无法满足日常生产经营需要，这便要求创业者追加投资，以准备大量的营运资金。

营运前期的时间跨度因企业性质的不同而有所差异。一般来说，贸易类企业的营运前期可能会短于一个月；制造企业则可能持续几个月甚至几年；不同的服务类企业，其营运前期的时间可能短于 1 年，也可能超过 1 年。

在很多行业，营运资金的资金需求要远远大于投资资金的资金需求。充分认识营运资金的重要性，有利于创业者准确估计创业所需资金的数量，从而及时筹集足额资金。

3. 按照资金的属性分类

按照资金的属性，创业资金可以分为股权资金和债权资金。股权资金是投资者投入企业的资金；债权资金则是从各种渠道借入的资金。股权资金和债权资金对企业权益的要求权不同，其筹资比例的设定会影响企业以后的经营决策。因此，创业者一定要清楚了解两种资金来源的区别，以便作出合理的筹资决策。

(二)创业资金的计算

1. 投资资金的测算

投资是指创业者为开办企业而购置的固定资产和无形资产，以及支付开办费和其他各类投入的资金总和。投资资金包括创业企业开业之前的流动资金投入、非流动资金投入，以及开办费用所需要的资金投入。在估算投资资金时，大部分创业者通常会考虑到购置厂房、设备及材料等的支出，以及员工的工资支出、广告费等常见项目，但常常会忽略开业前可能发生的其他大额支出，例如，机器设备安装费用、厂房装饰装修费用、创业者自身的工资支出、业务开拓费、营业税费等。为了合理、准确地估算创业资金，采用表格的形式将投资项目固定下来是一种有效方法(见表4-4)。

表4-4　**创业资金估算表**

序号	项目	数量	金额	序号	项目	数量	金额
1	房屋租金			9	水电费		
2	机器设备			10	通信费		
3	装修费用			11	保险费		
4	办公用品			12	设备维护费		
5	员工工资			13	相关税费		
6	业务开拓费			……	……		
7	存货采购支出						
8	广告费			合计			

2. 营运资金的测算

营运资金主要是指流动资金，它是新创企业从开始经营到实现收支平衡之前，创业者需要继续投入企业的资金。营运资金的估算需要根据企业未来的销售收入、成本和利润情况进行确定，通常通过财务预测的方式实现。一般而言，在销售收入能够收回成本之前，小微企业事先需要准备3个月的流动资金。

创业者可以通过计算资金的盈亏平衡点来确定营运前期需要的时间，然后据此计算创业所需要的营运资金数额。资金收支平衡点的计算公式为：

$$资金收支平衡点=\frac{每月固定的资金支出}{单位业务的资金净流入}$$

根据计算得出的资金盈亏平衡点数量，以及市场调查得到的营业量的变化情况，就可以确定实现盈亏平衡的时间，进而计算出所需营运资金的数量。具体计算公式为：

$$营运资金=达到盈亏平衡的时间(月)\times每月的资金支出(元)$$

需要特别指出的是，在很多行业中，营运资本的资金需求要远远大于投资资本的资金需求。

创业榜样

创业资金估算案例

小王是会计学专业的一名学生，毕业时打算自己开办一家会计公司。在开办公司前，他先进行了简单的市场调查，调查结果显示会计行业存在很大的市场空间。于是，他针对开办公司的各项必要支出进行了以下估算。

(1)租一间20平方米左右的办公室，每月需要支付租金3000元左右。

(2)购置两台电脑，每台约5000元；一套最基本的财务软件，大约需要3000元；两台打印机，其中一台针式打印机用来打印输出的会计凭证和账簿，另一台激光打印机用来打印一般的办公文件，两台打印机大约需要3500元；一台税控机(用于帮助客户进行纳税申报)，价格约3000元；一台传真机，价格约1000元。

(3)购置3套办公桌椅，每套约300元。

(4)购置一台饮水机，价格约300元；每月大约需要4桶水，每桶水约15元。

(5)购买一些办公用品及办公耗材，约需支出1000元，大约可供使用一个月；电话费、网费每月需要340元左右；水电费每月大约需要200元；同类会计服务公司的广告费一般每月需要1200~2000元，小王准备每月花费1500元。

(6)公司开业初期需雇用1名会计和1名外勤人员，两人的工资每月合计6400元，社会保险费每月合计1000元。

(7)开户、刻章直至办完整套开业手续，大约需要1个月的时间，公司开业前需要的基本费用约1000元。

(8)每家客户每月可以收取320元的服务费，为每家客户服务的基本支出大约每月20元。此外，客户在60家以内时基本上不用增加会计和外勤人员。

经过简单计算，小王得出创办会计公司所需要的资金为36200元。由于开办公司的资金需求不是太多，而且每一家客户的利润也较为可观，加上小王对自己的专业知识和开拓市场的能力非常自信，他认为自己的公司一定会办得红红火火。

但是，为了以防万一(难免有些项目考虑不周全)，小王在筹集资金时还准备了一些风险资金，共筹集了50000元。可是，令小王没想到的是，公司刚刚经营了几个月，就出现了资金链断裂的情况，甚至连支付房屋租金的钱都不够了。

案例分析

(1)未考虑流动资金需求。小王只计算了开办公司所需要的投资数额，而没有考虑流动资金的需求。为计算公司需要的流动资金数额，小王需要补充调查公司客户数量的变化情况，即公司大约每个月可以增加的客户数量，以此估算公司的营业收入，以及与此相关的利润情况，进而计算公司的盈亏平衡点，并据此估计其需要的流动资金数额。

在案例中，公司每个月需要固定支出的资金包括：房租3000元、办公用品及办公耗材 1000 元、饮用水 60 元、电话费和网费 340 元、水电费 200 元、广告费 1500 元、雇员工资及社保费用 7400 元。由此，公司每月的基本支出为以上各项之和，即 13500 元。每个月主要的资金流入是客户缴纳的服务费用，每家客户 300 元。因此，公司资金收支平衡点的业务量计算公式为：

$$\text{收支平衡点业务量}=\frac{13500}{300}=45(\text{家})$$

即客户数量达到 45 家时，公司才能实现资金的收支平衡。假定补充调查的结果是每个月可以增加 6 家客户，则达到盈亏平衡点的时间为 45÷6=7.5 个月，向上取整为 8 个月，这就意味着小王要在开业后的 8 个月内继续追加资金。因此，公司需要投入的流动资金数额为 13500×8=108000 元。

(2) 支出项目考虑不周全。小王在计算资金需求时，对支出项目的考虑不够周全。例如，小王自己的生活支出、业务开拓费、相关税费等都没有考虑在内。一般来说，创业者在开始创办企业之前通常还有一份工作，创业者在筹办企业期间所放弃的原有工资收入，是其创业的机会成本，应当作为一项潜在支出考虑在内，而且创业者每月基本的生活和社保支出也应计算在创业所需的资金之中。另外，创业初期的市场开拓费也是一项必不可少的支出，还有按照行业不同确定的营业税费的支出等。

第五章
创 业 计 划

本章导读

当我们细数那些创业成功者的经历时，便不难发现，创业是一场需要充分准备的“战役”。正所谓“兵马未动，粮草先行”，只有做好充分的创业准备，精心构想，运筹帷幄，才能决胜千里。

知识目标

· 了解创业构想的概念与产生方法，熟悉创业构想的研讨过程。

· 了解商业模式的定义与特征，以及商业模式的构成要素与核心逻辑。

· 了解商业模式的类型，以及商业模式设计的基本要求与工具。

· 了解创业计划书的概念与基本结构。

· 了解创业计划书的撰写要点与评估方法。

· 了解项目路演的概念与关键要素，以及项目路演需要准备的资料。

· 了解项目路演的步骤与技巧。

能力目标

· 能够使用精益创业画布工具设计商业模式。

· 能够撰写规范、完整的创业计划书。

素质目标

· 理性对待创业，树立在创业前要认真思考、反复评估的观念。

· 通过学习创业计划书相关知识，增强计划意识，养成制定切实可行的计划并认真落实的习惯。

案例导入

李明与“校园管家”的创新创业之旅

来自江苏的大学生李明，凭借其敏锐的市场洞察力和扎实的专业知识，带领团队开发了一款名为“校园管家”的智能校园生活服务平台，并在多项创新创业大赛中屡获佳绩，成为校园创业领域的佼佼者。

心之所向，夯实创业基础

李明自幼对科技充满兴趣，尤其对互联网和移动应用的便捷性深感着迷。进入大学后，他选择了计算机科学与技术专业，这为他未来的创业之路奠定了坚实的理论基础。大学期间，李明不仅成绩优异，还积极参与各类科技创新活动，通过自学和实践不断提升自己的编程能力和项目管理能力。他坚信，技术的力量可以极大地改善人们的生活，而校园生活正是一个充满潜力的市场。

大胆思考，敲开创业之门

在一次校园活动中，李明发现同学们在校园生活中常常面临诸多不便：查询课表、图书馆座位预订、食堂排队时间过长、校园活动信息获取不及时等。这些问题虽然看似琐碎，但极大地影响了同学们的学习和生活体验。李明意识到，如果能开发一款集成多种校园服务功能的App，不仅能解决同学们的实际问题，还能填补校园市场的空白。

经过深入调研，李明发现，尽管市场上有许多校园相关的应用，但大多功能单一，缺乏整合性。于是，他邀请了几位志同道合的同学，组建了一个跨学科团队，开始着手开发“校园管家”App。团队成员包括计算机专业的技术骨干、市场营销专业的策划人才，以及设计专业的视觉设计师，他们各司其职，共同为项目的成功努力。

困难重重，创业路上风雨兼程

开发“校园管家”App的过程并非一帆风顺。团队在技术实现、用户需求调研、市场推广等方面遇到了诸多挑战。首先，如何将复杂的校园服务功能集成到一个简洁易用的App中，是团队面临的技术难题。其次，如何获取校园管理部门的支持和数据接口，是项目能否顺利推进的关键。此外，App的市场推广和用户留存也是团队需要解决的重要问题。

但是，李明和他的团队没有被困难吓倒，而是积极寻求解决方案。他们多次与学校教务处、图书馆、后勤等部门沟通，争取支持并获取必要的数据接口。在技术开发过程中，团队成员日夜奋战，不断优化App的功能和用户体验。经过数月的努力，“校园管家”App终于上线，并迅速获得了同学们的广泛好评。

然而，App的成功上线只是第一步。如何在校园市场中推广并留住用户，是团队面临的更大挑战。李明通过组织线下活动、与学生会合作、在校园媒体上宣传等方式，不断提升App的知名度。同时，团队还根据用户反馈不断优化功能，增加新的服务模块，如校园二手交易、失物招领等，进一步提升了用户的黏性。

胸怀梦想，勇向目标前行

李明一直怀揣着一个梦想——将“校园管家”App打造成全国高校通用的智能生活服务平台。为了实现这一目标，他带领团队参加各类创新创业大赛，通过比赛展示项目的优势，吸引投资并争取合作机会。在备赛过程中，李明和团队成员们几乎放弃了所有休息时间，每天都在学校创客中心忙到深夜。他们反复打磨商业计划书，优化路演PPT，并邀请专业导师进行指导，确保项目在比赛中能够脱颖而出。

功夫不负有心人，经过近半年的努力，“校园管家”App在多项创新创业大赛中斩获佳绩，包括江苏省“互联网+”大学生创新创业大赛二等奖、全国大学生创新创业大赛三等奖等。这些荣誉不仅为团队带来了资金支持，也为项目的推广提供了更多机会。如今，“校园管家”App已经在多所高校推广使用，注册用户超过10万人，成为校园生活中不可或缺的工具。

李明的创业故事证明，只要有梦想、有勇气、有坚持，大学生也能在创新创业的道路上取得成功。他的经历激励着更多的大学生勇敢迈出创业的第一步，用创新改变世界。

（资料来源：中国就业网）

第一节 创业构想

创业是一项系统工程，在开始创业之前，创业者必须认真地进行创业构想。创业构想在创业过程中具有非常重要的作用，它涵盖了创业的许多方面。一个科学合理的创业构想能够帮助创业者避免盲目行动和跟风，进而有效减少创业失败的风险，降低损失。创业构想必须兼具合理性和创造性，否则，无论创业者投入多少时间和金钱，创业项目都可能以失败告终。

一、创业构想的概念与产生

（一）创业构想的概念

创业构想是对计划创办企业的基本业务所做的详细描述，主要包括目标客户群体是谁、企业计划销售何种产品或服务、这些产品或服务满足客户的哪些需求，以及如何销售产品或服务。其中，满足客户需求是创业构想的核心，企业的产品或服务都应围绕客户需求来展开设计与规划。例如，对于居住在老旧小区的居民，他们往往希望解决日常维修服务不方便的问题。那么，创业者可以考虑创建一个线上维修服务平台，整合本地的水电工、木工、锁匠等资源，为居民提供快速响应的上门维修服务。如果这种设想在市场调研中受到目标客户欢迎，那么它就可以成为一个很好的创业构想。

（二）创业构想的产生方法

创业构想通常是通过运用创造性的思考方法来产生的，其中类比和分解是两种常用的方法。首先，类比是一种通过比较不同产品或服务的优缺点，从而发现问题并提出新想法的思考方式。创业者在日常生活中应养成不断思考和比较的习惯，这有助于激发创新思维。例如，在观察传统健身房的会员制模式和共享单车的灵活租赁模式时，创业者若能将两者进行对比，思考是否可以创建一种“按次付费”的健身房服务模式，让用户无须长期会员卡也能随时享受健身服务，那么就有可能发现一个潜在的商机。

其次，分解法是对一个复杂的想法或概念进行分解，并将其具体化的方法。在分解阶段，使用较多的方法是提出假设。例如，如果要开发一款面向上班族的健康饮食配送服务，可以在构想中提出假设："提供定制化的低糖、低脂套餐会更受糖尿病患者或健身人群欢迎。"通过这样的假设，逐步完善创业构想。

二、创业构想的研讨

（一）论证创业构想

在有了初步的创业构想之后，接下来就是对其进行论证。论证的方法通常是通过市场调查来收集数据并进行分析。一般来说，进行市场调查应重点解决以下问题：在创业的初始阶段，有多少资源可供使用？第一步实施之后，下一步应该怎么办？若要扩大客户群，应采取哪些具体且有效的方法？竞争对手的实力如何？自己相较于竞争对手的强项是什么？是否有抵御竞争对手进攻的能力？如果自身并不具备明显的强项，有什么办法可以解决？需要注意的是，如果论证后的结果不佳，则可对构想加以修正，同时，也可提出其他构想，并重新进行论证。

（二）预测创业构想的成功概率

创业者要结合市场环境、行业前景、产品特性、自身优劣势、客户需求等方面因素来预测创业构想的成功概率，尤其要重点考量企业未来的盈利能力，以确定是否需要进一步实施创业构想。一般情况下，创业构想很难在开始时就做到完全正确，常常需要在实践中加以修正，毕竟，有些问题不通过亲身实践是无法完全洞察的。因此，"摸着石头过河"几乎是创业者必经的过程。

课堂活动

张伟是一名市场营销专业的学生，他的室友小李最近因为找不到合适的兼职工作而烦恼。小李抱怨说，虽然网上有很多兼职信息，但很多是虚假的，或者与自己期望的工作类型、时间安排不匹配。张伟发现，身边的很多同学都面临着类似的困扰，大家希望能找到一个更真实、更可靠的兼职平台。

如果要开发一个面向大学生的兼职服务平台，你会产生什么样的创业构想？请你运用类比和分解的方法，想出尽可能多的创业构想。

第二节　商 业 模 式

要想实现创业构想，大学生创业者必须选择一种合适的商业模式。只有明确了自身的商业模式，搞清楚自己究竟要做什么、为什么做和怎么做，才能最大程度减少探索和试错的成本，进而提升创业成功的几率。

一、商业模式的定义与特征

(一)商业模式的定义

商业模式是企业创造价值的基本机制，是企业系统组织经营活动的依据和蓝本。通俗地说，就是企业主所谓的“生意经”。目前，商业模式还没有一个完全统一的定义，但较为主流的观点是，商业模式(Business Model)是企业或组织为了实现价值创造、传递和获取的目标，而设计的一套逻辑架构和运营机制。它描述了企业如何通过提供产品或服务来满足客户需求、创造价值，并从中获取经济收益的全过程。简而言之，商业模式就是企业“如何赚钱”的整体设计。

创业视窗

超级猩猩健身的创新商业模式

超级猩猩是一家以迷你健身房为特色的健身品牌，其成功的关键在于对传统健身房模式的革新。传统健身房主要依赖高昂的会员费用和长期合同来维持运营，而超级猩猩则通过降低消费门槛，提供单次付费课程，吸引了大量对健身感兴趣但不愿承担高额费用的用户。

超级猩猩的商业模式采用了“开源AI智能名片2+1联动模式S2B2C商城小程序”，实现了线上线下无缝融合。在线上，通过智能名片收集用户数据，进行精准画像和个性化服务；在线下，则通过迷你健身房为用户提供便捷的健身体验。这种模式不仅降低了运营成本，还通过数据分析优化课程设计和服务质量，满足了用户的多样化需求。

此外，超级猩猩还通过S2B2C商城小程序整合供应链，为商家和消费者提供一站式服务。商家可以快速上架课程、管理库存，消费者则能享受从预约课程到支付费用的全链条便捷服务。这种模式不仅提升了用户体验，还通过多渠道营销和数据分析，帮助企业更好地了解市场动态，制定出更精准的营销策略。

超级猩猩的成功在于其商业模式的创新性，通过降低消费门槛、实现线上线下融合以及优化服务体验，它不仅满足了消费者对健身的多样化需求，还为合作伙伴和供应商创造了价值，实现了多方共赢。

(资料来源：知乎网，有改动)

(二)商业模式的特征

1. 一般商业模式的特征

(1)整体性。商业模式必须是一个整体，有一定的结构，而不仅仅是单一要素的简单堆砌。

(2)关联性。商业模式的各个组成要素之间存在着紧密的内在联系，这种内在联系把各组成要素有机地串联起来，共同形成一个独特且能实现良性循环的商业系统。

(3)盈利性。盈利是企业得以生存和发展的基础，企业的商业模式必然是以获得持续的盈利为目标，无法持续盈利的商业模式，最终只能使企业倒闭。

2. 优秀商业模式的特征

(1)开创性。优秀的商业模式往往具有开创性，能构建品牌自身独特的竞争优势，形成核心竞争力。例如，抖音在大众对短视频还不太了解的时候，即投入大量营销费用，率先推广短视频产品，建立了自身在短视频领域的领先地位。

(2)独特性。优秀的商业模式必须能够突出一个企业不同于其他企业的独特性，这种独特性可能是新的管理模式，也可能是产品或服务独特性的组合。在国内互联网行业，每一个崛起的互联网品牌背后都有自己独特的商业模式支撑。例如，支付宝是支付、京东是购物、百度是搜索、腾讯是社交和游戏等。

(3)难以模仿性。优秀的商业模式能给企业带来大量的客户和可观的收入，如果这种模式很容易被他人模仿或复制，那么企业的发展就会受到影响。优秀的商业模式通常都是难以模仿的，拥有一定的市场门槛。例如，海底捞以极致的服务取胜，但是背后是一套独特的管理体系，难以被其他企业复制。

(4)可更新性。优秀的商业模式可以根据商业模式的生命周期阶段及外界竞争环境的变化，迅速调整自身的内容。也就是说，企业必须在动态的环境中保持敏锐的洞察力和灵活的反应能力，及时修正和快速适应。例如，阿里巴巴集团最初以网络零售起家，后续围绕市场需求陆续增加了支付、云计算等多元化业务。

创业视窗

李华的AI创业启示录

李华是一名热爱科技的创业者，毕业后决定投身于人工智能应用领域。他看到市场上AI大模型在多个行业的广泛应用，尤其是在汽车、智能终端和零售等领域已经实现了商业化落地。于是，他决定创办一家专注于AI大模型应用的初创公司，目标是为中小企业提供定制化的AI解决方案。

李华的商业模式非常清晰：通过与豆包大模型团队合作，利用其成熟的Doubao-pro模型，为企业提供智能客服、数据分析和自动化办公等服务。然而，在创业过程中，他遇到了诸多问题。首先，AI技术的复杂性超出了他的预期，尽管他有技术背景，但将模型落地到具体场景中仍面临诸多挑战。其次，市场推广难度远大于预期。尽管AI技术潜力巨大，但中小企业对新技术的接受速度较慢，且对成本敏感，导致客户获取成本过高。

几个月后，李华发现公司资金逐渐紧张，项目进展缓慢。他意识到，尽管商业模式本身是可行的，但在创业过程中，他没有充分考虑到技术落地的难度、市场需求的多样性以及客户教育成本。他试图调整策略，但为时已晚，最终不得不接受创业失败的现实。

李华之所以失败，并非商业模式本身有问题，而是他在创业过程中没有根据实际情况进行调整和优化。他没有充分评估技术落地的难度，也没有及时调整市场策略以适应客户需求。这表明，即使找到了一个有潜力的商业模式，创业者仍需根据实际情况灵活调整，并及时解决创业过程中出现的问题，否则仍可能面临失败。

（资料来源：虎嗅网，有改动）

二、商业模式的构成要素与核心逻辑

（一）商业模式的构成要素

商业模式的构成要素是理解企业如何创造、传递和获取价值的核心框架。然而，不同学者对这些要素有着不同的看法，在研究的深度和广度上也存在许多差异和分歧。因此，目前尚未有一个关于商业模式构成要素的统一说法，也没有一个受到各方一致认可的权威观点。当前，比较主流的观点有四要素模型、六要素模型和九要素模型。

1. 四要素模型

美国学者克里斯滕森认为，商业模式主要包含四个构成要素：关键资源、关键流程、客户价值主张和盈利模式。他认为，关键资源是企业创造价值的基础，关键流程则贯穿于企业利用这些关键资源的全过程，这两个要素相互配合，旨在满足客户价值主张。满足客户价值主张，一方面是客户从企业的产品或服务中得到需求的满足；另一方面是企业能通过客户的购买行为实现收入。在开展上述活动的过程中，企业逐渐明确自身的盈利模式，如图 5-1 所示。

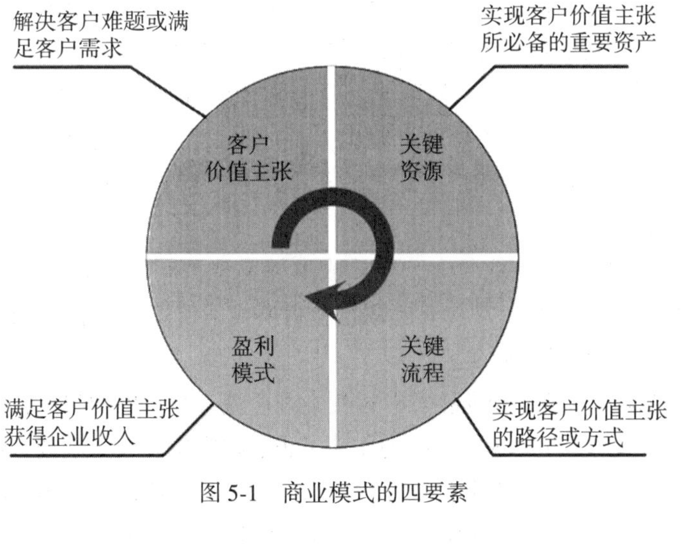

图 5-1 商业模式的四要素

四要素模型强调各要素之间复杂的相互依存关系，四个要素中的任何一个若发生重大变化，都会对其他部分和整体产生影响。成功的商业模式一般会构建一个相对稳定的体系，将这些要素以持续一致、互为补充的方式联系在一起，从而实现企业的可持续发展。

2. 六要素模型

我国学者魏炜、朱武祥将商业模式中存在的体系划分为定位、业务系统、核心资源能力、盈利模式、现金流结构及企业价值六个方面，如图 5-2 所示。

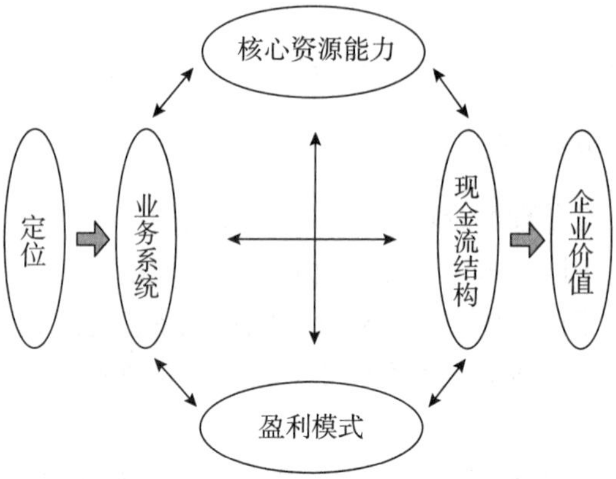

图 5-2　商业模式的六要素模型

(1)定位：是企业战略选择的最终体现，同时也是商业模式体系中其他组成部分的起点。不同的企业可能基于相同的定位设计出不同的商业模式，而相同的商业模式也可以服务于不同的定位目标。

(2)业务系统：是企业实现其定位所需的关键环节，包括各合作方在其中扮演的角色以及利益相关者之间的协作方式。围绕定位构建的业务系统会形成一个价值网络，明确客户、供应商以及其他合作方在商业模式中如何共同创造价值。

(3)核心资源能力：是支持业务系统运行的重要资源和能力。构建商业模式的关键之一是识别业务系统所需的关键资源和能力，并明确其分布、获取和建立的方式。只有与定位、业务系统、盈利模式和现金流结构相匹配且能够相互强化的资源和能力，才能成为企业的核心资源能力。

(4)盈利模式：是企业获取收入、分摊成本并实现盈利的方式，本质上是核心企业与合作方之间的利益分配机制。一个良好的盈利模式不仅能够为企业创造收益，还能构建一个稳定且共赢的价值网络。

(5)现金流结构：反映了企业在经营过程中现金流入与流出的状况，即现金收入扣除现金投资后的净结果。不同的现金流结构体现了企业在定位、业务系统、核心资源能力及盈利模式上的差异，直接影响企业的投资价值、价值增长速度以及资本市场的认可度。

(6)企业价值：是商业模式构建或创新的最终目标与实现结果，也是商业模式体系中其他部分的终点。企业价值的高低取决于商业模式各组成部分的协同效应及其对市场和客户的影响力。

3. 九要素模型

商业模式创新领域的学者奥斯特瓦德进一步拓展了商业模式的要素内容。他认为，商业模式是由价值主张、客户关系、客户细分、渠道通路、关键业务、核心资源、重要伙伴、成本结构、收入来源这九大要素组成的。目前，九要素模型常常被用作构建商业模式的依据，例如，初创企业常用的商业模式设计工具——精益创业画布，以及企业创新商业模式设计工具——商业模式画布(如图 5-3)等，就是在九要素模型的基础上设计开发的。

(二)商业模式的构成要素

商业模式的核心架构以价值主张为起点，通过盈利机制设计、价值传递网络构建与价值捕获路径的协同作用，形成了一个动态闭环的价值循环体系。其底层逻辑强调以用户需求为导向，将价值创造的前端环节(包括产品/服务设计)与价值实现的后端环节(包括成本分摊、收益分配)通过生态协作网络实现无缝衔接。这种系统性创新的本质在于：通过重构价值流的传递路径，在满足客户显性需求的同时，挖掘潜在价值场景，最终实现企业、客户与生态伙伴的多方价值增值。这种以价值共创为核心的商业哲学，既需要前端触点的场景化创新，也需要后端支撑体系的结构性优化，从而在动态竞争环境中构建起可持续的盈利生态系统。具体来说，商业模式的逻辑性主要体现在以下四个层次递进的方面，如图 5-4 所示。

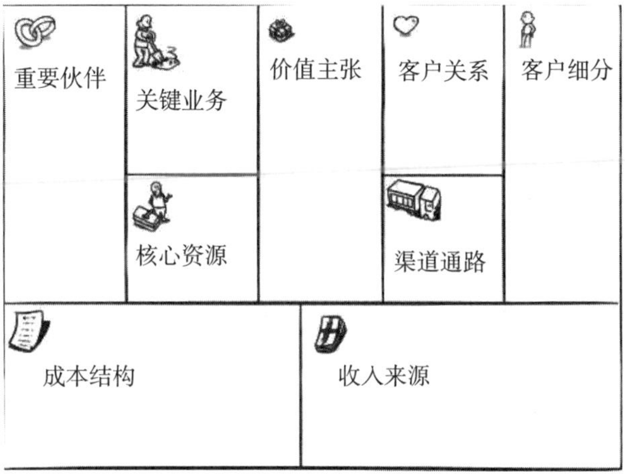

图 5-3　商业模式画布

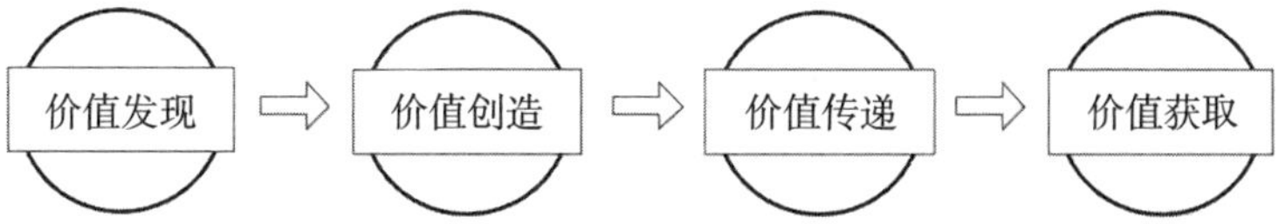

图 5-4　商业模式的核心逻辑

1. 价值发现

价值发现是企业围绕自身愿景与目标所展开的战略性探索过程。企业通过 SWOT 分析明确战略定位，并依托核心竞争力为客户创造价值。这一过程以客户洞察为核心，融合了关注客户需求、思维创新、合作协同与资源整合等理念，旨在通过深度分析企业价值链环节和市场需求，精准识别利润分布与市场潜力，并评估产品或服务的市场价值。由于客户需求的动态性和无限性，企业必须持续探索市场需求，灵活调整商业模式，以便把握发展时机。

优秀的商业模式，首先关注的不是产品或服务能为企业带来多少收入，而是其能否为客户创造实际利益。商业模式能否被客户接受，关键在于是否契合客户价值。一个无法最大化客户价值的商业模式，即使短期内能够实现盈利，也难以持续；而一个能够真正实现客户价值最大化的商业模式，即使初期不盈利，也终将走向长期可持续的盈利轨道。这种以客户价值为核心的商业逻辑，是企业构建长期竞争力的关键所在。因此，创业者应将客户价值最大化作为企业始终追求的核心目标。

2. 价值创造

价值创造是通过系统性设计和资源整合，构建能够为客户创造价值的产品和服务。主要包括以下三个方面：

(1)价值网设计。企业通过设计价值网结构，明确价值网中包含哪些参与主体，并厘清不同参与主体在价值产生、分配、转移等方面的结构和关系。

(2)企业价值定位。企业需要明确自身在价值网中的位置。

(3)确定关键运营活动。企业需要构建能够创造价值的运营系统，确定进行价值创造的关键运营活动。

3. 价值传递

价值传递主要说明企业采用何种方式向客户传递价值，其内容主要包括渠道和品牌等方面。例如，当前很多企业在商业模式上的创新体现在电子商务渠道的创新上。

4. 价值获取

价值获取主要说明企业如何将服务及产品变现，即找到合理的收入来源。企业所有关于价值的活动都必须以价值获取为基础，因为很多看似美好的商业模式，往往因为缺乏合理而持续的收入来源而走向失败。

三、商业模式的类型

随着经济形势的不断变化和市场需求的差异化发展，众多企业不遗余力地进行商业模式创新，希望在激烈的市场竞争中占据先机。目前，无论是传统商业模式，还是新兴商业模式，都获得了飞速发展，商业模式的类型越来越丰富。以下对几种较为常见且成熟的商业模式进行介绍。

(一)传统商业模式

实体商业，又称传统商业，大街小巷随处可见，是绝大多数人熟悉的产业。传统商业模式是以实体商业为基础的商业模式，经过不断发展演变，可细分为以下几类。

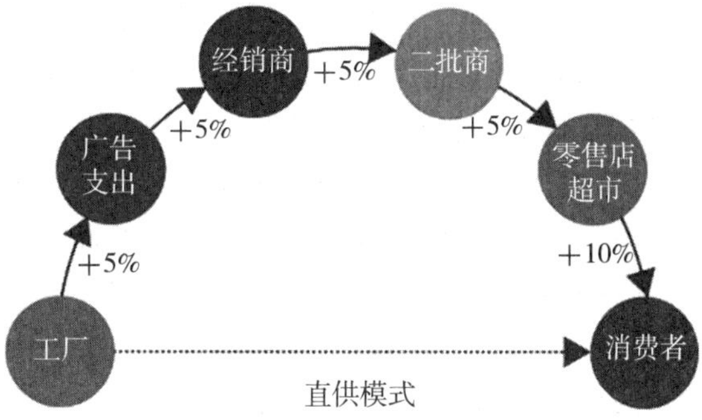

图 5-5　直供模式示意图

1. 直供模式

直供模式，即直销模式，是一种通过省去中间环节、减少流通成本，以最大化满足消费者利益的销售方式。这种模式通常适用于市场覆盖范围有限、产品价格较低或交易流程简单明确的领域，尤其适合实力雄厚的大企业。直供模式要求生产商具备高效的执行力、良好的现金流、稳固的市场基础以及快速的产品流通能力。在互联网时代，这种模式突破了地域限制，产品能够从厂家的生产车间直接送达全国各地的消费者手中，实现了高效、便捷的销售与交付。

创业榜样

医药企业大力发展直供专销

近年来，随着“两票制”(指药品从药厂卖到一级经销商开一次发票，从经销商卖到医院再开一次发票)等政策的落地实施和互联网技术的广泛应用，医药流通领域逐渐兴起了流通企业从上游医药制造企业购入产品后直接销售给终端渠道、产品仅经过一次流转的直供模式，有效减少了医药流通领域的中间环节、降低了消费者的用药成本。

湖南庆大医药集团股份有限公司(化名，以下简称“庆大医药”)以直供专销业务为主、零售连锁业务为补充，主要盈利来源于产品的购销差价。近年来，为进一步巩固直供专销业务的先发优势，庆大医药在上下游产业进行了相关布局。2018年11月，庆大医药通过设立子公司布局药品研发和药品批件的收购，以保障药品供应的稳定性；2020年1月，通过收购六通大药房布局医药零售，为下游客户打造医药零售标杆样板，更好地服务直供专销业务体系内的会员客户，巩固现有业务竞争壁垒；2021年11月，通过收购江上制药布局医药生产领域，为庆大医药业务向上游延伸发展奠定了基础。

(资料来源：中华网，有改动)

2. 总代理模式

总代理模式是一种生产商将产品销售授权给代理商的商业形式，代理商在特定区域和规定时间内拥有产品的独家销售权。这种模式在我国中小企业中被广泛应用，主要源于中小企业在发展过程中面临的两大核心挑战：一是销售渠道建设困难，中小企业通常难以在短时间内搭建起覆盖目标市场的销售网络，通过与代理商合作，企业可以借助代理商现有的渠道资源，快速进入市场；二是资金压力，中小企业普遍资金实力较弱，选择总代理模式可以在一定程度上利用代理商的资金支持，缓解自身的资金紧张问题。

在互联网时代，总代理模式也得到了新的发展。许多创业者通过获得生产商或品牌商的授权，在电商平台上开设网店，负责特定品牌的线上销售。这种模式不仅降低了传统渠道的成本，还借助互联网的广覆盖特性，帮助品牌快速触达更多消费者，同时也为创业者提供了灵活的创业机会。

3. 联销体模式

在总代理模式下，优秀的经销商成为一种稀缺的战略性资源，为了降低商业风险，很多有实力的经销商会选择与企业进行捆绑式合作，即生产商与经销商分别出资，共同成立联销体机构，这种模式既可以帮助经销商更好地控制市场风险，也可以保障生产商有一个稳定且高效的销售平台。

4. 仓储式模式

仓储式模式是一种以大规模仓储和直接面向消费者销售为特征的常见商业模式。许多品牌在面临渠道建设成本高昂、生产商竞争力减弱的现实情况下，会选择采用这种模式，通过优化价格策略来构建企业的核心竞争力。

与直供模式相比，仓储式模式在产品配送方式上与直供模式相似，即都是直接将产品送达消费者手中。然而，两者的本质区别在于运营主体和销售平台的不同。在直供模式中，生产商通常没有自己的实体店铺，而是依赖第三方平台进行产品销售，生产商向这些平台供货。而在仓储式模式下，生产商或品牌商拥有自己的仓储设施和销售平台，能够自主完成从产品存储到销售的全过程，直接面向消费者进行销售。这种模式不仅降低了对第三方平台的依赖，还增强了企业对销售环节的控制力，有助于提升客户体验和品牌形象。

5. 专卖式模式

专卖式模式是指企业通过品牌店专门销售自己的产品。随着国内市场的渠道终端资源日益稀缺，越来越多的企业选择专卖式模式。通常，选择专卖式模式的企业需要具备以下三种资源中的任意一种。

(1)品牌基础好。选择专卖式模式的企业一般具备很好的品牌基础，市场认知度高，产品受到消费者的追捧。

(2)产品线比较齐全。由于只专卖一个品牌，因此丰富的产品线是必不可少的。

(3)成熟的市场环境。在不够成熟的市场环境下，例如，在广大的农村市场，由于消费能力和市场集中度较低，专卖式模式可能较难建立起来。

专卖式模式与仓储式模式不同，仓储式模式以低价策略为核心，而专卖式模式则以品牌与高端形象为核心。

（二）新兴商业模式

随着社会的进步和电子商务的普及，传统商业模式正朝着改善供给端能力、重新定义需求、优化流转效率、推动商品虚拟化四个方面进行演化。在此过程中，逐步衍生出了非绑定式商业模式、长尾式商业模式、多边平台式商业模式、免费式商业模式和开放式商业模式等创新模式。

1. 非绑定式商业模式

采用非绑定式商业模式的企业，通常存在三种不同的基本业务类型，包括客户关系型业务、产品创新型业务和基础设施型业务。每种类型的业务都具有独特的经济驱动因素、竞争驱动因素和文化驱动因素。

对于企业而言，应专注于这三种业务类型中的某一种。如果企业同时拥有多种类型的业务，也应该做到彼此分离，以避免不同业务类型之间产生冲突和带来不利影响。这种基础业务类型之间的“分离性”，正是“非绑定式”商业模式的核心特征。

知识链接

小米的非绑定式商业模式

传统的科技企业竞争主要集中在硬件性能和技术创新上，但随着市场的变化，企业逐渐意识到品牌、客户关系和生态系统的重要性。小米公司正是通过采用非绑定式商业模式，将不同的业务类型拆分并独立运营，从而实现了快速成长，提升了市场竞争力。

小米的非绑定式商业模式主要分为以下三种业务类型：

客户关系型业务

小米将客户关系视为核心资产，通过打造强大的品牌和用户社群来增强用户黏性。小米之家不仅是线下的销售渠道，更是用户体验和售后服务的重要场所。通过线上线下的互动，小米能够更好地了解用户需求，进而提升品牌忠诚度。

产品创新型业务

小米专注于硬件和软件的创新，通过与全球顶尖供应商合作，推出高性价比的智能手机、智能家居设备等产品。小米的 MIUI 操作系统和智能硬件生态链，是其产品创新的重要体现。通过不断推出新产品和服务，小米能够满足用户多样化的需求。

基础设施型业务

小米将硬件生产、物流配送等基础设施型业务外包给专业的供应商和合作伙伴。例如，小米与富士康等代工厂合作，确保硬件生产的高效和稳定。这种外包模式不仅降低了小米的运营成本，还使其能够专注于核心业务。

通过非绑定式商业模式，小米将这三种业务类型拆分成相对独立但又相互联系的模块。这种模式使小米能够避免不同业务之间的冲突和不利影响，同时充分发挥各模块的专业优势，实现高效协同。

2. 长尾式商业模式

采用长尾式商业模式的企业，专注于为利基市场(即高度专门化的需求市场)提供产品，尽管每种产品的销量可能较少，但利润率和客户忠诚度很高。“长尾”这一概念最初是用来描述那些原来不受重视、销量小但种类多的产品或服务。由于这些产品或服务的种类极为丰富，其累积起来的总收益甚至可以超过主流产品的收益，如图 5-6 所示。在互联网领域，长尾效应尤为显著。

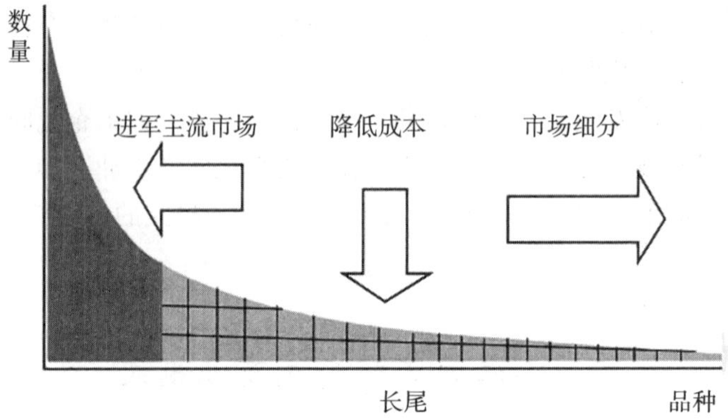

图 5-6　长尾理论模型

3. 多边平台式商业模式

多边平台式商业模式是一种通过搭建开放平台，将多个具有显著差异但彼此依存的客户群体连接在一起的商业架构。这种模式的核心在于为不同客户群体提供定制化的价值，同时通过平台的协同效应实现收入增长。采用这种模式的企业通常希望成为产业链的核心节点，通过整合资源、优化匹配效率，主导整个生态系统的发展。

4. 免费式商业模式

免费式商业模式是指企业至少使一类庞大的客户群体可以享受持续的免费服务。免费式商业模式包含以下三种类型。

(1)基于多边平台的免费服务：企业通过搭建网络，提供优质的、免费的内容、产品或服务，以此来吸引用户。在聚集大量用户的基础上，企业通过销售广告位来获得收入，典型的例子有新浪网、东方财富网等。

创业榜样

商业模式创新：羊毛出在牛身上，熊来买单

“电无忧”是一家专注于共享充电宝服务的创业公司。在市场竞争激烈、盈利模式单一的情况下，创始人李明意识到，仅靠租金收入难以实现快速增长。于是，

他开始探索新的商业模式，希望通过跨界合作拓展盈利渠道。

一、商业模式创新

“电无忧”与一家知名化妆品品牌“美丽坊”达成合作，通过共享充电宝的外壳投放广告，实现互利共赢。用户在使用充电宝时，扫描二维码可获得“美丽坊”提供的折扣券或小样，同时享受免费充电服务。这种模式不仅为“美丽坊”带来了品牌曝光和产品销量，还为“电无忧”增加了广告收入和用户黏性。

二、第三方合作

为了进一步降低成本，“电无忧”与一家广告印刷公司合作。印刷公司为“电无忧”提供免费的充电宝外壳印制服务，条件是获得部分广告位的使用权。这种合作模式不仅降低了“电无忧”的运营成本，还为印刷公司带来了新的业务机会。

三、多方共赢

这种“羊毛出在牛身上，熊来买单”的商业模式实现了多方共赢。

用户：享受到了免费充电服务和折扣优惠，提升了用户体验。

化妆品品牌“美丽坊”：通过广告和折扣券引流，增加了品牌曝光度和产品销量，同时通过小样吸引新客户，提高了用户转化率。

共享充电宝“电无忧”：通过广告收入和流量提升，增加了盈利渠道，降低了运营成本。

印刷公司：通过提供免费印制服务，获得了广告位使用权，拓展了业务范围。

（资料来源：知乎，有改动）

（2）基础服务免费，增值服务收费：企业为大量基础用户提供没有任何附加条件的免费商品或服务，而只有不超过10%的用户会购买收费的增值服务。企业通过付费用户群体所支付的费用来补贴免费用户，从而实现整体盈利。这种模式在众多的网络游戏中得到了广泛应用。

（3）诱钓模式：企业通过提供廉价的、有吸引力的甚至是免费的初始产品或服务，来促进用户对相关产品或服务的重复购买。

5. 开放式商业模式

开放式商业模式是一种通过与外部合作伙伴进行系统性协作，来创造和实现价值主张的商业架构。这种模式主要表现为两种形式：一种是“由外到内”，企业高度依赖外部资源的整合，通过引入外部能力来增强自身的竞争力；另一种是“由内到外”，企业将自身资源或能力开放给合作伙伴，通过共享实现价值的放大和扩展。例如，阿里巴巴集团通过建立网络交易平台，整合了买家、卖家和服务商等不同的外部资源；又如，腾讯公司旗下拥有大量的动漫和文学作品版权，通过将这些版权开放给其他文创公司，催生了许多优秀的改编影视作品、游戏和周边产品。

课堂活动

根据自己的经验，列举几个不同类型的企业，并说明它们的特点和商业模式，

填入表 5-1 中。(有条件的情况下可上网查找相关资料)

表 5-1　　不同类型企业的特点及商业模式

商业类型	企业(品牌)名称	特点	商业模式
电子商务类企业			
服务类企业			
科技类企业			

四、商业模式的设计

在探讨企业运营架构的理论体系时，多数学术模型将客户价值主张、收益创造机制、价值传导路径及可持续竞争优势列为关键模块，这些要素共同构成了商业系统的底层逻辑。现代企业的运营体系，本质上是一个围绕用户需求构建的价值循环系统，其运行机制通过需求识别、价值创造、成果交付和持续获益四个维度的有机联动，形成了一个以价值流动为核心的商业闭环。这种架构设计始终将价值维度作为贯穿各个运营环节的轴线，通过要素间的协同作用，实现商业生态的自我完善与持续发展。

(一)商业模式设计的基本要求

1. 定位要准

设计优秀商业模式的核心是找到一个差异化的细分目标市场，并为该市场提供具有独特优势的产品或服务。在定位目标市场时，创业者需要考虑以下六个基本问题。

(1)是否进行了差异化的市场分析?

(2)是否为目标市场和客户创造了价值?

(3)是否具有独特的市场定位?

(4)是否设计出了客户所需要的产品或服务?

(5)在设计产品或服务时，满足了客户哪些方面的需要?

(6)客户为什么愿意为产品或服务付费?

2. 市场要大

如果市场容量有限，无论创业者如何努力，产品和服务多么出色，企业的增长空间和发展潜力都可能受到严重制约。因此，良好的市场定位不仅需要精准识别目标客户，还需要选择一个增长迅速、规模可观且具有持续扩张潜力的市场。在判断目标市场时，需要关注以下问题。

(1)目标市场的规模是否足够大?

(2)市场是否能保证高速增长？

(3)市场的高速增长能持续多久？

3. 扩展要快

扩展速度快是很多企业在设计商业模式时容易忽略的标准。这里所说的扩展主要指收入来源的扩展，收入能否快速扩展是衡量商业模式是否优秀的关键因素。企业的收入规模往往取决于客户数量及平均客户贡献这两个因素，创业者要想使企业收入快速增长，就要设计能够快速增加付费客户数量或快速提高平均客户贡献的各种策略。在设计客户收入扩展策略时，需要思考以下问题。

(1)获取新客户的方法有哪些？

(2)获得新客户的难易程度有多大？

(3)定价策略是否有利于快速扩展客户？

(4)如何使产品或服务的利润最大化？

(5)客户是否会持续购买企业的产品或服务？

众多实践案例表明，能够迅速扩展客户群的商业模式将使企业保持高增长态势，其效果远超客户数量增长缓慢但平均客户贡献较高的商业模式。

4. 壁垒要高

优秀的商业模式必须紧密结合企业自身的优势，尤其是独特的优势，从而在目标市场上构筑起较高的竞争壁垒。如果一个市场虽然发展快速、规模大且持续增长，但缺乏进入壁垒，那么创业者将面临激烈的市场竞争，成功的希望就非常渺茫。很多企业在初期商业模式设计得非常好，但是发展到一定阶段后，即陷入激烈的市场竞争，原因就在于它们忽略了构筑竞争壁垒，导致其模式容易被其他企业模仿和赶超。关于竞争壁垒，创业者需要思考以下问题。

(1)在进入行业时，是否有竞争壁垒或准入门槛？

(2)企业有哪些优势是其他企业所不具备的？

(3)如何利用自身优势构筑竞争壁垒？

(4)如何构筑一条多方共赢的价值链？

(5)当市场上出现模仿者时，应如何应对？

5. 风险要低

设计商业模式的最后一个环节是综合评估企业可能面临的各种风险。在评估风险时，需要考虑以下几个问题。

(1)是否存在政策及法律风险？

(2)是否存在行业竞争风险？

(3)是否有潜在的替代品威胁？

(4)是否已经存在价值链龙头企业？

(5)是否存在行业监管风险？

上述问题都是设计商业模式时需要面对的关键问题，评估风险的最终目的是全面识别出所有可能的风险，并制订相应的策略，将风险总体上控制在合理的可控范围内。

在设计商业模式时，企业需要面对诸多问题，而评估风险是其中的关键环节。评估风险的核心目标是全面识别潜在风险，并制定有效的应对策略，从而将风险控制在合理范围内，确保企业运营的稳健性。

然而，商业模式设计涉及的内容远不止上述五个方面。企业必须根据自身情况，对市场环境、客户需求、竞争态势、资源配置等多方面因素进行全面分析，以构建一个具有竞争力和可持续性的商业模式。

此外，商业模式设计并非一成不变。在实际运营中，企业需要不断根据市场反馈、技术变革和政策调整等因素，对商业模式进行优化和修正。这可能涉及对业务流程的调整、价值主张的更新，甚至是思维方式的根本转变。只有通过持续地迭代和改进，商业模式才能逐步完善，以适应不断变化的市场环境。

(二)商业模式设计的工具

精益创业画布和商业模式画布是商业模式设计领域的重要工具，两者既有相似之处，也有很多不同。简单来说，精益创业画布对于希望找到突破口和切入点的初创企业而言更加有效，它能帮助企业构建从 0 到 1 的过程；而商业模式画布则更适合企业在商业模式上进行创新和发展，能帮助企业构建从 1 到 100 的过程。

对于初创企业而言，精益创业画布是一款非常优秀的工具，利用它可以清晰地梳理商业模式。以下是对精益创业画布的具体介绍。

1. 精益创业画布的基本要素

精益创业画布是商业模式画布的衍生物，主要聚焦于创业企业和创业者的需求。它沿用了商业模式画布的表达形式，在一张纸上画出 9 个方格，每个方格代表一个需要创业者填充的问题，将答案填入其中后，就形成了基本的精益创业画布，具体如图 5-7 所示。

(1)问题。问题即需求痛点，问题和目标客户的匹配是商业模式设计的基础。在明确将要服务的目标客户后，针对每个细分客户群体列出 1~3 个最大的痛点。例如，列出那些让目标客户感到不安、沮丧的痛点，再想想目标客户会在何时最迫切需要解决这些问题，创业者可据此寻找“让痛苦消失”的方案。

(2)客户细分。创业一定要从客户细分开始，因为没有任何企业能够满足所有客户的需求，创业企业要选择最能发挥自身优势的客户群体。只有对目标客户进行精准定位，推出的产品或服务才更具针对性，也更能符合目标客户的核心需求。

(3)独特价值定位。简单地说，就是用一句简短有力的话来描述自己和竞争对手的不同，这是商业模式设计中最重要也是最难的部分。寻找独特价值的最好方法就是从要解决的首要问题出发，或者针对重点用户的需求来设计。例如，京东商城除了采用自营模式保证产品品质，还通过自营物流打造优质的物流服务，因为物流问题是困扰消费者体验的核心问题之一。

(4)解决方案。在创业初期，大学生创业者可以利用有限的资源开发出最简可行产品(minimum viable product，MVP)，以此验证自己的想法。如果目标客户接受了最简可

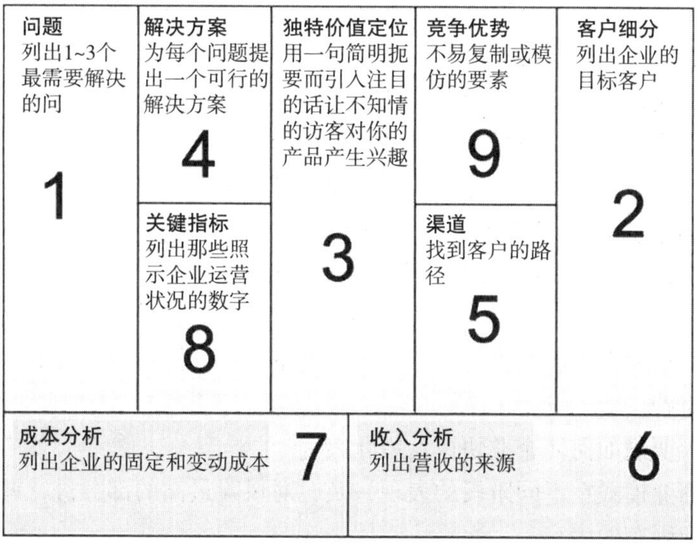

图 5-7　精益创业画布的基本要素

行产品，那就说明解决方案可行；反之，则需要重新挖掘目标客户的核心需求，针对每个需求痛点，重新思考能够提供的最简单的解决方案。

(5)渠道。在创业初期，任何能把产品推销给消费者的渠道都可加以利用。大学生创业者可选的渠道包括 4 种，即内联式渠道(引导消费者找到产品，如搜索引擎、微博等)、外联式渠道(让产品接触客户，如展销会、地推等)、发展种子用户(亲自向熟人或亲友推广产品)、发展口碑用户(利用免费试用等形式，让产品或服务说服用户)。

(6)收入分析。大学生创业者需要在合适的时机通过不同的方式让目标客户付费，以此验证企业收入模式的可行性。目前初创企业的主要收入模式有赚取销售产品的差价、广告费、服务费等。

(7)成本分析。大学生创业者在进行成本分析时，应重点关注产品的生产成本，然后将收入和成本结合起来分析，计算出一个盈亏平衡点。通过这一分析，可以预估实现盈亏平衡所需的时间、资金和精力，从而检验商业模式是否可行。

(8)关键指标。无论是何种类型的企业，一般都能找到几个关键指标(如图 5-9)来评估企业的经营状况。这些指标不仅能衡量企业的发展情况，也有助于找出客户生命周期中的重要时段。

(9)竞争优势(也称门槛优势)。构建竞争优势的方法有两种，一是隐藏与领先策略。先让对手看不见、看不起、看不懂，然后让对手学不会、拦不住、赶不上；二是颠覆式创新。把贵的变便宜，把收费的变免费，把复杂的变简单等。

2. 制作精益创业画布的步骤

(1)初步绘制画布。在编写初步计划时，大学生创业者不要刻意追求提供最佳的问题解决方案，而是要试着形成一整套完整的商业模式，并确保在该模式下所有元素都能够相互配合。编写初步计划的要点如下。

①起草1张画布，花费在第1版画布上的时间最好不要超过15分钟。

②画布中有部分内容空着也没关系，不必强求一步到位。

③文字要简明扼要，将商业模式的核心部分提炼出来。

④根据自身实际条件，设想先测试哪一部分的想法。

⑤仅调整一下客户群体，商业模式就可能会发生极大的变化。

(2)调整与优化画布。有学者认为创业可分为3个阶段。

第一阶段：核心是对要解决的问题(消费者未满足的需求)提出一套最精简的应对方案(满足该需求的产品或服务)，也就是设计最简可行产品。

第二阶段：检验企业所提供的产品或服务是不是目标客户所需要的，客户是否愿意为产品或服务付费。

第三阶段：明确如何使企业快速发展壮大。

通过验证商业模式在不同阶段的表现，及时对风险最高的部分进行调整和优化，逐步完善精益创业画布的内容。

(3)测试画布。对商业模式的各个环节进行参与式观察或市场调研，有效测试该商业模式的可行性。

课堂活动

(1)根据之前的创业设想，按照精益创业画布各元素的要求，提炼并制作自己的精益创业画布，将具体内容填写在图5-8中。

(2)考察与分析图5-8中的相关内容，完善和改进商业模式。

<table>
<tr><td rowspan="2">1. 问题</td><td>4. 解决方案</td><td rowspan="2">3. 独特价值定位</td><td>9. 竞争优势</td><td rowspan="2">2. 消费者细分</td></tr>
<tr><td>8. 关键指标</td><td>5. 渠道</td></tr>
<tr><td colspan="3">7. 成本分析</td><td colspan="2">6. 收入分析</td></tr>
</table>

图5-8　我的精益创业画布

第三节　创业计划书

《礼记·中庸》有云："凡事豫则立，不豫则废。"其中，"豫"通"预"，意指事先做好规划与准备。此句深刻揭示了事前准备对于成功的重要性：凡事先有周密计划，则能立足稳固；反之，若无充分准备，则易功败垂成。

对于大学生创业者而言，撰写一份高质量的创业计划书是其必须掌握的关键技能。创业计划书不仅是对创业项目的系统性规划，更是创业者对市场、技术、管理等多方面因素进行深入分析与预判的集中体现。它能够帮助创业者明确目标、梳理思路、整合资源，并在面对复杂多变的市场环境时，提供清晰的行动指南和决策依据。因此，掌握创业计划书的撰写能力，不仅是大学生创业者实现商业目标的基础，更是其在创业过程中规避风险、提升成功率的重要保障。

图 5-9　图片来源—湖北省广播电视台

一、创业计划书的概念与结构

（一）创业计划书的概念

创业计划书（Business Plan）是创业者对创业项目进行全面规划和系统性阐述的书面文件，是创业过程中不可或缺的核心指导性文件。它不仅是创业者对自身商业构想的深度梳理，也是向投资者、合作伙伴、员工等利益相关者展示项目潜力和实施路径的重要工具。一份高质量的创业计划书能够清晰阐述创业项目的愿景、目标、市场定位、产品或服务、商业模式、运营策略、财务规划以及风险评估等内容，为创业项目的成功实施奠定坚实基础。

创业计划书不仅是创业者获得投资、打开创业之门的钥匙，更是创业者或创业团队仔细梳理创业思路的过程。通过撰写创业计划书，创业者能够系统地考虑创业活动的方方面面，包括但不限于：针对创业过程中可能遇到的困难和风险，制订可行性对策；进一步发现并分析商机，寻求取得成功的最佳途径；更加仔细地考量创业伙伴，努力打造一个高效协作的精英团队；提前规划未来的财务安排，合理利用有限的资源等。

(二)创业计划书的结构

1. 封面

封面也称“标题页”，一般应包含以下内容。

(1)编号。

(2)保密等级：标明保密程度，如秘密(机密或绝密)。

(3)标题：×××公司(或×××项目)创业计划书。

(4)落款：公司名称或创业团队名称。

(5)时间：具体日期，如××××年××月××日。

其中，标题应体现核心主题，使人一目了然；保密等级和编号则体现了计划书的规范性和管理的严谨性。

知识链接

封面的设计

封面是创业计划书的“脸面”，如同大学生的求职简历，它最先呈现在投资人面前，因此一定要有独特的风格。创业计划书的封面重在设计，要求设计者具有一定的审美能力和艺术天赋。封面一般以简约、明确为主，忌晦涩怪异。例如，图5-10所示的创业计划书封面既突出了创业主题，又具有一定的艺术性，能使阅读者产生最初的好感，形成良好的第一印象。此外，最好为创业计划书制作硬质封面或增加塑料封皮，以体现创业者对项目和阅读者的重视。

图5-10　某公司创业计划书封面

2. 扉页

扉页主要由上下两部分内容构成。上半部分提出保密要求，或者展示创业者或创业项目的相关情况简介，以便阅读者对项目进行初步了解，这些内容可根据具体情况进行适当修改或删除，有时也可省略不写；下半部分则要写明创业者的联系方式，如团队名称、负责人或联系人的姓名、电话、传真、地址等信息，以便阅读者（投资人、合作者）核实情况并及时与创业者取得联系。

3. 目录

目录用于展示创业计划书中的章节名称及其对应的页码，目的是让阅读者能够快速了解创业计划书的整体结构与内容，并根据目录页码查阅相应内容。下面是《淘宝书店创业计划书》目录的部分内容。

目　录

4. 正文

正文是创业计划书的主要内容，通常包括摘要、主体和结论三个部分。

（1）摘要。摘要一般列在正文的最前面，涵盖了创业计划书的要点，能让阅读者在最短的时间内评审计划书的内容并做出判断。摘要通常包括以下内容：企业的基本情况、竞争能力、市场地位、营销策略、管理策略、财务计划、资金需求、创业项目的投资前景及风险预测等。

摘要是对整个创业计划书的精华总结，通常在完成创业计划书的主体内容后编写，篇幅控制在 1~2 页即可。

知识链接

编写摘要时应回答的关键问题

鉴于摘要在创业计划书中的重要地位，编写时一定要简明生动、精练贴切，以便投资人在其中发现闪光点。一般来讲，编写摘要时应回答下列关键问题。

第一组问题

创意的由来和存在的理由是什么？

理念是什么？

能准确客观地描述目标市场吗？了解目标市场吗？

能给目标客户带来什么价值？他们为什么接受你的产品或服务？

产品或服务的市场占有份额和每年的收益增长率预计是多少？

最大的竞争者是谁？将如何应对？

第二组问题

预计需要多少资金？打算怎么安排资金？

销售额、成本及利润情况如何？

使用何种分销渠道？

核心能力是什么？

盈亏平衡点的时间是什么时候？

有专利吗？如何保护它？

第三组问题

团队能胜任这个项目吗？为什么？

如何为团队成员分工？

有行动时间安排表吗？

为什么你是创业带头人？能胜任吗？

(2)主体。主体是对摘要内容的具体展开和深化。为了让投资人能够一目了然，这部分一般采用章节的形式逐一进行描述，内容包括企业介绍、市场分析、产品或服务介绍、人员及组织结构说明、市场预测、营销策略、生产计划、财务规划和风险分析等。

(3)结论。结论是对整个创业计划书内容的总结和概括，与摘要首尾呼应，体现了计划书的完整性。

5. 附录

附录是对主体部分的补充。受篇幅限制，不宜在主体部分过多描述和详细展示的内容，或者需要提供参考资料、数据的内容，一般放在附录部分，以供参考。附录有附件、附图和附表三种形式，主要内容如下。

(1)产品的相关资料，如产品目录、产品说明书及相关资料、产品专利相关资料、宣传资料等。

(2)生产、技术和服务的相关资料，如设备清单、工艺流程图、技术图纸与方案等。

(3)市场营销的相关资料，如主要客户名单、主要供应商和经销商名单、市场调查和预测资料等。

(4)财务相关资料，如各种财务报表、现金流量预测表、资产负债预测表、公司利润预测表等。

二、创业计划书的撰写要点

撰写创业计划书是将创业想法具体化、系统化的关键步骤，对于任何创业者来说，都是一项至关重要的任务。这一过程不仅有助于创业者清晰地规划商业活动，确保每个环节都经过深思熟虑，而且也是吸引投资者和合作伙伴的重要工具。一份精心编写的创业计划书能够向潜在投资者展示商业理念的可行性、盈利潜力以及对市场的深刻理解，从而增加他们对项目的信心和投资意愿。

此外，创业计划书还能作为创业者的“路线图”，指导日常的经营决策和长期的战略规划。它帮助创业者识别和评估潜在风险，制定应对策略，从而在商业实践中更加稳健地前行。同时，创业计划书也是内部管理的重要参考，为团队成员提供了共同的目标和行动指南，确保团队朝着同一个方向努力。

(一)企业介绍

撰写企业介绍的目的是让投资人快速了解企业。企业介绍应涵盖以下内容：企业基本概况(包括企业名称、组织形式、注册地址、联系方式等)，发展历史与现状，产品或服务，未来发展规划和目标等。

(二)市场分析

1. 目标市场分析

“目标市场”的概念由美国著名市场营销学者麦卡锡系统阐述并推广。他主张根据消费者的特征将整个潜在市场细分成若干部分，并根据产品本身的特性选定其中的部分消费者作为一个特定的群体，即目标市场。例如，手机市场中存在多个不同的消费群体：时尚人士青睐外观精巧、功能先进的手机，商务人士喜欢具备多样化商务功能的手机；学生群体则追求外观时尚、性价比高的手机。

分析目标市场时，通常需要回答以下问题。

(1)细分市场是什么？

(2)目标市场的规模有多大？

(3)预计能获得的市场份额是多少？

(4)目标客户群是哪些或哪类人？

(5)未来5年生产计划、收入和利润分别是多少？

(6)针对目标市场的营销策略是什么？

详细的目标市场分析能够帮助投资人判断企业目标的合理程度及他们要承担的风险大小。在分析目标市场时，创业者需要阐明：企业处在一个足够大、发展前景非常广阔且自身具备较强竞争能力的市场。

2. 行业分析

行业分析是创业计划书的重要组成部分，它是创业者梳理商业逻辑的基础，更是向投资者和合作伙伴展示项目可行性的关键。通过对市场规模、增长潜力、政策环境、技术趋势和竞争态势的系统性研究，创业者可以识别行业中的机会与挑战，并据此制定针对性的战略规划。这种基于数据和事实的分析，能够帮助创业者避免盲目决策，同时增强项目在资本市场中的吸引力。

具体来说，分析行业时通常要回答以下问题。

(1)该行业的现状：处于萌芽期还是成熟期？发展到了何种程度？总销售额是多少？总收益如何？

(2)该行业的发展趋势：未来走向如何？

(3)该行业的所有利益相关者概况：竞争者、消费者、供应商、销售渠道等。

(4)该行业的影响因素：政策导向、社会文化环境、竞争者的现状、行业壁垒等。

3. 竞争对手分析

如今，各行各业的竞争都在加剧，很难在市场上找到一个没有任何竞争对手的行业。竞争对手通常是这样一类企业：它们在市场上提供与自身企业相同或类似的产品或服务，并且在配置和使用市场资源的过程中与自身企业具有一定的竞争性。如何打败竞争对手，从而在竞争中胜出是每个创业者都需要考虑的问题。

分析竞争对手时，通常要回答以下问题。

(1)竞争对手有哪些？最大的竞争对手是谁？

(2)竞争对手的优势有哪些？有什么新动向？

(3)自己在竞争中具备哪些优势和劣势？如何发挥优势？如何消除劣势？

(4)能否承受竞争所带来的压力？

(5)采取什么策略战胜竞争对手？

(三)产品或服务介绍

在创业计划书中，产品或服务的介绍是核心内容之一。尤其在投资项目评估过程中，投资人最关注的，往往是创业项目的产品或服务能否切实解决现实问题，以及在多大程度上能够满足客户需求、赢得市场认可。因此，产品或服务的阐述，不仅需要清晰地展示其功能和价值，还需要结合市场需求和客户痛点，说明其独特性和市场潜力。

产品或服务介绍通常包括产品或服务的概念与特性、市场竞争力、研发过程、市场前景、品牌和专利情况等方面。在介绍产品或服务时，通常要回答以下问题。

(1)客户能够从企业的产品或服务中得到什么？

(2)与竞争对手相比，企业提供的产品或服务有哪些优势与劣势？企业采取何种办法取长补短？

(3)企业拥有哪些专利与许可？企业为自己的产品或服务采取了哪些保护措施？

(4)企业对新产品或新服务有何规划？

(5)企业的产品或服务定价为何能给企业带来长久利润？

(6)产品或服务如何拥有稳定的客户群？若客户群一旦缺失，企业该如何应对？

产品或服务介绍应做到准确、详细、通俗易懂，最好附上产品原型、照片或其他相关资料，以便非专业领域的投资人阅读和理解。需要注意的是，创业者在创业之初往往会对自己提供的产品或服务充满信心，因此在撰写创业计划书时，难免会使用许多赞美之词。但是，企业的承诺必须兑现，否则将不利于与投资人建立长期合作伙伴关系，甚至会影响创业项目与创业团队的声誉。因此，对产品或服务的介绍一定要实事求是，切勿夸大其词。

(四)人员及组织结构说明

1. 团队成员介绍

在创业计划书中，对主要管理人员和核心团队成员的介绍至关重要。介绍内容包括详细经历及教育背景、所具有的能力、所担任的职务和承担的责任等。

对于核心团队成员，应详细介绍其教育背景、工作经验、专业技能、所担任的职务以及在项目中的具体职责。例如，创始人兼 CEO，拥有××大学工商管理硕士学位，曾在××知名企业担任高级管理职务，具有丰富的战略规划和运营管理经验。负责公司整体战略规划和日常运营管理。

2. 人员组织结构

在介绍人员组织结构时，应包括以下内容：企业的组织结构图；各部门的功能与职责；各部门的负责人及主要成员；企业的股东名单，包括认股权、持股比例和特权；企业股东的背景资料，等等。

(五)市场预测

在创业计划书中，市场预测是创业团队对新产品或服务市场前景的关键评估环节。创业者需要通过科学的方法，对影响市场供需变化的多种因素进行深入调查研究，分析并预测其发展趋势，掌握市场变化规律，从而为经营决策提供可靠依据。由于市场环境复杂多变，创业者在进行市场预测时，必须避免主观臆断，而应通过广泛收集信息和运用严谨的调查手段，确保预测的准确性。市场预测的内容通常包括市场现状综述、市场需求预测、竞争对手概况、目标客户和目标市场、企业产品的市场地位等。这些内容能够帮助创业者全面了解市场环境，明确产品或服务的市场潜力。

在编写市场预测时，创业者应特别关注市场需求和竞争预测。首先，需要对产品或服务的需求进行深入分析，例如，市场是否真正需要这种产品或服务？需求的强度和规模能否带来预期收益？市场增长潜力如何？哪些因素可能影响需求的变化？等等。其次，应对市场竞争情况进行预测，例如，市场中的主要竞争者有哪些？企业预计能获得多大的市场份额？进入市场后，竞争对手可能做出何种反应？这些反应将如何影响企业的市场策略和盈利能力？等等。通过细致的市场预测，创业者不仅能够清晰地展示对市场的深刻理解，还能为投资者和合作伙伴树立信心，证明项目具有明确的市场机会和可行的商业前景。这种基于数据和分析的预测，是创业计划书中不可或缺的一部分，也是项目成功的基础。

(六)营销策略

营销策略是企业以客户需求为核心，系统地规划和组织各项经营活动，通过协调一致的产品、渠道、价格和促销策略，为客户提供满意的产品或服务。它不仅关注产品本身，还涉及品牌建设、市场拓展和客户关系维护，旨在实现企业的长期发展目标。

在创业计划书中，营销策略的内容通常包括以下几个方面：

品牌与包装：塑造独特的品牌形象，设计吸引人的产品包装。

市场结构与渠道选择：确定目标市场，选择合适的销售渠道。

营销团队建设与管理：组建并管理高效的营销团队。

价格策略：制定合理的价格体系，平衡成本与利润。

促销计划与广告策略：设计促销活动，制订广告宣传计划。

企业的营销策略会随着发展阶段的不同而有所调整。对于创业企业而言，由于产品和企业的知名度较低，通常难以进入已被其他企业占据的成熟销售渠道。因此，创业企业往往需要采取更具灵活性和创造性的营销策略，以快速打开市场并积累客户基础。

常见的创业企业营销策略包括：

上门推销：直接与潜在客户接触，建立信任关系。

广告宣传：通过社交媒体、线下广告等多种渠道提升品牌知名度。

促销活动：举办限时折扣、赠品等促销活动，吸引客户尝试产品。

渠道让利：向批发商和零售商提供优惠，鼓励其销售产品。

寻找经销商：与经销商合作，借助其渠道资源快速铺货。

这些策略虽然在短期内可能会带来较低的利润，导致成本较高，但有助于企业在市场中立足，并逐步提升品牌知名度和市场份额。

知识链接

编写营销策略时应回答的关键问题

第一组问题

产品的出厂价格是多少？

希望最终的销售价格是多少？

能控制最终价格吗？

定价的依据是什么？

在商品的定价中，利润占多少？

定价是合理的吗？为什么？

定价和营销策略是一致的吗？
如何应对市场价格混乱？
知识链接
编写营销策略时应回答的关键问题

第二组问题

目标客户中，哪些是最容易获取的？
有多少条销售渠道？各渠道的优劣情况如何？
在哪里可以买到产品？
通过哪些分销渠道来分别接近哪些目标客户？
如何让目标客户注意到产品？
如何与目标客户进行沟通？
有能够倾听客户心声的渠道吗？
如何争取第一批客户？
知识链接
编写营销策略时应回答的关键问题
如何抢在竞争对手之前迅速占领市场？
如何控制销售渠道？
如何管理一线推销员？
有广告计划吗？

第三组问题

一线推销员是如何体现企业形象的？
广告内容和企业理念是一致的吗？
产品设计反映客户价值了吗？

(七)生产计划

在创业计划书中，生产计划部分是企业对生产任务进行统筹规划的重要体现，其核心在于明确产品生产的品种、数量、质量及进度安排。对于不涉及实体产品生产的企业，可通过制定相应的经营计划来替代。生产计划的编制，旨在向投资人清晰展示企业的产品研发进度、生产运营状况以及资金需求情况，从而增强投资人对项目可行性和企业运营能力的信心。

生产计划的内容应涵盖以下几个关键方面：第一，介绍厂房的基本情况，包括地理位置、基础设施配置以及相关设施的完备程度；第二，详细说明产品制造设备的现状，包括设备的种类、数量、技术水平及维护状况；第三，阐述生产流程及其关键环节，明确各环节的操作步骤、技术要求及质量控制点；第四，制定新产品投产计划，明确新产品从研发到量产的时间节点和资源需求；第五，进行生产经营成本分析，包括原材料采购成本、生产加工成本、设备折旧费用等；第六，制定质量控制和改进计划，明确质量控制的标准、方法及持续改进的措施和能力。

在编写生产计划时，创业者应特别关注生产制造流程中的关键环节，清晰说明生产部门的基本运营周期及各阶段的时间间隔。对于季节性生产任务，应详细解释其对生产计划的影响及相应的应对策略。同时，还需对生产过程中可能遇到的问题进行预判，并提出切实可行的解决方案，以确保生产活动的顺利进行和企业运营的稳定性。通过详尽的生产计划，创业者不仅能够展示企业对生产运营的全面掌控能力，还能为投资人提供关于企业运营效率和成本控制能力的有力证明。

(八)财务规划

财务规划是企业筹资计划、财务管理、投资计划的统称。一份优秀的财务规划，可以帮助企业降低经营风险，提升企业的风险评估价值，并增加企业获取资金的可能性。在创业计划书中，财务规划应包括创业计划的条件假设、预计的资产负债表、预计的损益表、现金收支分析、资金的来源和使用等。制订财务规划，先需要明确创业企业的远景规划，即企业是为一个新市场创造一款新产品，还是将产品推入已有市场。

对于从事新技术或新产品的创业企业，由于缺乏可供参考的现有市场数据，创业者需要自行预测新市场的成长速度和潜在收益，并向投资人解读相应的财务模型。而对于已有市场的创业企业，创业者则可以在获得目标市场相关信息的基础上，对近几年的财务管理进行规划。

要完成一份科学合理的财务规划，创业者必须明确以下关键问题。

(1)产品在每一个周期内的销售量是多少？

(2)什么时候开始扩展产品线？

(3)每件产品的生产成本是多少？

(4)每件产品的定价是多少？

(5)使用什么分销渠道？所预期的成本和利润各是多少？

(6)哪些职位需要雇用人员？何时开始雇用？工资预算是多少？

创业者在编写财务规划时，应确保其和创业计划书中的假设一致。事实上，财务规划和企业的生产计划、人力资源计划、营销计划等都是密不可分的。

(九)风险分析

没有风险分析的创业计划书是不完整的。创业本身就带有一定的冒险性，而创业过程中的风险通常让人始料不及。因此，风险分析不仅能消除投资人的疑虑，让他们对企业有全方位的了解，还能体现管理团队对市场的洞察力和解决问题的能力。在编写风险分析时，创业者可以从以下几个方面进行阐述。

(1)市场风险。市场风险包括销售中未知的因素、竞争中难以预料的方面、客户的不同需求与反馈等。

(2)技术风险。技术风险主要是指产品研发和生产中的困境，如技术力量不足、研发不到位、员工熟练程度不高、研发资金短缺等。

(3)资金风险。创业者需要阐明可能出现的资金周转不畅和资金断流等问题，并说明如果企业遭遇清算，可能产生的后果，以及有无偿还债务的能力。

(4)管理风险。创业者要实事求是，不能刻意隐瞒管理方面的缺陷和漏洞，要如实反映情况，如团队人手不足、管理经验欠缺、资源匮乏等。

(5)其他风险。企业的其他风险还包括政策的不确定性、经营中的突发状况、财务上的不确定因素等，都可以归入此类。

创业者应对市场、技术、资金、管理等各方面的风险进行分析，并将这些风险及相应的解决方案在创业计划书中清晰地反映出来。风险并不可怕，可怕的是没有应对风险的能力与对策。主动识别和应对风险会极大地增加企业的信誉，使投资人更有信心。

三、创业计划书的评估

创业计划书的评估是一个对计划进行全面分析、评价其可行性、实用性和吸引力的过程。它通常涉及对计划书中的各个组成部分进行详细审查，以确定计划的强弱点，并为创业者提供改进建议。以下是评估创业计划书时可以考虑的几个关键方面：

(一)摘要的有效性

评估标准：摘要是否简洁明了地概括了整个计划书的核心内容？

改进建议：如果摘要过于冗长或缺乏关键信息，应对其进行简化和优化。

(二)公司描述的清晰度

评估标准：公司描述是否清晰、准确地阐述了公司的使命、愿景和长期目标？

改进建议：如果公司描述模糊不清，应进一步明确公司的核心业务、市场定位和发展方向。

(三)市场分析的深度

评估标准：市场分析是否全面，包括对目标市场、客户群体和竞争对手的深入研究？

改进建议：如果市场分析不够深入，应补充更多的市场数据，并进行科学分析。

(四)组织结构和管理团队的实力

评估标准：管理团队是否具有实现公司目标所需的经验和技能？

改进建议：如果管理团队经验不足，应考虑引入更多具有相关经验的成员。

(五)产品或服务的创新性和竞争力

评估标准：产品或服务是否具有创新性，能否满足市场需求？

改进建议：如果产品或服务缺乏竞争力，应考虑改进产品特性或调整市场定位。

(六)营销和销售策略的可行性

评估标准：营销和销售策略是否切实可行，能否有效吸引和留住客户？
改进建议：如果策略不够具体或执行难度较大，应进一步细化和优化策略。

(七)资金需求的合理性

评估标准：资金需求是否合理，能否有效支持公司的运营和发展？
改进建议：如果资金需求过高或不合理，应重新评估预算和资金使用计划。

(八)财务规划的准确性

评估标准：财务规划是否准确，包括收入预测、成本控制和盈利能力分析？
改进建议：如果财务规划不够准确或缺乏可行性，应重新进行财务预测和分析。

(九)附录的完整性

评估标准：附录是否提供了足够的支持性文件和信息？
改进建议：如果附录信息不足，应补充更多相关的数据、报告和文档。

创业榜样

湖南玖草生物科技有限公司的创业成功之路

湖南玖草生物科技有限公司的创始人汪历凭借一份精心撰写的创业计划书，成功获得了500万元的投资。汪历是一位“80后”技术男，曾在国企工作，但不安于现状的他决定辞职创业。2015年，他敏锐地察觉到健康养生电商市场的潜力，决定创办湖南玖草生物科技有限公司。创业初期，汪历投入大量时间和精力撰写创业计划书，详细阐述了公司的商业模式、市场定位、产品规划以及未来的发展战略。这份计划书不仅展示了他对市场的深刻洞察，还体现了他对创业项目的清晰规划和坚定信心。

在创业计划书中，汪历深入分析了健康养生市场的现状与趋势，指出随着人口老龄化、环境污染加剧以及生活节奏加快，人们对健康养生的需求日益增长。然而，当时的保健品行业在电商垂直细分领域尚未形成规模，市场潜力巨大。基于此，他提出采用C2B互联网众筹模式，消费者通过平台预购产品，公司根据需求集中采购并定制化生产。这种模式不仅降低了库存风险，还能缓解生产资金压力。同时，汪历在计划书中强调了公司的技术背景和产品创新，将互联网技术与养生理念相结合，开发出一系列具有竞争力的养生产品。

汪历的创业计划书最终打动了投资人，关键在于其清晰的市场定位、创新的商业模式、翔实的数据支持以及团队的专业性。计划书中精准地定位了健康养生电商市场的空白点，展示了巨大的市场潜力。C2B众筹模式为投资人带来了全新的视角，展示了项目的独特性和竞争力。同时，汪历提供了丰富的市场调研数据和财务预测，增强了投资人对项目的信心。此外，投资人对团队的专业背景和执行能力给予了高度评价，认为这是项目成功的关键。

凭借这500万元的投资，湖南玖草生物科技有限公司迅速启动了第一代产品的众筹计划，并在短时间内获得了市场的认可。首批认筹的消费者不仅获得了实惠的产品，还成为公司的合伙人，这种模式进一步增强了用户黏性和市场影响力。汪历的成功案例表明，一份高质量的创业计划书是吸引投资的关键。创业者需要在计划书中清晰地展示市场定位、商业模式、产品优势以及团队能力，同时提供翔实的数据支持和合理的财务规划。汪历的经历告诉我们，在竞争激烈的市场环境中，只要能够精准把握市场需求，并提供创新的解决方案，就有可能获得投资人的青睐，实现创业梦想。

（资料来源：中国创业网，有改动）

课堂活动

基于前面确定的企业构思撰写一份创业计划书。创业计划书必须包含封面、计划摘要和正文主体。创业计划书的正文主体内容必须包含以下几点。

(1)企业概况。

(2)市场分析。

(3)产品或服务介绍。

(4)组织结构。

(5)营销策略。

(6)财务规划。

(7)风险分析。

（资料来源：知乎，有改动）

第四节 项目路演

一份合理且有效的创业计划书推介，能够帮助创业者避免不必要的弯路，高效地利用时间和精力，快速找到与项目匹配的投资人。而项目路演，无疑是实现这一目标的重要途径之一。

在路演过程中，创业者可以通过生动、直观的方式，全方位展示自己的商业构想，增强投资人对项目的信心，从而推动项目顺利获得投资支持。

一、项目路演的概念与要素

(一)项目路演的概念

项目路演，是一种在公开场合通过讲解、产品展示和理念阐述等方式，向潜在投资者展示企业、团队、产品和创意的推广活动。它能帮助投资者更清晰地理解创业项目的核心价值，从而做出更准确的投资决策。

项目路演的主要优势在于能够吸引多位投资者同时参与。这种方式不仅让投资者能集中听取创业者的详细介绍，还能促进他们在聆听过程中进行深入的思考，并展开交流互动。通常，项目路演以推介会的形式开展，创业者需要在会上全面介绍企业的核心产品、发展战略、盈利模式等关键信息，充分展现项目的投资潜力。同时，创业者还需能够精准回应投资者的关切，解答他们的疑问，确保投资者对项目有全面且深入的了解。

(二)项目路演的要素

无论是线上还是线下开展，项目路演的最终目的都是实现创业者和投资人双方的高效对接。在项目路演前，创业者需要事先做好充分准备，以向投资人充分展示企业的产品或服务。要想项目路演取得成功，创业者需要合理处理以下五大关键要素。

1. 有一个大愿景

创业者需要向投资人展示一个吸引人的大愿景，明确告诉他们企业未来的发展方向。通常来说，首次创业的人往往设定的愿景较小，但要想成功，应尽可能将其合理放大，并使其更具吸引力。

在表达愿景时，创业者可能会感到紧张或不安，这是人之常情，但此时应尽量表现出自信、热情的精神面貌。

2. 详细解释如何使用投资

当投资人决定出资时，通常会询问创业者如何使用这笔投资。此时，创业者需要提供一个详细的财务规划，时间跨度至少应涵盖未来 3 年。规划中应包含企业的运营成本、收入增长率、利润等关键指标。

创业者还需要了解不同部门的资金使用情况，以及每个创业项目的具体资金需求。如果创业者已经制定了一个可预知投资回报率的营销策略，也需要详细地向投资人陈述。

3. 展示竞争力

无论创业项目的产品或服务是否已经产生收入，创业者都需要在项目路演中展示其竞争力。如果项目已经产生收入且发展迅速，应在路演中突出展示。如果暂时还未达到这一阶段，创业者可以选择展示一个最具发展潜力的业务指标，如用户总量、访问总量等。

4. 展示团队的力量

创业者在路演时，至少要用一页 PPT 来介绍创业团队，突出团队的与众不同之处。可以对团队中的创始人进行简单介绍，包括其工作履历和具体的工作内容。投资人很清楚，一个强大的团队通常会推出优秀的产品和品牌，并最终赢得市场。如果创业者拥有一个强大的团队，应毫不犹豫地展示出来，同时也不要刻意回避团队的不足之处。

5. 展示解决痛点的能力

出色的项目路演大多是围绕某个行业痛点展开的。创业者应首先描述该痛点，再给出切实可行的解决方案。在项目路演中，创业者要准确表述自己的产品或服务是如何解决这一行业痛点的。

二、项目路演需要准备的资料

(一) 梳理路演内容

创业者应提前梳理路演内容，确保心中所想与口头表述一致，避免忘词或表述混乱的情况发生。具体步骤如下：

提炼核心信息：明确项目的核心价值、痛点解决、竞争优势、财务规划和行动呼吁。

制作详细台本：按照路演的逻辑顺序，将核心信息整理成一份完整的演讲稿，内容涵盖开场白、主体内容和结尾三个部分。

准备简洁版本：考虑到路演时间可能存在限制，可准备不同长度的讲稿，并突出重点内容。

1. 根据路演时长准备台本

项目路演时长通常在 10 分钟到 2 小时。创业者应根据不同时长准备相应的文本，确保内容精简且重点突出：

10 分钟版本：聚焦项目的核心价值、痛点解决和竞争优势，避免过多细节。

20 分钟版本：完整介绍项目背景、痛点、解决方案、市场分析、商业模式、团队和未来规划。

60 分钟版本：深度讲解项目的技术细节、市场调研、财务模型和未来战略。

2 小时版本：全面展示项目的所有细节，包括技术架构、市场策略、财务规划和未来愿景。

2. 根据项目路演结构撰写演讲内容

一般项目路演可以分为项目介绍和项目展示两大部分，在项目介绍部分，可用 3 句话阐述项目：(1) 说明项目是做什么的；(2) 阐述市场有多大；(3) 说明项目的增长潜力究竟有多大。

在项目展示部分，演讲者应围绕项目，详细阐明其解决的行业痛点、竞争优势、团队成员介绍及融资需求等内容。

3. 梳理演讲内容并标注重点

对演讲文本的逻辑关系和核心数据进行梳理，确保表述前后一致、数据准确无误。同时，可以在文本上标注重点内容，概括核心要点，做到详略得当。在优化语言表述时，力求简洁明了，切忌废话连篇、表述不清。

4. 对提问环节进行准备

项目路演前，创业者可以进行角色互换，假设自己是投资人，思考投资人可能提出的问题，并提前准备好答案。投资人常问的问题包括：

(1)项目的商业模式是怎样的？

(2)你们的产品能解决什么行业痛点？

(3)你们的产品具体能满足用户的什么需求？

(4)你们为什么会创办这样的企业？

(5)你们的产品凭什么吸引消费者？

(6)为什么由你的团队来做？

(7)你们会面对怎样的市场？

(8)为什么大家没有做这样的事？

(9)为什么你们能做得比其他企业更好？

(10)我为什么要向你们企业投资？

(11)融资后的钱你们打算怎么用？

(12)如果你们有充足的资金，你们会做什么？

(二)项目路演 PPT

1. 篇幅

项目路演 PPT 的篇幅应控制在 15 页左右，以确保内容简洁明了，同时突出重点。创业者应根据路演文本中的关键点，将需要着重强调的内容，如产品或服务、市场状况、竞争情况、商业模式、团队介绍、融资需求等，以醒目的方式展示给投资人。每页内容都应保持精炼，避免堆砌过多的文字或使用复杂的图表。

2. 制作方法

在项目路演中，PPT 的设计至关重要，它不仅是展示项目内容的工具，更是吸引投资人注意力的重要手段。PPT 的版式设计和色彩风格应保持高度统一，营造出专业且连贯的视觉效果。建议在色彩选择上不超过四种，避免使页面显得杂乱无章；同时，字体种类也应控制在三种以内，确保整体的简洁与协调。

在内容过渡方面，巧妙运用过渡页或问句能够有效引导投资人从一个话题自然过渡到下一个话题，从而维持他们的注意力和兴趣。此外，PPT 的设计应遵循"少即是多"的原则，尽可能多地使用图片来替代文字内容，过多的文字不仅会使 PPT 显得拥挤，还可能分散投资人对演讲内容的注意力。

项目路演的核心在于演讲，PPT 应作为演讲的辅助工具，而非替代品。简洁、直观的 PPT 设计能够更好地衬托演讲内容，提升整体路演效果。在设计 PPT 时，应确保内容结构逻辑清晰，每一页都围绕一个核心主题展开，并使用加粗、变色或放大字体等方式突出关键信息。同时，创业者应准备一份详细的演讲稿，确保 PPT 上的内容与演讲内容相辅相成。通过多次排练，确保对 PPT 内容熟悉，避免在路演中出现忘词或表述不清的情况。此外，根据路演时间限制，准备不同长度的 PPT 版本，确保内容精简且重点突出。

3. 内容

项目名称页：主要包含企业 logo 和项目名称。创业者可以用一句话把项目介绍清楚，用最大的亮点吸引投资人关注。

需求(消费者痛点)与时机页：该页应展示创业者所发现的市场需求，目标用户有哪些痛点，为什么现在是进入市场的最佳时机等内容。在演示该页时，创业者应尽量营造真实的应用场景，引起投资人的共鸣。例如，创业者可以向投资人提问："离目的地只有十分钟的路程，走路稍微有点累，打车稍微有点贵，消费者该怎么办?"

解决方案页：向投资人讲述目前针对该痛点的解决方案是什么，有哪些弊端，是否存在更好的解决方案。

市场规模页：向投资人讲述他们最关心的市场问题。如果是大家很熟悉的市场，可以略讲，否则需要详细解释。此外，创业者还可以拿已成功的案例来类比自己的项目。

产品或服务展示页：进行产品或服务的展示，突出其核心竞争力，把产品或服务的特色转化为投资人的利益点。

竞争优势页：详细说明项目的竞争优势，尽量用表格、图片等直观形式展示自己的竞争策略，或相对于竞争对手的优势。

商业模式页：参考商业模式画布，梳理业务逻辑以及与消费者、合作伙伴之间的关系，清晰阐述具体的盈利模式。

团队结构页：主要说明团队是一个志同道合、互信互补、凝聚力超强的团队。同时，突出团队核心成员的亮点，如名校高才生、名企高管、连续创业者、拥有独占资源的人等，介绍团队成员如何帮助项目更好地发展。

融资计划页：主要说明企业将以何种方式分配股权，出让多少股权，需要多少资金等内容。如果创业计划书的目标不包括融资，此页可以忽略。

结束页：最后再次强调项目的亮点，然后致谢。

三、项目路演的步骤与技巧

(一)项目路演的步骤

1. 提出问题

在项目路演开场时，创业者应巧妙地提出一些具有社会共性的问题，这样不仅可以迅速引起投资人的兴趣，还可以为后面将要推介的项目或产品做好铺垫。例如，如果要推介回收旧手机业务，创业者不应直接描述这项服务本身的情况，而应通过提问的方式，引导投资人关注旧手机废弃和闲置所带来的巨大浪费，以及这一现象的普遍程度。

2. 扩大问题

在成功提出问题后，创业者要进一步挖掘消费者痛点，深入阐述问题的严重性和普遍性。例如，手机更新换代速度太快，许多人在出售旧手机时，面临着诸多困扰，如担心隐私泄露等。

3. 解决方案

接下来，创业者要介绍在路演中推介的项目。例如，介绍手机回收业务时，创业者可以对这项业务的特点、技术要求、服务质量、利润空间等方面进行详细解说。

4. 消费者见证

创业者可以加入消费者对产品或服务的正面使用体验，通过实际案例，增加投资人对项目的认可度。

5. 塑造价值

在路演的最后阶段，创业者要突出产品或服务给消费者带来的超出其想象的使用体验，着重讲述产品的品质、功能和核心价值。

(二)项目路演的技巧

许多创业者在路演中未能充分展示项目潜力，原因之一就是他们没有掌握项目路演的技巧。下面将具体介绍一些项目路演的实用技巧。

1. 顺畅流利，抓住重点

创业者需要在有限的时间内尽可能详细地把创业项目介绍给投资人，所以，演讲必须顺畅流利，紧扣主题。创业者必须对演讲内容非常熟悉，准确抓住重点信息，确保将关键内容传递给投资人。在条件允许的情况下，创业者可以进行多次排练，以提高对内容的熟悉程度。

2. 声情并茂，语速均匀

在演讲过程中，创业者需要注意语音、语调及语速的问题，保持适度的紧张感和专注度。语音要正确，语调要有感情，创业者要声情并茂地将项目信息传达给投资人，让投资人更容易接受和理解。在语速上，创业者要把握好两个方面：首先，确保投资人能够清楚地了解所传达的信息要点；其次，保持良好的节奏感，在指定的时间内不急不忙地完成路演。

3. 充满激情，提升信心

在向投资人推介创业项目时，创业者要表现出充满激情、积极奋进的个人状态，表现出对自己项目的信心，以及愿意为项目付出巨大努力的决心。此外，创业者还要多利用肢体语言来传达信息，如手势、面部表情等。使用肢体语言的目的不仅是辅助沟通，更重要的是与投资人进行互动，通过眼神交流、动作示意或具体的问答，让投资人感受到创业者对他们的关注和尊重。

4. 真诚待人，直观表达

在路演中，创业者需要诚实地回答投资人的问题，不要过分夸大项目的优势和前景，要让投资人觉得创业者是可以信任的。为了展示真实的情况，创业者还应该尽可能多地运用数据直观地告诉投资人相关的情况，只有直观、真实的数据才最具有说服力。

创业榜样

智能垃圾分类回收系统——“绿色智分”项目路演

本案例将展示“绿色智分——智能垃圾分类回收系统”的路演过程，该项目通过技术创新，推动垃圾分类与环保事业发展，具有显著的社会和经济效益。

第一页：项目简介

各位专家评委好，我是“绿色智分——智能垃圾分类回收系统”的项目负责人张伟。我们的项目旨在通过智能设备和大数据技术，解决城市垃圾分类难题，实现垃圾减量化、资源化和无害化处理。通过智能回收箱、用户激励机制和大数据分析，“绿色智分”不仅提高了垃圾分类效率，还增强了居民的环保意识。

第二页：项目背景

在实地调研中，我们发现城市垃圾混投现象严重，垃圾分类执行难度大，居民参与度低。据统计，仅长沙市每天产生的生活垃圾就超过1万吨，其中可回收物占比高达30%，但实际回收率不足15%。这一现状不仅浪费了大量资源，还对环境产生了巨大压力。因此，我们决定开发一款智能垃圾分类回收系统，推动城市环保事业的发展。

第三页：政策扶持

随着国家对环保事业的重视，垃圾分类已成为城市治理的重要内容。国务院和各地政府纷纷出台一系列政策，支持垃圾分类技术的研发和推广。我们的项目符合国家政策导向，能够享受税收优惠、科研补贴和政府项目支持。例如，长沙市已将智能垃圾分类系统纳入城市智慧管理规划，这为我们的项目提供了广阔的市场空间。

第四页：技术方案

经过团队的不懈努力，我们成功开发出了一套完整的智能垃圾分类回收技术方案。首先，通过智能回收箱的图像识别和传感器技术，实现垃圾的自动分类和投放提醒；其次，利用大数据分析优化垃圾回收路线，提高回收效率；最后，通过用户积分激励机制，鼓励居民积极参与垃圾分类。目前，我们的系统已获得多项技术专利，并在长沙市部分社区完成了试点运行。

第五页：产品介绍

“绿色智能”产品体系包括智能回收箱、用户手机App和后台管理系统。智能回收箱具备自动分类、满溢提醒和防作弊功能；用户App提供垃圾分类指南、积分查询和环保排行榜等功能；后台管理系统则用于数据分析、设备监控和运营决策支持。

第六页：运营前景

从产品研发到社区试点，我们看到了“绿色智分”在垃圾分类领域的巨大潜力。目前，我们已与长沙市多个社区和物业公司达成合作意向，并获得了政府的初步认可。未来，我们计划在更多城市推广该业务，进一步优化产品功能，提升用户体验。

第七页：技术壁垒

截至目前，我们的项目团队已申请国家专利 5 项，其中 2 项已获批。我们的核心技术包括图像识别算法、大数据分析和物联网技术等，这些技术壁垒将为我们在市场竞争中提供有力保障。

第八页：竞品分析

在垃圾分类市场，传统的回收箱和简单的分类设备是我们的主要竞争对手。然而，“绿色智分”通过智能化、数据化和用户激励机制，显著提升了垃圾分类的准确率和居民参与度。与竞品相比，我们的系统不仅更高效，还具有更强的扩展性和可持续性。

第九页和第十页：实践过程

我的创业之路始于大学期间的一次环保调研。通过网络查找信息和实地走访社区，我发现垃圾分类是城市环保的痛点问题，但市场上缺乏有效的解决方案。于是，我组建了一个跨学科团队，成员包括计算机专业的技术骨干、环境科学专业的专家和市场营销人才。2022 年，我们完成了第一代产品的开发，并在长沙市某社区进行了试点运行。结果显示，垃圾分类准确率从 30%提升至 80%，居民参与度显著提高。目前，我们正在筹备第二代产品的研发和市场推广。

第十一页：市场定位

随着城市化进程的加快，垃圾分类市场潜力巨大。我们将市场细分为城市社区和公共机构两大板块。在城市社区中，我们主要推广智能回收箱和用户激励机制；在公共机构(如学校、医院、写字楼)中，则提供定制化的垃圾分类解决方案。

第十二页：营销战略

在营销战略上，我们坚持“技术驱动、用户至上”的理念。通过与政府合作、社区推广和线上线下宣传等多种方式，提高品牌知名度。同时，我们还将根据不同市场的特点，采取差异化的营销策略，如在社区开展环保主题活动，在公共机构提供免费试用服务。

第十三页：产能目标

根据市场预测，未来三年内我们将完成 1000 台智能回收箱的部署，覆盖长沙市 50%的社区和公共机构。预计实现年收入 500 万元人民币。远期目标是将业务拓展至全国主要城市，部署智能回收箱 10 万台，年收入达到 5 亿元人民币。

第十四页和第十五页：财务预测

我们编制了未来三年的财务预测表。通过智能回收箱的设备销售、运营服务和政府补贴等多种渠道，预计年收入将逐年递增。经过市场推广和技术优化，项目利润将稳步提升，三年投资回报率预计达到 600%。

第十六页：风险应对

在创业过程中，我们发现了潜在的风险点，包括技术稳定性、市场竞争和资金短缺等。为此，我们制定了相应的应对策略，如加强技术研发、优化产品性能、拓展合作渠道和寻求多元融资。

第十七页、第十八页和第十九页：项目团队(含项目的社会价值)

接下来，我想请我的团队核心成员上台，分享他们的发现和贡献。

团队成员1：各位评委好，我是×××，我发现“绿色智分”项目每年可减少城市垃圾填埋量10%，显著降低环境污染。

团队成员2：各位评委好，我是×××，我发现我们的项目通过积分激励机制，有效提高了居民垃圾分类的参与度，受益人数超过10万人。

团队成员3：各位评委好，我是×××，我发现我们的项目通过大数据分析优化了垃圾回收路线，降低了运营成本30%。

团队成员4：各位评委好，我是×××，我发现我们的项目不仅创造了经济价值，还推动了城市环保意识的提升。

第二十页：致谢

这就是我们的“绿色智分——智能垃圾分类回收系统”项目。感谢大家的聆听，请各位专家批评指正。

第六章
新企业的开办与管理

本章导读

企业凭借开展生产活动或提供服务来满足社会的各类需求，通过参与生产、流通、服务等经济领域的事务，秉持自主经营、独立核算的原则，并依照法律法规设立，是一种以盈利为核心目标的经济组织。企业具备经济性、营利性、自主性与合法性这四个显著特征。企业本质上是一个较为抽象的概念，在现实的经济活动中，它呈现出多种不同的组织形式，具体包括个人独资企业、合伙企业、有限责任公司和股份有限公司。

创业者在开办新企业时，要认真思考并为企业选择合适的法律组织形式和地址，熟悉企业的设立登记流程，编写企业的相关文件等。在企业完成登记注册后，为了使企业快速走上正轨，还需要做好组织管理、人力资源管理、财务管理、营销管理、成长管理等一系列管理工作。

知识目标

· 了解企业的法律组织形式，熟悉不同企业组织形式的法律特征及设立条件。

· 了解影响企业选址的因素，掌握企业选址的策略与技巧。

· 了解企业的设立登记流程，熟悉企业相关文件的编写要求和方法。

· 了解企业组织管理、人力资源管理、财务管理和营销管理的相关知识，掌握企业成长管理的要点和策略。

能力目标

· 能够为新企业选择合适的法律组织形式和企业经营的地址。

· 能够编写和制订公司章程、劳动合同等相关文件。

· 能够制订企业的各项基本管理制度和企业的成长管理策略。

素质目标

· 自觉树立企业管理意识。

· 培养创建新企业所需的坚定意志和创新精神。

案例导入

Airbnb——共享理念的开创者

2007年，两位设计师布莱恩·切斯基(Brian Chesky)和乔·吉比亚(Joe Gebbia)刚从罗德岛设计学院毕业，搬到旧金山工作。由于旧金山房租高，压力大，他们决定将客厅里的气垫床出租给来参加设计会议的访客，以赚取一些额外收入。这就是Airbnb的雏形。

布莱恩和乔发现，许多来旧金山参加会议的人找不到价格实惠的住宿点，而当地居民有空闲的房间可以出租。他们意识到这是一个潜在的市场机会。于是，他们设计了一个简单的网站，允许房主将空闲的房间或沙发出租给访客，并提供早餐服务(因此最初的名字是"Airbed & Breakfast")。创业初期，资金非常紧张。为了筹集资金，他们甚至设计了一款以美国总统大选为主题的麦片盒，并成功卖出了数百盒。

随着业务的不断扩展，Airbnb面临着许多法律问题，例如房东是否需要缴纳酒店税、租房是否符合当地法规等。他们聘请了法律顾问，逐步解决了这些问题。

布莱恩和乔邀请了技术专家内森·布莱卡斯亚克(Nathan Blecharczyk)加入团队，负责技术开发。三人分工明确，逐步完善了平台功能。为了建立用户信任，Airbnb引入了用户评价系统、身份验证机制和保险服务，确保房东和房客的安全。Airbnb从旧金山起步，逐步扩展到纽约、巴黎等全球主要城市，并通过本地化运营和营销策略吸引了大量用户。

到2015年，Airbnb已经成为全球最大的共享住宿平台，估值超过250亿美元。然而，Airbnb也面临着许多挑战，例如，与酒店行业的竞争、房东与房客之间的纠纷以及各国政府的监管压力。通过不断优化管理和创新业务模式，Airbnb成功应对了这些挑战，并成为共享经济的代表性企业。

（资料来源：工创谷，有改动）

第一节　企业的法律组织形式

创业之旅，实则是使组织由萌芽走向成熟的过程。其中，企业的法律组织形式，或称企业组织形式，如同一张无形的网，巧妙地将企业内部各个构成要素紧密相连。它旨在构建一种高效、合理的架构，激励成员们为实现共同愿景而并肩奋斗。

在人的主观能动性作用下，企业组织形式不仅是企业资源与权力配置的具体架构，更是通过信息的传递与交互，支撑着企业业务运转，进而推动或阻碍企业使命实现的核心机制。在创业起步阶段，创业者通常面临个人独资企业、合伙企业和公司制企业这三种可供选择的企业组织形式。此时，创业者需要综合考量自身实际情况以及长远发展战略，做出审慎且明智的决策。

一、个人独资企业

(一)含义

个人独资企业是最简单的企业组织形式，它是指依照《中华人民共和国个人独资企业法》在中国境内设立的，由一个自然人投资，财产为投资人个人所有，投资人以其个人财产对企业债务承担无限责任的经营实体。①

(二)法律特征

1. 组织结构形式

个人独资企业的出资人为单个自然人。此自然人在开展营利性经营活动时，必须具备完全民事行为能力，且不得为法律、行政法规所禁止从事营利性活动的人员。例如，国家机关、国家授权的投资机构或部门、企业、事业单位等，均不具备成为个人独资企业设立主体的资格。②

2. 责任形态

投资人需以其个人财产对企业所负债务承担无限责任。若投资人以家庭共有财产作为个人投资，则需以家庭共有财产对企业债务承担无限责任。这一特性是个人独资企业区别于有限责任公司、股份有限公司等其他企业形式的关键标志。

3. 企业性质

个人独资企业属于非法人型企业，不具备法人资格。个人独资企业不存在独立的财产，企业财产全部归投资人个人所有。这里所说的企业财产，既包括企业设立时投资人投入的初始资产，也包括企业在运营过程中积累的财产。投资人是个人独资企业财产的唯一合法拥有者，企业的责任等同于投资人的责任。所以，个人独资企业没有独立承担民事责任的能力。尽管个人独资企业不具备法人资格，但它仍是独立的民事主体，能够以自身名义参与民事活动。③

4. 限制条件

某些职业群体，如法官、检察官、警察、公务员、现役军人等，不得作为个人独资企业的投资人。

(三)设立条件

根据《中华人民共和国个人独资企业法》规定，设立个人独资企业，应当具备下列条件：

---

① 何雪利，王永祥．从零到卓越——创新与创业导论[M]．上海：上海交通大学出版社，2022.

② 张士元．企业法(第四版)[M]．北京：法律出版社，2015.

③ 王雅楠．企业管理概论[M]．西安：西北大学出版社，2021.

(1)投资人为一个自然人。

(2)有合法的企业名称。

(3)有投资人申报的出资。

(4)有固定的生产经营场所和必要的生产经营条件。

(5)有必要的从业人员。

知识链接

个人独资企业与个体工商户的区别

个体工商户是指生产资料归劳动者个人所有，主要基于劳动者个人劳动开展经营活动，且劳动成果由劳动者个人占有和支配的一种经营形式。个人独资企业与个体工商户在多个方面存在差异。

(1)出资主体不同。个人独资企业的出资主体限定为单个自然人；而个体工商户的出资设立方式更为灵活，既可以由一个自然人出资设立，也能够由家庭成员共同出资设立。①

(2)责任财产范围不同。个人独资企业的出资人需以其个人财产对企业债务承担无限责任，若明确表示以家庭共有财产作为出资，则需依法以家庭共有财产对企业债务承担无限责任；个体工商户的债务承担方式则根据其经营方式有所不同，若为个人经营，则以个人财产承担债务；若为家庭经营，则以家庭财产承担债务。

(3)适用法律不同。个人独资企业需依照《中华人民共和国个人独资企业法》的相关规定进行设立、运营和管理；而个体工商户则依照《中华人民共和国民法典》的规定进行设立。

(4)法律地位不同。个人独资企业作为一种经营实体，属于企业组织形态的一种；而个体工商户则不采用企业形式。判断二者法律地位的关键在于，是否进行了独资企业登记并领取了相应的独资企业营业执照。

二、合伙企业

(一)含义

合伙企业是指依照《中华人民共和国合伙企业法》(以下简称《合伙企业法》)在中国境内设立的，由两个以上的合伙人通过订立合伙协议，共同出资、合伙经营、共享收益、共担风险，并对合伙企业债务承担无限连带责任的营利性组织。②

① 王小峰．创新筑梦创业远航：从思维创新到实践创业[M]．上海：上海交通大学出版社，2018.

② 何雪利，王永祥．从零到卓越——创新与创业导论[M]．上海：上海交通大学出版社，2022.

(二)法律特征

1. 合伙协议是合伙得以成立的法律基础

如果说公司是依据公司章程而构建，那么合伙企业则是基于合伙协议而成立。从本质属性来看，公司章程与合伙协议存在显著差别。公司章程主要聚焦于约束作为法人组织的公司本身，它是对外公开的、具有法律效力的公司“宪法”，是公司组织架构与运营行为的基本遵循准则。而合伙协议属于内部法律文件，旨在明确合伙人之间的权利与义务关系，仅具有对内效力，即仅对合伙人具有约束力。

若有人想要加入合伙，必须获得全体合伙人的认可，并签署合伙协议。因此，合伙协议是调整合伙关系、规范合伙人相互间权利义务、解决合伙纠纷的基本法律凭据，也是合伙企业得以成立的法律根基，这体现了合伙的契约性质。

当然，合伙协议的订立形式既可以是书面的，也可以是口头的。但依据《合伙企业法》的规定，合伙企业的合伙协议应当采用书面形式。倘若合伙人之间未签订书面合伙协议，但实际上存在合伙人之间的权利义务关系，且开展了事实上的合伙经营活动，那么仍可将其认定为合伙关系。

修订后的《合伙企业法》充分彰显了合伙企业的自治特性，强化了合伙协议的作用。大部分规则仅在合伙协议未作约定时才予以适用，若合伙协议存在不同或相反的约定，则优先遵循合伙协议的约定。

2. 合伙企业须由全体合伙人共同出资，共同经营

(1)出资是获取合伙人资格的必要前提，也是合伙人的基本义务。与公司有所不同，合伙出资的形式更为丰富多样。公司股东通常仅能以现金、实物、土地使用权、知识产权这四种方式出资，而合伙人除了这些方式，还可以债权、技术等其他财产权利出资，或者以劳务等其他形式进行投资，只要获得其他合伙人的同意即可。

(2)合伙人共同经营的特点，进一步凸显了合伙与公司的本质差异。在公司里，股东不一定参与经营管理，甚至可能完全不参与公司业务；而普通合伙人则需要齐心协力，将合伙事业作为职业和生活的核心。若没有共同的经营目标和行动，即便存在利益关联，也不能认定为合伙关系，而可能是其他法律关系，如担保或利润分享等。因此，合伙人之间关系紧密、相互依存，像竞业禁止等具体制度就是基于这种紧密关系而产生的。当然，在有限合伙企业中，有限合伙人可以不参与营业和执行事务。

(3)合伙所从事的行为通常是具有经济利益的营业行为。无论是民事合伙还是商事合伙，合伙人的目的都是获取利润。特别是依据《合伙企业法》设立的合伙企业，属于商事合伙范畴，从事营利性活动，是一种营利性组织。

3. 合伙人共负盈亏，共担风险、对外承担无限连带责任

这也是合伙制与公司制的重要区别。公司股东仅以出资额或所持有的股份为限对公司债务承担责任，按照出资比例和持股份额共同分享公司利润。相比之下，合伙人可以按照对合伙企业的出资比例分配利润，也可以按照合伙协议约定的其他方式分配利润。当普通合伙企业的合伙财产不足以清偿合伙债务时，合伙人还需用其他个人财产来偿还

债务，即承担无限责任。而且任何合伙人都有义务清偿全部合伙债务（不考虑其出资比例），即承担连带责任。在有限合伙企业中，普通合伙人对合伙企业债务承担无限连带责任，而有限合伙人则仅以其出资额为限承担有限责任。

（三）类型

合伙企业可划分为普通合伙企业与有限合伙企业这两大类别，其中，普通合伙企业当中还涵盖一种特殊形式——特殊的普通合伙企业。

1. 普通合伙企业

普通合伙企业由两名及以上普通合伙人共同组建，对合伙人数不设上限。在普通合伙企业中，所有合伙人均需对合伙企业的债务承担无限连带责任。特殊普通合伙企业的合伙人，在一般情形下，同样依照普通合伙企业的相关规定，承担无限连带责任。然而，在特殊普通合伙企业中，若因某一个或数个合伙人的故意或者重大过失导致合伙企业对外承担债务责任，则该合伙人应当承担无限责任或无限连带责任，其他合伙人仅以其在合伙企业中的财产份额为限承担责任。

2. 有限合伙企业

有限合伙企业由普通合伙人与有限合伙人共同构成，合伙人数在两名至五十名之间，且普通合伙人与有限合伙人各自至少需有一名。如果有限合伙企业中的有限合伙人全部退出，仅剩下普通合伙人时，该企业应当转变为普通合伙企业；若仅剩下有限合伙人，则企业应进行解散处理。在有限合伙企业中，普通合伙人需对合伙企业的债务承担无限连带责任，而有限合伙人则仅以其认缴的出资额为限，对合伙企业的债务承担责任。①

（四）设立条件

根据《中华人民共和国合伙企业法》规定，设立合伙企业，应当具备下列条件：

（1）有两个以上合伙人，且合伙人为自然人的，应当具有完全民事行为能力。

（2）必须有书面合伙协议。

（3）有合伙人认缴或者实际缴付的出资。

（4）有合伙企业的名称和生产经营场所。

（5）符合法律、行政法规规定的其他条件。

三、公司制企业

（一）含义

公司制企业是指按照法律规定，由法定人数的投资人（或股东）出资建立，能够自

① 孟德娜，吴万贵，林晓丹．超越自我——大学生创新创业基础教程[M]．上海：上海交通大学出版社，2021.

主经营、自负盈亏、具有法人资格的经济组织。公司作为企业法人，拥有独立的法人财产，并享有法人财产权。公司以其全部财产对公司的债务承担责任。《中华人民共和国公司法》(以下简称《公司法》)所指的公司，包括在中国境内设立的有限责任公司和股份有限公司。

(二)法律特征

(1)法人资格与独立财产。

公司是由股东投资入股而构建起来的法人组织，具备法人资格。它依据特定的规章制度成立，拥有独立的财产体系，能够基于自身的法人财产独立开展各类经营活动，并且有权以自身名义行使各项权利，同时承担相应的责任与义务。

(2)有限责任。

所有出资者对于公司的债务仅承担有限的偿还责任。也就是说，当公司出现资不抵债的状况时，企业可以依法申请破产清算。无论公司所欠债务数额多么庞大，所有出资者都只需以其认缴的出资额为限对公司债务承担责任，无须承担超出该范围的清偿义务，因此，公司的所有者无须担忧企业破产会使自己倾家荡产。而且，当个别股东发生股权转让或其他变动情况时，不会导致公司解体，也不会对公司的正常运营产生不利影响。由此可见，公司制企业具有良好的持续经营能力。

(3)法人治理结构。

公司的运营和管理由一个法人治理结构主导，该结构由股东会、董事会以及高级管理人员(如总经理)共同构成。这三方既相互协作，形成合力，又彼此制约，形成制衡关系。在这种模式下，股东将其资产委托给公司董事会进行管理，董事会作为公司的常设决策机构，拥有对高级经理人员进行聘用、奖惩以及解雇的权力。高级经理人员则受雇于董事会，在董事会的领导下组成执行机构，并在董事会所授予的权限范围内负责企业的日常经营管理工作。

(三)类型

1. 有限责任公司

有限责任公司是指由五十个以下股东出资设立，股东以其认缴的出资额为限对公司承担有限责任，公司以其全部财产对公司的债务承担责任的经济组织。①

根据《公司法》规定，设立有限责任公司，应当具备下列条件：

(1)股东符合法定人数。

(2)有符合公司章程规定的全体股东认缴的出资额。

(3)股东共同制定公司章程。

(4)有公司名称，建立符合有限责任公司要求的组织机构。

(5)有公司住所。

---

① 张涛，陈瑶，姚安获，等．创业管理(第四版)[M]．北京：清华大学出版社，2023.

2. 股份有限公司

股份有限公司是指将公司全部资本分为等额股份，股东以其认购的股份为限对公司承担责任，公司以其全部财产对公司的债务承担责任的经济组织。①

根据《公司法》规定，设立股份有限公司，应当具备下列条件：

(1)发起人符合法定人数。

(2)有符合公司章程规定的全体发起人认购的股本总额或者募集的实收股本总额。

(3)股份发行、筹办事项符合法律规定。

(4)发起人制定公司章程；采用募集方式设立的，公司章程须经创立大会通过。

(5)有公司名称，建立符合股份有限公司要求的组织机构。

(6)有公司住所。

知识链接

有限责任公司与股份有限公司的区别

有限责任公司与股份有限公司在股东人数、股权表现形式、设立方式、股权转让、组织机构及财务公开等方面存在显著差异，具体如下：

1. 股东人数限制

有限责任公司：股东人数通常为1至50人，强调人合性，即股东之间的信任关系。

股份有限公司：发起人人数为2至200人，且半数以上发起人需在中国境内有住所。股东人数无上限，上市公司股东可达数十万甚至上百万人，强调资合性，即资本的结合。

2. 股权表现形式

有限责任公司：资本不划分为等额股份，股东股权通过出资证明书体现，表决权和偿债责任按出资比例计算。

股份有限公司：资本划分为等额股份，以股票形式表现，股东表决权按认购股份计算，每股一票。

3. 设立方式及流程

有限责任公司：只能由发起人集资，不能向社会公开募集资金或发行股票，设立流程为：订立公司章程→股东缴付出资→验资机构验资→设立登记。

股份有限公司：可发起设立或向社会公开募集股份，设立流程更复杂：订立公司章程→发起人认购股份后，可依法向社会公开募集股份→验资→召开创立大会→设立登记。

4. 股权转让与流动性

有限责任公司：股东之间可自由转让股权，向股东以外的人转让需经其他股东

---

① 卢晓慧，胡希冀．大学生创新创业教程[M]．北京：人民邮电出版社，2022.

过半数同意，且其他股东享有优先购买权，股权流动性较差。

股份有限公司：股票可依法自由转让，上市公司股票可在证券市场自由流通，股权流动性强。

5. 组织机构设置

有限责任公司：组织机构设置灵活，规模较小、股东人数较少的可设一名执行董事，不设董事会；可设一至二名监事，不设监事会。

股份有限公司：原则上必须设立股东大会、董事会、监事会等完备的组织机构，但规模较小或股东人数较少的可依法简化。

6. 财务信息公开程度

有限责任公司：财务状况只需按公司章程规定向股东披露，无须对外公告，财务信息相对保密。

股份有限公司：需定期公布财务状况，上市公司需通过公共媒体向公众披露财务报告，信息透明度要求高。

不同的企业组织形式，并不存在绝对的优劣之分。选择哪种企业组织形式更有利于创业企业的生存与发展，是创业者需要慎重考虑的问题。而确定哪种企业组织形态更有利于初创企业的生存和发展，需要思考一系列相关的问题。各种企业组织形式的优势与劣势比较见表 6-1。①

表 6-1 **各种企业组织形式的优势与劣势比较**

企业组织形式	优 势	劣 势
个人独资企业	①企业设立、转让和解散等行为手续简便，仅需向登记机关登记即可。②创业者拥有对企业的绝对控制权。③企业经营灵活性高，可迅速对市场变化做出反应。④利润归创业者所有，无须与他人分享。⑤只需缴纳个人所得税，无须双重纳税（即不用缴纳企业所得税）。⑥在技术和经费方面易于保密	①创业者承担无限责任。②不易从企业外部获得信用资金，筹资困难。③企业寿命有限，易随创业者的退出而消亡。④企业的成功更多地依赖创业者的个人能力。⑤创业者投资金的流动性低
合伙企业	①企业设立较简单和容易。②企业经营具有高度的灵活性。③企业资金来源较广，信用度较高	①普通合伙人承担无限连带责任。②财产转让困难。③融资能力有限，企业规模受限。④企业往往因关键合伙人的退出而解散。⑤在合伙人对企业经营有分歧时，决策困难

① 马腾文，殷广胜，夏振展，等．大学生创新创业基础教程［M］．北京：化学工业出版社，2021：113.

续表

企业组织形式	优　势	劣　势
有限责任公司	①股东只承担有限责任，风险小。②公司具有独立寿命，易于存续。③公司所有权与经营权分离，可聘任职业经理人管理，更能适应市场竞争。④以出资人的出资额为限承担公司的经营风险。⑤可促使公司形成有效的治理结构。⑥多元化产权结构有利于科学决策。⑦可吸纳多个投资人，促进资本集中	①税收负担较重，存在双重纳税问题。②不能公开发行股票，筹集资金的规模与渠道受限。③公司产权不能充分流动，资产运作受限
股份有限公司	①股东只承担有限责任，风险小。②公司具有独立寿命，易于存续。③公司产权可以股票形式充分流动。④可聘任职业经理人管理，管理水平较高。⑤筹资能力强	①公司设立程序复杂。②税收负担较重，存在双重纳税问题。③政府限制较多，法规要求比较严格。④因公司要定期报告财务状况，公司的相关事务不能严格保密

创业榜样

小剪刀，大财富

小李是一位“80后”青年，仅仅用了4年时间，就从一名寂寂无名的大学生，华丽转身成为众人眼中令人艳羡的百万富翁。

小李的母亲是位剪纸技艺精湛的高手，在母亲的影响下，小李自幼便对剪纸艺术情有独钟，这份热爱深深烙印在他的心中。他怀揣着一个梦想，希望有朝一日能把母亲的剪纸艺术转化为商品，让更多人领略到这一传统艺术的魅力，使其在世界范围内绽放光彩。

为了这个目标，小李一直默默耕耘。2009年，小李大学毕业后，没有像其他同学一样投身职场找工作，而是从母亲那里借了3万元钱，成立了一家文化艺术品公司。公司创立之初，小李将剪纸贺卡作为首款产品进行开发。为了推广这款产品，小李每日都带着贺卡奔波于各个单位和会场。然而，一段时间过去了，贺卡销量寥寥无几，反倒收获了不少白眼和奚落。更让他焦急的是，之前向母亲借的钱已所剩无几。就在他陷入困境时，好友小郭及时送来4万元钱，帮他解了燃眉之急。

为了尽快打开销路，小李更加勤奋地推销贺卡。终于，他的努力得到了回报。第一笔订单要求一周内交付300多张贺卡。由于当时公司没有业务，小李一直没请工人。情急之下，他拉上母亲、姐姐和奶奶一起帮忙。一家人拿着小剪刀，没日没夜地忙了4天，才完成贺卡的剪纸部分。而印刷部分，原本打算交给印刷厂，可因印数太少，工厂都不愿接单。无奈之下，小李只好把自己关在办公室，用打印机一张一张地打印。数九寒天，他一边打印，一边把贺卡晾在地上。偏偏在这个关键时候，打印机又出了故障。等最终完成订单时，他已经 24 小时没合过眼了。

完成这单业务后，小李又陆续接到了一些订单。但传统剪纸作品大多用白纸装裱，不仅显得档次低，而且时间久了还会褪色，市场空间十分有限。第一年，他们制作的剪纸贺卡只卖出了 3000 多张，收入不足万元。照这样下去，连公司租金和生活费都难以维持，小李再次陷入困境。

“在这个传统剪纸市场里，即便自己再努力，目前也只能做到这个程度。必须创新才能取得突破!”想到这里，从不轻易放弃的小李决定到外面的市场去看看，寻找剪纸市场的突破口。一次去杭州考察的途中，质地轻软、色彩绚丽的杭州丝绸一下子吸引了他的目光。“丝绸档次高，耐保存，我为什么不尝试做丝绸剪纸画呢?”

打定主意后，小李咬咬牙，一次性批发了 4000 多元的丝绸，回家进行试验。由于缺乏经验，他失败了，4000 多元打了水漂，他自己也因过于劳累消瘦了许多。家人看到他如此辛苦，心疼不已，劝他说：“咱们还是放弃吧！毕竟，从老祖宗到现在，都没人做过这件事。”面对家人的劝说，小李不仅没有放弃，还说服家人，同意自己再追加几万元投资。经过无数次尝试，他终于成功地将剪纸艺术与丝绸完美融合。

融合后的丝绸剪纸画不仅档次高、耐保存，还兼具国画的韵味和浓郁的乡土民俗风情。因此，小李的这款新产品一经推出，便受到市场的热烈欢迎。到 2011 年，公司的总销售额已达到 370 万元，2012 年更是突破了 500 万元。①

如今，小李的公司拥有联盟艺术家 3 人，专业技术人员 50 多人，签约妇女手工制作者 200 多人。他创立的“伏兆娥剪纸”和“回乡剪纸”两个剪纸品牌更是声名远扬，在海内外都颇具知名度。

一把小剪刀，创造了大财富。只要心中有梦想，坚持追求梦想，勇于尝试新事物，大胆创新，不怕失败，你就有可能成为下一个成功者！

（资料来源：搜狐网，有改动）

第二节　企业的选址

企业选址指的是企业在正式开业之前，针对企业经营地址所展开的一系列论证和决策工作，包括在何处建设工厂、设立服务设施或开设店铺等内容。企业选址并非孤立存在，它不仅和设施建设所需的投资直接相关，而且在很大程度上决定了企业产品与服务的成本。而成本的高低又会进一步影响企业的市场竞争力和经济效益。因此，创业者必须深刻认识到企业选址对于企业经营发展的重要意义，对影响企业选址的众多因素进行

① 李剑．小剪刀，大财富[J]．创业理财，2014(4)．

科学剖析，并熟练掌握企业选址的策略与技巧，从而为企业的长远发展奠定坚实基础。

一、影响企业选址的因素

(一)政治因素

创业者在选择企业地址时，要密切关注政府在市场发展、产业发展等方面的有关规定。例如，创业者应研究不同时期政府产业发展的重点和优惠政策，优先选择在产业政策支持的区域建设企业，从而在市场上抢占先机。

(二)经济因素

企业地址所在区域的消费者购买力与经济因素密切相关，通常体现在与本地区经济发达程度密切相关的指标上，如消费者银行存款、收入水平、家庭总收入等。因此，创业者要重视对企业预选地址所在地经济指标的考察，同时还要考察该地区的营商环境，判断是否存在竞争激烈的企业集群。

(三)技术因素

对于从事科技研发与生产的高新技术企业创业者而言，为了迅速且精准地把握国内外新技术发展的最新态势，有效规避技术进步的不确定性以及技术市场变幻莫测所带来的风险，建议将企业选址确定在技术研发中心周边或新技术信息流通顺畅的区域。

(四)社会文化因素

不同文化背景的消费者在健康、营养、安全、环境等方面的关注焦点存在差异，其价值取向与生活态度也各不相同，这些因素会直接影响企业产品或服务的市场需求状况以及市场拓展的难易程度。因此，创业者在挑选企业地址时，需要充分考量目标消费群体的文化偏好与消费心理，深入分析企业所在城市的综合影响力，以及所在地区的社区文化与商业文化特点。

(五)人口因素

人口因素通常能够反映出一个特定区域的市场需求规模与市场容量(即在排除产品价格或供应商策略干扰的情况下，市场在一定时间段内能够吸纳某种产品或服务的总量)。基于此，创业者应当着重了解消费者的购买习惯、购买能力等信息，全面掌握企业选址区域的人口结构、人口数量、人口稳定性，以及消费者的职业分布和收入水平等情况。

(六)自然因素

创业者在选址过程中，需要留意所选地址的地质状况、水源条件、气候条件等自然因素，确保这些因素能够满足企业生产经营的实际需求。同时，创业者还需考虑地理环境是否有利于企业的长远发展，例如，企业预选地址的交通是否便捷，能否为企业的市场营销与业务拓展创造有利条件等。

创业视窗

店铺选址的重要性

小孙向来对咖啡情有独钟，一直怀揣着开一家属于自己咖啡馆的梦想。大学毕业之后，在亲戚朋友的介绍下，她在长沙一处老旧小区的静谧角落开了一家咖啡馆。这家咖啡馆分为上下两层，设置了30多个座位，店内环境清幽雅致，处处彰显着独特的品位与格调。①

然而，在经营了一段时间后，小孙却遇到了难题。尽管她把咖啡的价格定在18元一杯，可顾客还是觉得贵。与之形成鲜明对比的是，市中心商场里售价38元一杯的咖啡，却能吸引大量顾客。经过一番思索，小孙意识到问题出在咖啡馆的地理位置上，周边小区大多居住着长沙本地居民，白天在小区里活动的大多是退休老人，他们对咖啡的需求并不高，消费能力有限。而那些在市中心上班的小区居民，往往下班回家时已是深夜，根本没有闲暇时间来光顾她的咖啡馆。由于地段不佳，咖啡馆的经营效益十分一般。

最终，小孙决定将这家咖啡馆转让给一对夫妻。这对夫妻接手后，把咖啡馆改造成棋牌室。从那以后，这家店的生意逐渐有了起色，越来越红火。

（资料来源：搜狐网，有改动）

二、企业选址的策略与技巧

（一）基于市场信息的选址策略

市场信息在企业选址中起着至关重要的作用，创业者应根据影响企业选址的各种因素，亲自或委托专业的中介机构搜集市场信息。在此基础上，对所搜集到的市场信息进行定性与定量的深入分析，从而科学地进行选址。

（二）基于实地考察与评估的选址策略

创业者需亲自前往多个备选地址进行实地考察，并运用科学方法对备选地址展开定量剖析与评估。随后，紧密结合企业自身的“需求”与“期望”，对各个备选地址进行细致入微的比较与分析，从而精准地做出最优选址决策。

① 孟德娜，吴万贵，林晓丹．超越自我——大学生创新创业基础教程[M]．上海：上海交通大学出版社，2021.

（三）基于多方建议的选址策略

在企业选址的过程中，创业者应主动向经验丰富的企业家或相关领域的专业人士寻求指导，认真聆听他们给出的意见与建议。同时，对收集到的各类信息、不同观点和建议进行全面的整合分析，深入对比各个备选地址所具备的优势与劣势。在此基础上，充分结合企业所在行业的特性以及市场定位，从而做出科学合理的选址决策。

课堂活动

蛋糕店的选址

一、小组讨论

一直想开蛋糕店的小李，在选择门店地址时却举棋不定，她所在城市的南边，已经有了许多蛋糕店，竞争非常激烈；而北边则少有竞争者，小李一时不知道该怎么选择。

讨论：如果你是小李，你会把蛋糕店开在哪里？为什么？

二、探索活动

通过选址调研，制订选址方案，掌握根据创业项目的实际情况合理选址的技能。

活动内容：

（1）教师对全班同学进行分组，4~6 人为一组，各组选出一个小组负责人。

（2）各小组选择不同的经营项目，编写调研方案，确定调研内容、调研方法、调研人员及分工等事项。调研内容包括但不限于以下几项：

①企业的目标客户包括哪些人？

②所选地址的日客流量是多少？

③所选地址的房租在什么价位？

④所选地区有多少家同行业者？他们的实力如何？

⑤所选地区具有长远的发展前景吗？

⑥所选地区的经济繁荣吗？所选地区的消费者收入、消费者文化品位和消费心理具有什么特点？

⑦所选地区的交通便利吗？

（3）实施调研方案。

（4）制订选址方案。

（5）将选址方案制成 PPT，由小组负责人上台演示。

（6）教师进行点评。

第三节　企业的设立登记与文件编写

依据我国法律规定，企业须依法向市场监管部门申请登记，经登记机关核准并颁发营业执照后，方可开展经营活动。与此同时，创业者还需依据所选企业的组织形式所对应的具体规定，如实填写各类登记表，并精心拟定合伙协议、公司章程、发起人协议等一系列相关文件。

一、企业的设立登记流程

为进一步优化企业登记审批流程、提升登记效率、降低企业准入门槛，2015 年 6 月 29 日，国务院办公厅颁布了《关于加快推进“三证合一”登记制度改革的意见》(国办发〔2015〕50 号)。自 2015 年 10 月 1 日起，“三证合一、一照一码”登记制度改革在全国范围内正式推行。2015 年 12 月 31 日，国家工商行政管理总局与国家税务总局联合发布了《关于进一步做好“三证合一”有关工作衔接的补充通知》(工商企注字〔2015〕228 号)，要求各地构建完善的信息共享机制，做好企业登记与税务管理的衔接工作，以保障“三证合一”工作能够顺畅、高效地推进。

“三证合一”是指将工商营业执照、组织机构代码证和税务登记证合并为一体，以此提高市场准入效率；“一照一码”则是在此基础上，采用“一口受理、并联审批、信息共享、结果互认”的模式，实现由一个部门核发带有“统一社会信用代码”(共 18 位)的营业执照。企业无须再进行税务登记，也不必领取税务登记证。这里的“一照”指的就是营业执照，“一码”即为统一社会信用代码。

2016 年 7 月 5 日，国务院办公厅发布了《关于加快推进“五证合一、一照一码”登记制度改革的通知》(国办发〔2016〕53 号)，在“三证合一”登记制度改革的基础上，进一步整合了社会保险登记证和统计登记证，实现了“五证合一、一照一码”，如图 6-1 所示。

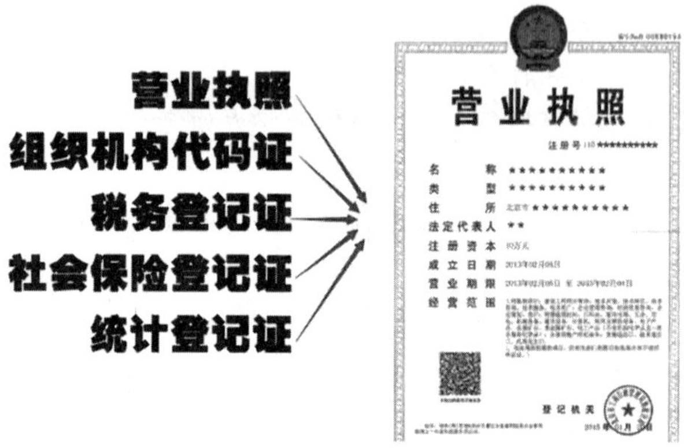

图 6-1　五证合一

2018 年 6 月 15 日，全国各省(自治区、直辖市)级以及计划单列市的国税局、地税局完成合并并统一挂牌。省级新税务局挂牌之后，到 2018 年 7 月底，市、县级税务局按照层级逐步完成集中办公、新机构挂牌等改革事项。自 2018 年 8 月起，税务局对办税流程进行整合，全面实现了“一厅通办”“一网办理”。

上述一系列制度改革精简了企业设立登记的流程。通常情况下，企业设立登记需要依次完成以下 5 个步骤：①预先核准企业名称；②准备申请材料并在线提交申请；③领取营业执照并刻制印章；④银行开户；⑤税务报到。企业设立登记的管理机关为各省市的市场监督管理局，具体的注册登记工作可以完全通过网络平台进行。①

(一) 预先核准企业名称

创业者开办企业，首先要核准企业名称。创业者可以登录市场监督管理局官网，进入“网上办事大厅”或“在线办事”栏目，完成账号注册并登录。然后，将提前构思好的企业名称，按系统要求填写在“名称登记”选项中并提交申请。在企业设立之前，必须按照预先核准程序确定好企业名称，这对今后统一申请材料中的企业名称、规范登记文件等均有重要的作用。企业名称经审核通过后，创业者将获得《企业名称预先核准通知书》。

知识链接

如何给新企业取名字

企业名称，是以文字形式区分一个企业与其他企业或组织的特定标识。企业只有经过核准登记，方可获得合法的企业名称。企业名称主要由行政区划、字号、行业或经营特点、组织形式这四项基本要素构成。

1. 行政区划

行政区划指的是企业所在县以上行政区划的名称。在企业名称里，行政区划名称可省略“省”“市”“县”等字样，但若省略后可能引发误认，则不能省略。县以上的市辖区行政区划名称，应与市行政区划名称联合使用，通常不宜单独使用市辖区行政区划名称。除符合《企业名称登记管理规定》中的特别条款外，行政区划名称应放在企业名称的最前面。

2. 字号

字号是企业名称的核心组成部分，需由两个及以上汉字构成。企业名称中的字号，是某一企业区别于其他企业或社会组织的关键标识。除符合《企业名称登记管理规定》的特别条款外，字号应置于行政区划之后、行业或经营特点之前。驰名字号是指在特定时间和空间范围内，在某一行业或多个行业中被大众熟知的企业字号。企业有权自主选择企业名称的字号，但所起字号不得违反国家法律法规，也不能在客观上误导公众。一般而言，企业名称字号不得使用行业字词。

企业名称在一定程度上反映了社会文化的健康文明程度，本质上属于社会文化范畴。所以，在确定企业名称字号时，应坚决抵制和反对使用带有殖民奴化、封建糟粕、格调低下字词的名称，以契合社会精神文明的要求。

① 孟德娜，吴万贵，林晓丹．超越自我——大学生创新创业基础教程[M]．上海：上海交通大学出版社，2021.

3. 行业或经营特点

行业或经营特点应准确体现企业的业务范围、经营方式或特色。确定行业或经营特点的字词时，可依据国家行业分类标准，使用一个具体的行业名称，也可使用概括性词语，但不能表示或暗示超出经营范围的业务。若企业经营业务跨越国民经济行业分类大类，既可以选择大类名称，也可在名称表述中使用概括性语言来描述所从事的行业。企业在选择行业或经营特点时，应结合自身经营状况，避免单纯追求“名头大”而脱离企业实际经营情况。

4. 组织形式

组织形式是企业名称中体现企业组成结构和责任形式的字词，如公司、厂、中心、店、堂等。当前，我国企业在组织形式的称谓上呈现多样化，总体可分为两大类：一类是公司类(依据《公司法》设立)，例如“北京××科技有限公司”“上海××集团股份有限公司”，名称中必须包含“有限责任公司”或“股份有限公司”字样(或简称)；另一类是非公司类(依据其他法规设立)，例如“××纺织厂”(全民所有制)、“××设计工作室”(个人独资)、“××物流中心”(集体企业)等。

(资料来源：上海招商网，有改动)

(二)准备申请材料并在线提交申请

当企业名称通过审核后，创业者可以点击“企业登记”选项，并依照规定填写企业登记所需信息，这些信息涵盖企业住所地、企业类型、注册资本、经营范围、投资人名单以及各投资人的出资比例等。① 与此同时，创业者需筹备企业登记的相关申请材料，并按照系统指引上传申请材料的 PDF 版本。若创业者打算设立有限责任公司，通常需要准备以下材料：法定代表人、全体股东、财务负责人的身份证明文件，代理人的相关资料，备案登记文件，公司章程以及住所证明等。具体所需申请材料如下：

(1)企业设立登记申请书。包含《企业设立登记申请表》《单位投资人(单位股东、发起人)名录》《自然人股东(发起人)、个人独资企业投资人、合伙企业合伙人名录》《投资人注册资本(注册资金、出资额)缴付情况》《董事会成员、经理、监事任职证明》《企业住所证明》等文件，所有文件均需由法定代表人亲笔签名。

(2)公司章程。需由全体股东签字确认；若存在法人股东，还需加盖法人单位公章。

(3)股东资格证明。自然人股东需提交身份证复印件，企业法人股东则需提交加盖公章的营业执照复印件。

(4)《指定(委托)书》。即创业者授权代表或代理人办理企业登记注册手续的委托书。

(5)前置许可项目相关文件。若经营范围涉及前置许可项目(如危险品经营、快递业务经营等)，创业者需提交相关审批部门的批准文件。

---

① 孟德娜，吴万贵，林晓丹．超越自我——大学生创新创业基础教程[M]．上海：上海交通大学出版社，2021.

在提交完企业登记的相关申请材料后，市场监督管理局将在 5 个工作日内进行审核。若申请材料存在问题，市场监督管理局会另行通知申请人进行修正并重新提交。网上审查通过后，申请人将收到《准予设立登记通知书》。

知识链接

不同类型新企业登记需要提交的申请材料

一、个人独资企业登记

在办理登记时，需准备投资人亲笔签署的个人独资企业登记申请书、投资人的有效身份证明、企业住所的相关证明，以及国家市场监督管理总局所规定的其他必要文件。① 若企业所从事的业务需经过法律、行政法规所规定的有关部门审批，则还需额外提交该部门的批准文件。若选择委托代理人代为申请设立登记，则必须提交投资人的委托书以及代理人的身份证明或资格证明。

二、合伙企业登记

登记时需提交全体合伙人共同签署的设立登记申请书、全体合伙人的身份证明、全体合伙人指定代表或共同委托代理人的委托书、合伙协议、全体合伙人对各合伙人认缴或实际缴付出资的确认书、主要经营场所的证明，以及国务院工商行政管理部门所规定的其他必要文件。若法律、行政法规或国务院规定设立合伙企业需经批准，则还需提交相关批准文件。

三、有限责任公司登记

登记时需提交公司法定代表人签署的设立登记申请书，全体股东指定代表或共同委托代理人的证明，公司章程，股东的主体资格证明或自然人身份证明，载明公司董事、监事、经理姓名及住所的文件以及有关委派、选举或聘用的证明，公司法定代表人任职文件和身份证明，企业名称预先核准通知书，企业住所证明，以及国家市场监督管理总局所规定的其他必要文件。若法律、行政法规或国务院决定规定设立有限责任公司必须报经批准，则还需提交相关批准文件。

四、股份有限公司登记

登记时需提交公司法定代表人签署的设立登记申请书，董事会指定代表或共同委托代理人的证明，公司章程，发起人的主体资格证明或自然人身份证明，载明公司董事、监事、经理姓名及住所的文件以及有关委派、选举或聘用的证明，公司法定代表人任职文件和身份证明，企业名称预先核准通知书，企业住所证明，以及国家市场监督管理总局所规定的其他必要文件。

若以募集方式设立股份有限公司，则还需提交创立大会的会议记录及依法设立的验资机构出具的验资证明；若以募集方式设立股份有限公司并公开发行股票，则

---

① 张涛，陈瑶，姚安获，等．创业管理(第四版)［M］．北京：清华大学出版社，2023.

还需提交国务院证券监督管理机构的核准文件。

（资料来源：中国政府网，有改动）

（三）领取营业执照并刻制印章

创业者完成企业设立登记申请后，需提前与市场监督管理局预约领取营业执照的时间，预约成功后，携带《准予设立登记通知书》以及申请人的身份证原件，前往市场监督管理局领取营业执照的正本和副本。在成功获取营业执照后，创业者需凭借该执照前往公安局指定的刻章点，为公司刻制公章、财务专用章、合同专用章（具体样式如图6-2）、法人章以及发票专用章。待新企业的各类印章全部刻制完毕后，创业者还需前往公安机关及对应的主管部门，完成印鉴的备案工作。

图6-2　企业合同章

（四）银行开户

银行账户是企业在银行开设的，专门用于办理结算业务和申请贷款的账户，同时也是企业委托银行进行信贷、转账结算以及现金支付业务的重要工具。它对国民经济各单位的经济活动起着监督和反映的作用。① 根据《人民币银行账户结算管理办法》的相关规定，单位银行结算账户被划分为基本存款账户、一般存款账户、专用存款账户和临时存款账户四种类型，每种账户在设立和开户条件上均有所不同。特别需要注意的是，按照规定，每家企业只能在银行开立一个基本存款账户。②

（五）税务报到

完成市场监督管理局的“五证合一、一照一码”登记手续之后，创业者需准备好营

① 刘月梅，王小锋．创新创业基础　从思维创新到创业实践［M］．上海：上海交通大学出版社，2020.

② 卢晓慧，胡希冀．大学生创新创业教程［M］．北京：人民邮电出版社，2022：218.

业执照的正本与副本原件、法人身份证原件以及公司公章，并加盖法人章。随后，创业者需前往企业所在地的税务中心或办税服务大厅办理税务报到相关事宜。另外，创业者也可以登录国家税务总局的电子税务局官方网站，通过线上渠道完成税务报到及税务登记业务。

二、企业相关文件的编写

(一)合伙协议

合伙协议是依据法律规定，由全体合伙人经过充分协商并达成一致意见后，以书面形式确立的关于合伙企业的约定文件。作为合伙企业设立与运营过程中不可或缺的基础性法律文件，合伙协议详细界定了合伙人之间的权利与义务关系，同时明确了合伙企业的经营管理模式、决策机制等相关事宜。一份规范严谨的合伙协议，不仅有助于合伙人之间统一认识、凝聚共识，更能有效预防合伙企业在经营过程中可能出现的各类争议与分歧。标准的合伙协议应当载明下列事项：

(1)基本信息：合伙企业的名称、主要经营场所的位置、合伙目的和合伙经营范围。

(2)合伙人信息：合伙人的姓名或者名称、住所。

(3)出资与持股：合伙人的出资方式、数额、到账时间及持股比例。

(4)利润分配与亏损分担：利润分配机制，包括分配时间、周期及比例。

(5)合伙事务执行：合伙企业事务的执行方式。

(6)入伙、退伙与转股：入伙与退伙的条件、程序及转股的特别约定。

(7)解散与清算：合伙企业的解散与清算办法。

(8)违约责任：合伙人的违约责任及违约处理方式。

(9)争议解决：争议解决方式及送达和通知等相关规定。

合伙协议的具体内容应根据实际情况和合作方需要制定，确保合伙企业经营合法有序，合伙人按照合伙协议的规定享有权利并履行义务。修改或补充合伙协议，应当经全体合伙人一致同意，但合伙协议另有约定的除外。对于合伙协议未约定或约定不明确的事项，由合伙人协商决定，协商不成的，依照《中华人民共和国合伙企业法》和其他有关法律、行政法规的规定处理。①

知识链接

××文化传媒合伙企业(普通合伙)合伙协议

合伙人甲：小明(身份证号为5 ******************)

合伙人乙：小波(身份证号为4 ******************)

---

① 卢晓慧，胡希冀．大学生创新创业教程[M]．北京：人民邮电出版社，2022：218.

第一条　合伙宗旨

本合伙企业的宗旨：诚信合作，平等互利。

第二条　合伙经营项目和范围

(1)合伙项目的名称：××文化传媒合伙企业(普通合伙)。

(2)合伙项目的经营范围：文化艺术交流活动策划、多媒体制作、互联网信息服务、展览展示服务、网站设计。

第三条　合伙期限

本合伙企业的合伙期限设定为20年，自2021年11月26日起，至2041年11月26日止。

第四条　出资额、方式、期限

(1)合伙人小明以货币方式出资，出资金额为人民币伍(大写)万元。

(2)合伙人小波以货币方式出资，出资金额为人民币伍(大写)万元。

(3)各合伙人的出资需在2021年12月31日前全部交齐。若出现逾期不交或未交齐的情况，逾期方应按照应交未交金额数，计付银行利息给其他合伙人，并赔偿由此造成的其他损失。

(4)本合伙企业的出资总额共计人民币拾万元。在合伙期间，各合伙人的出资构成共有财产，不得随意请求分割。合伙终止后，各合伙人的出资归个人所有，届时将按照规定予以返还。

第五条　盈余分配与债务承担

(1)盈余分配：以出资额为依据，按比例进行分配。

(2)债务承担：合伙债务先由合伙财产进行偿还，合伙财产不足以清偿全部债务时，以各合伙人的出资额为基准，按比例承担剩余债务。

第六条　入伙、退伙，出资的转让

(1)入伙：

①需承认本合伙协议。

②需经全体合伙人一致同意。

③执行合同规定的权利和义务。

(2)退伙：

①需有正当理由方可退伙。

②不得在合伙企业处于不利状况时退伙。

③退伙需提前1个月书面告知其他合伙人，并经全体合伙人同意。

④退伙后，以退伙时的合伙企业财产状况进行结算，不论合伙人以何种方式出资，均以货币形式结算。

⑤未经其他合伙人同意而自行退伙，给合伙项目造成损失的，应进行相应的赔偿。

(3)出资的转让：经其他合伙人一致同意，允许合伙人转让自己的出资。转让时，其他合伙人享有优先受让权。如合伙人将出资转让给合伙人以外的第三人，该第三人要想取得合伙人资格，应按照入伙的程序和要求办理。

第七条　合伙负责人及其他合伙人的权利

(1)小明被指定为合伙负责人。其权限如下：

①负责对外开展业务，订立合同。

②对合伙项目进行全面管理。

③确定经营价格。

④支付合伙债务。

(2)其他合伙人的权利：

①参与合伙项目的管理。

②听取合伙负责人开展业务情况的报告。

③检查合伙项目的财务及经营情况。

④共同决定合伙企业的重大事项。

第八条　禁止行为

(1)未经全体合伙人同意，禁止任何合伙人私自以合伙名义开展业务活动。如有违反，该合伙人以其业务所获利益的2倍归其他合伙人所有，造成的损失由该合伙人个人按实际损失进行赔偿。

(2)禁止合伙人经营与合伙企业有竞争关系的业务。

(3)禁止合伙人再加入其他合伙组织。

(4)禁止合伙人与本合伙企业进行交易。

第九条　合伙营业的继续

(1)在有合伙人退伙的情况下，其余合伙人有以原企业名称继续经营原企业业务的权利，也可以选择吸收新的合伙人入伙经营。

(2)当合伙人死亡或被宣告死亡时，依死亡合伙人继承人的选择，可以退回继承人应继承的财产份额，由其余合伙人继续经营合伙企业；也可依照合伙协议的约定或者经全体合伙人同意，接纳该继承人为新的合伙人，共同继续经营合伙企业。

第十条　合伙的终止和清算

(1)合伙企业因下列情形之一解散：

①合伙期限届满。

②全体合伙人一致同意终止合伙关系。

③已不具备法定合伙人数。

④合伙事务完成或客观上不能完成。

⑤被依法撤销。

⑥出现法律、行政法规规定的其他合伙企业解散的原因。

(2)合伙的清算：

①合伙解散后应当及时进行清算，并通知债权人。

②清算人由全体合伙人担任；但是，经全体合伙人过半数同意，可以自合伙企业解散事由出现之日起十五日内指定一名或者数名合伙人，或委托第三人，担任清算人。十五日内未能确定清算人的，合伙人或者其他利害关系人可以申请人民法院

指定清算人。

③合伙财产在支付清算费用后，按合伙所欠职工薪酬、合伙所欠税款、合伙债务、合伙人出资的顺序清偿。

④清偿后如有剩余财产，则按本协议第五条第一款规定的办法进行分配。

⑤当合伙财产不足以清偿债务时，依本协议第五条第二款规定的办法办理。当某个合伙人无法清偿自己应承担的债务时，其他合伙人应承担代为清偿的责任。

第十一条　违约责任

(1)合伙人未经其他合伙人一致同意而擅自转让其财产份额的，如果其他合伙人不愿接纳受让人为新的合伙人，可按退伙处理，转让人应赔偿其他合伙人由此而遭受的损失。

(2)合伙人私自以其在合伙企业中的财产份额出质的，其行为无效。由此给其他合伙人造成损失的，该合伙人应承担全部赔偿责任。

(3)合伙人因严重违反本协议、出现重大过失或违反《中华人民共和国合伙企业法》，从而导致合伙企业解散的，应当对其他合伙人承担赔偿责任。

(4)合伙人从事本协议第八条规定禁止行为的，应当赔偿全部实际损失。不听劝阻者，经全体合伙人同意，可将其除名。

第十二条　争议解决方式

对于与本协议有关的一切争议，合伙人之间应通过协商的方式解决。

第十三条　其他

(1)经全体合伙人协商一致，可以修改本协议或对未尽事宜进行补充。其中，补充、修改内容与本协议相冲突的，以补充、修改后的内容为准。

(2)入伙合同可作为本协议的组成部分。

(3)本协议一式三份，合伙人各执一份，送登记机关存档一份。

(4)本协议经全体合伙人签名、盖章后生效。

合伙人(签章)：

合伙人(签章)：

年　　月　　日

(二)公司章程

公司章程是公司依据相关法律法规制定的基础性文件，它明确规定了公司的名称、住所、经营范围以及经营管理制度等一系列重大事项。作为公司不可或缺的重要文件，公司章程详细阐述了公司组织架构与运营活动的基本规则。公司章程体现了全体股东的共同意愿与一致决定，明确记载了公司组织与运营的基本原则，堪称公司的“宪法”。此外，公司章程还具备法定性、真实性、自治性以及公开性等核心特征，这些特征共同作用于公司活动的规范与调整，确保公司运营的合法性与稳定性。

1. 有限责任公司章程

有限责任公司章程应当载明下列事项：

(1)公司名称和住所。
(2)公司经营范围。
(3)公司注册资本。
(4)股东信息。
(5)公司机构与职权。
(6)公司机构设置。
(7)法定代表人。
(8)股东大会认为需要规定的其他事项。

这些事项共同构成了有限责任公司章程的基本内容，确保了公司的合法运营和股东权益的保护。

2. 股份有限公司章程

股份有限公司章程应当载明下列事项：

(1)公司名称和住所。
(2)公司经营范围。
(3)公司设立方式。
(4)公司股份总数、每股金额和注册资本。
(5)发起人的姓名或名称、认购的股份数、出资方式和出资时间。①
(6)董事会的组成、职权和议事规则。
(7)公司法定代表人。
(8)监事会的组成、职权和议事规则。
(9)公司利润分配办法。
(10)公司的解散事由与清算办法。
(11)公司的通知和公告办法。
(12)股东会会议认为需要规定的其他事项。

(三)发起人协议

发起人协议是股份有限公司的发起人在筹备设立公司阶段，为厘清各方在设立流程中所承担的权利与义务而拟定并签署的书面契约。此协议在保障公司设立流程顺畅无阻以及维护各发起人合法权益方面，发挥着举足轻重的作用。发起人协议应当注明下列事项：

(1)各发起人。
(2)拟设立公司的名称。
(3)拟设立公司的经营范围。
(4)股本总额：规定公司的股本总额。
(5)各发起人认购的份额。
(6)各发起人权利义务。

---

① 卢晓慧，胡希冀. 大学生创新创业教程[M]. 北京：人民邮电出版社，2022.

(7)公司筹办事项。

(8)违约责任。

(9)协议的修改与终止。

(四)劳动合同

企业竞争力的核心要素之一在于员工的素养与主观能动性，在当今劳动力流动性增强、竞争环境日趋激烈的大背景下，高素质劳动者显得尤为稀缺且宝贵。因此，创业者在创业伊始就应当高度重视员工合法权益的保障工作。而签订劳动合同，正是维护劳动者合法权益的关键举措。

劳动合同作为劳动者与企业之间确立劳动关系、明晰双方权利与义务的契约，对合同双方均具有法律约束力。它不仅能够切实保障劳动者的合法权益，同时也为企业自身的权益提供了有力支撑。作为处理劳动争议的重要法律依据，劳动合同的重要性不言而喻。创业者绝不能因怕麻烦或贪图一时之利，而试图规避劳动合同的签订。劳动合同的基本内容如下：

(1)工作内容和工作地点。

(2)工作时间和休息休假。

(3)劳动保护和劳动条件。

(4)劳动报酬(工资形式、标准工资、奖金、津贴、加班工资等)。

(5)社会保险和福利待遇。

(6)劳动合同的变更、解除、终止、续订。

(7)其他约定条款。

在劳动合同中，用人单位与劳动者除约定上述基本内容外，还可以根据实际需要约定试用期、培训、保守秘密等其他事项。

第四节　新企业的管理

创业开始于创业者发现创业机会，但正式的企业经营管理活动，则始于企业登记注册之后。一般来说，初创企业面临着从无到有的奠基过程，企业往往会遇到资金短缺、人才匮乏(通常只有创业者及为数不多的核心员工)、开拓市场吃力等问题，甚至企业能否在市场立足，都是未知数。因此，大学生创业者必须高度重视新企业的管理工作。

一、新企业的基本管理

(一)新企业的组织管理

企业组织管理旨在通过特定的规则与程序，高效调配企业内部有限的资源，构建权责分明的结构体系与人员配置方案，以实现共同目标。通过合理的组织规划、协同配合与监督管理，能够显著提升工作流程的效能与成果质量，从而保障组织顺利达成既定目标。组织结构设计聚焦于企业组织结构，是对整个组织系统进行全面规划与设计的工作，它是实现有效管理的重要基础之一。

1. 组织结构类型

(1)直线制。直线制是一种极为简约的集权式组织结构模式，也被称作军队式架构(如图6-3)。在此结构体系中，领导关系依据垂直体系来设置，不设立专门的职能机构，整个组织从上到下如同一条直线，各级行政单位自上而下实施垂直领导。直线制具备以下特点：组织内部不存在横向的职能机构分支，指挥体系清晰且统一；职权从组织的上层逐级向下传递至基层，每一个下级仅接受一个上级的指挥。

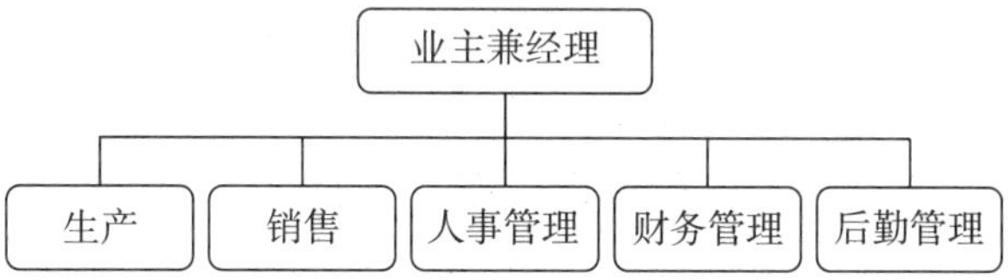

图6-3　直线制的组织结构图

直线制的优点在于：主管人员在其所管辖的范围内拥有绝对的权力，责权关系明确；由于横向之间的联系较少，内部易于达成和谐状态，信息能够迅速传递沟通，问题可以及时得到解决，管理效率颇高。不过，直线制也存在一些缺点，比如由于缺乏专业化的管理分工，对管理者的全面管理素质要求较高。所以，直线制主要适用于规模较小，或者业务活动简单且稳定的企业。

(2)职能制。职能制指的是在各级行政负责人之下，依据专业分工来设立管理职能部门。在这种结构中，下级领导者或执行者不仅要服从上级行政领导的指挥，还需听从上级各职能部门的指令(如图6-4)。职能制具有以下鲜明特点：它着重强调职能分工，针对特定领域设置专门的工作职能以及职能主管。这些职能主管会在其业务范畴内，向相关支线系统发布命令。

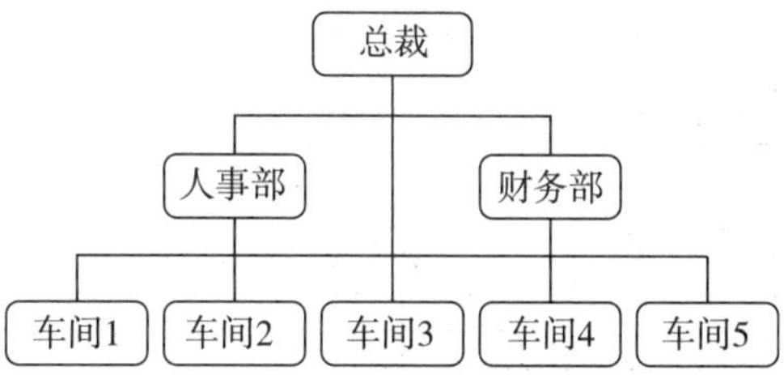

图6-4　职能制的组织结构图

职能制的优点主要体现在：能够充分发挥专家的作用，有效提升管理效率，推动管理的专业化。这种精细的专业管理有助于最大化工作效能。然而，职能制也存在一些缺点：容易形成多头领导，使得统一指挥的难度增大。各部门在致力于实现自身职能目标的过程中，往往容易忽略横向协调与整体利益。

（3）直线职能制。直线职能制组织结构以直线制结构为依托，巧妙融合了职能制结构的长处。它既设立了直线主管领导，又在各级主管人员之下，安排了在其职责范畴内分别负责专业管理的职能部门。职能管理人员充当直线指挥人员的参谋，他们仅能对下级机构开展业务指导，不能直接下达指挥命令。如此一来，便确保了整个机构能够实现统一指挥、协同管理，有效避免了多头指挥与无人担责的现象出现（如图 6-5）。直线职能制组织结构适用于业务较为稳定的各类企业。

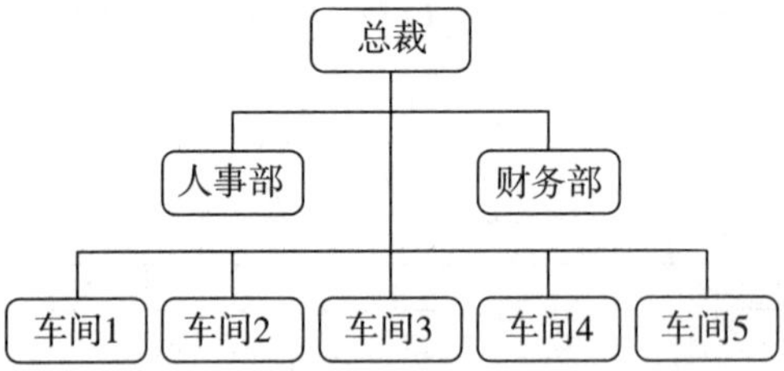

图 6-5　直线职能制的组织结构图

这种组织结构形式具备以下优点：权力集中，职责划分清晰，整个组织的稳定性也更强。不过，它也存在一些缺点：各个职能单位往往自成体系，不太重视横向部门之间的信息交流与沟通，这可能会引发部门之间的矛盾与不协调，导致工作效率低下，也不利于企业从内部培养熟悉综合情况的管理人才。

（4）事业部制。事业部制是众多大型企业普遍采用的一种组织形式。企业会依据产品大类（也就是战略业务单位）、地区或者经营大类来设立若干个事业部。这种组织形式比较适用于产品多样化、开展多元化经营的企业，对于那些所处市场环境复杂多变，或者下属企业在地理位置上相距甚远的大型企业以及跨国公司而言，尤为合适，具体可参照图 6-6。

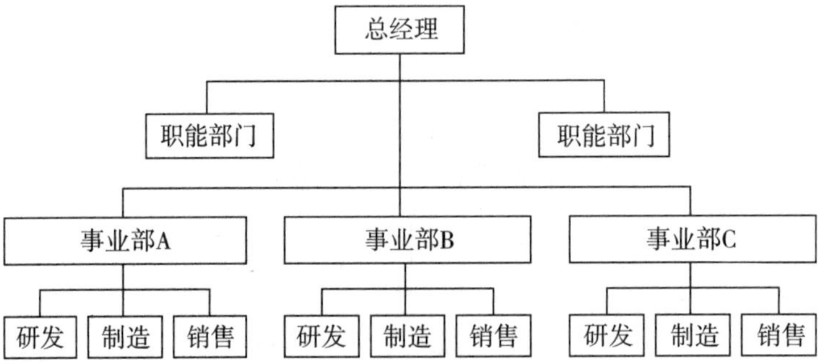

图 6-6　事业制的组织结构图

事业部制具有两大优点：其一，各个事业部实行独立核算，利益相对独立，具有较强的独立性与稳定性。这有助于企业高层从繁琐的日常事务中解脱出来，将更多的精力集中于企业的战略决策和长远规划。同时，能够充分调动各事业部积极为公司培育全方位高级管理人才的主动性和积极性。其二，事业部制的组织结构具备很强的可变性、机动性与适应性。例如，当企业的某个事业部经营状况不佳时，可以将该事业部整体出售，这对企业的整体运营影响较小。此外，企业还可以根据自身的发展需求和市场环境的变化，收购其他企业作为自身的一个事业部。不过，事业部制也存在一些主要缺点：资源配置存在重复现象，管理费用相对较高，而且事业部之间的协调工作难度较大。

(5)矩阵制。矩阵制结构堪称一种极为高效的组织结构形式，它依托纵横交错的双重指挥系统，将职能部门与项目部门巧妙地融合在一起。在这样的结构中，员工既需要遵循职能部门领导的指令安排，又要接受项目部门的统筹调配。这种双重领导机制，有利于员工塑造出更为全面的能力素养，增强自身的责任感。矩阵制结构尤其适用于以独立项目为业务核心的企业，例如，房地产经营企业、设计咨询机构，以及那些以项目形式运作业务的组织。在矩阵制结构之下，每一位员工都有机会同时参与多个不同的项目，尽情施展自己的专业技能，并对项目的最终成果负责。这种职能部门与项目部门相互穿插的结构，能够更有力地推动项目进展，提升组织的灵活性与应变能力。借助合理有效的协调与沟通，矩阵制结构能够促使各部门之间实现协同合作，提升整体工作绩效，达成组织与员工的共同发展与互利共赢，具体情形如图 6-7 所示。

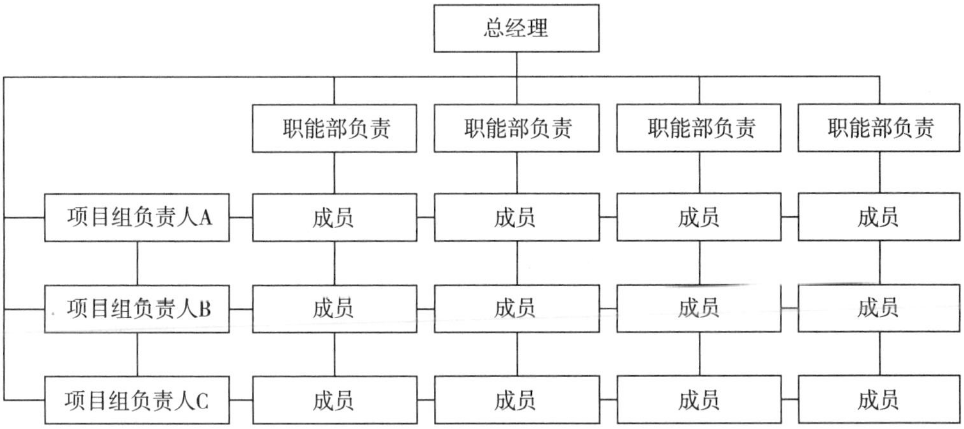

图 6-7　矩阵制的组织结构图

矩阵制结构的优点主要体现在以下几个方面：能够加强各职能部门之间的横向协作，具有较高的机动性和适应性，对于挖掘专业人员的潜力具有积极推动作用，对各类人才的培养都大有裨益。矩阵制结构整合了职能部门化和产品部门化的长处，同时规避了它们各自的短板。不过，矩阵制结构也存在一些缺点：一是该组织采用纵向和横向的双重领导模式，在工作过程中容易出现意见分歧或者相互推诿的现象，导致下级人员感到迷茫无措。二是复杂的组织关系对项目负责人提出了更高的能力要求。三是这种结构具有临时性的特征，所以容易致使员工产生心理波动、人心不稳的情况。

2. 组织管理模式

(1)职能部门管理。职能部门管理是指通过建立某一职能部门形成特定的企业组织架构，明确规定各自职能部门的职务，厘清责权关系，使企业各部门成员相互配合、协同工作，从而达到有效实现企业目标的过程。功能部门管理强调专业分工，将组织按照不同的功能划分为多个部门，如市场部、销售部、研发部等，每个部门负责特定的职能任务。

职能部门管理的优点在于：各部门集中精力于自身职能，专业性强，能够提高办事效率；资源集中在各个职能部门，可以高效利用。其缺点在于：容易造成部分壁垒，导致跨部门沟通与协作困难；作为功能型组织，其结构刚性较强，对市场变化、客户需求反应不够敏捷。

(2)项目制管理。项目制管理是一种以项目为中心的管理方式，其核心是将所有资源和人员都围绕项目进行配置。在项目结束后，组织会进行解散或重新分配。这种管理模式强调项目的独立性和临时性，每个项目都有独立的资源和专门的项目经理负责。项目经理在项目中拥有较大的权力和自主性，能够有效地领导团队完成任务。

项目制管理的优点在于：对市场变化和客户需求响应迅速、灵活性高；将所有资源集中投入项目，保障了任务的高效完成。其缺点在于：资源向特定项目集中，可能造成其他项目资源紧张；由于组织具有临时性，员工可能缺乏长期的发展机会和归属感。

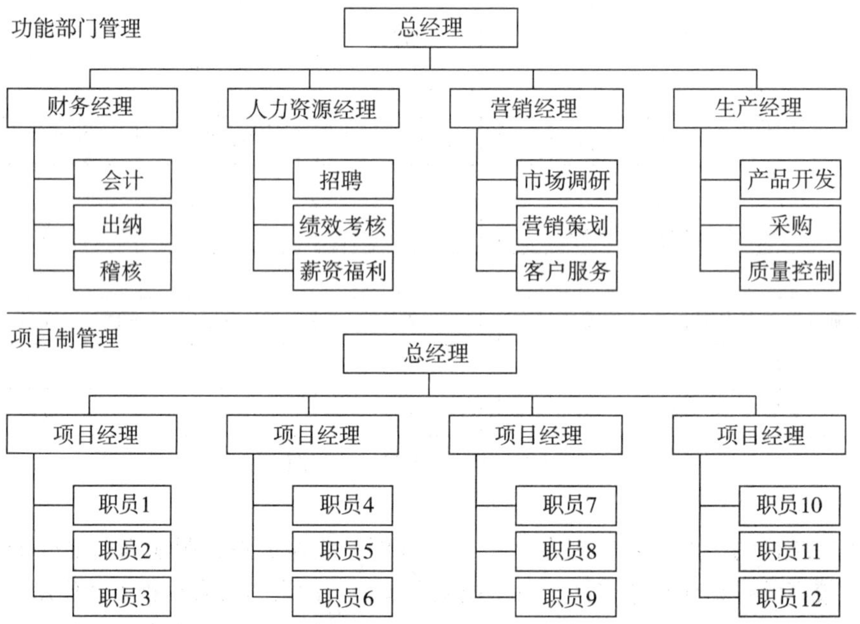

图 6-8　功能部门管理与项目制管理的比较

(二)新企业的人力资源管理

人力资源管理是对人力资源进行系统性管理的过程，涵盖人力资源的获取、整合、激励、控制调整以及开发等多个环节。其工作内容与核心任务主要聚焦于人才招募、人才配置与使用、人才激励以及人才保留等方面。人力资源是创业过程中最活跃且至关重要的资源。新创企业必须对人力资源进行有效管理，以保证企业按照既定战略目标有序运转。有效管理主要包括：制定科学合理的人力资源方案，明确岗位职责，招聘合适的员工并进行管理，这些都是人力资源管理的主要内容。

1. 制订人力资源计划

人力资源计划是为达成企业生产经营目标，采用科学手段，依据企业内外部环境和条件的变化，针对人力资源的获取、配置、使用、保护等各个环节开展的职能性规划。该计划与企业发展规划紧密相连，是实现企业发展目标不可或缺的关键要素。通过制定人力资源计划，一方面，能够保障人力资源管理活动契合企业的战略方向与目标；另一方面，可确保各个人力资源管理环节相互协同，避免出现冲突。

从内容属性来看，企业的人力资源规划可划分为总体战略规划和具体业务计划。总体战略规划明确了人力资源管理的原则与目标；具体业务计划则着重说明了各项具体工作的执行方案与操作流程。一个完整的人力资源计划应该包括以下几个方面：

(1)总计划。总计划明确了人力资源计划所遵循的总体原则、指导方针以及核心目标。

(2)职务编制计划。职务编制计划详细说明了企业的组织架构、岗位类别、岗位具体职责以及岗位任职资格等相关内容。

(3)人员配置计划。人员配置计划明确了企业各岗位的人员数量、人员岗位变动情况、岗位人员空缺数量等信息。

(4)人员需求计划。基于总计划、职务编制计划、人员配置计划，可推导出人员需求计划。该计划需清晰阐述所需岗位的名称、人员数量、选拔标准、期望到岗时间等关键要素。

(5)人员供给计划。人员供给计划是针对人员需求规划制定的应对策略性规划。主要说明了人员供给的途径(如外部招聘、内部选拔等)、人员内部流动政策、人员外部流动政策、人员获取渠道以及具体的获取实施计划等内容。

(6)教育培训计划。教育培训计划涵盖培训需求分析、培训课程内容、培训开展形式、培训考核评估等方面内容。

(7)人力资源管理政策调整计划。人力资源管理政策调整计划中需明确规划期内人力资源政策调整的原因、具体调整步骤以及调整所涵盖的范围等信息。

(8)工资激励计划。工资激励计划明确了绩效考核的具体制度、工资晋升机制、津贴福利方案等内容。

(9)投资预算。上述各项计划所需的费用预算明细。

2. 岗位分析

岗位分析是对企业内各类岗位的特性、工作任务、职责范围、劳动条件、工作环境，以及胜任该岗位所需具备的资格条件等要素，开展全面、系统的剖析与研究。基于这一分析过程，企业能够编制出岗位说明书等用于人力资源管理的重要文件。岗位说明书在企业实现规范化管理的过程中扮演着基础性文件的角色。

岗位说明书是岗位分析的最终成果。在人力资源的常规工作中，编制岗位说明书是一项关键任务。它具有两个作用：一是明确员工的工作内容和职责，二是为企业评价员工提供依据。由于每个企业和岗位的特点不同，说明书的侧重点也各有差异，并没有一个统一固定的模板。

岗位说明书是员工工作的指南，旨在清晰地描述岗位名称、具体工作职责、上下级关系以及所需素质和技能。通过详细说明每个岗位的职责范围和工作要求，能够帮助员工更好地理解自己的工作职责，提高工作效率和工作质量。岗位说明书的编写应当准确无误、简洁明了，避免出现模糊和歧义的表达，为员工提供清晰的工作指引。只有当员工了解并能够准确执行自己的工作职责时企业才能更好地实现高效运营和管理。

岗位说明书具体包括以下几个方面的内容：

(1)职位基本信息。描述该职位的工作地点、所属工作部门、职位名称。

(2)工作目标和职责。清晰描述该职位要完成的目标，准确指明该职位所拥有的主要权限，并把每一个工作流程详细列举，标准词语有“负责”“确保”“保证”等。

(3)工作内容。详细描述该职位需要完成的每项工作，包括工作综述、工作过程、工作权限、工作联系人、工作环境及所需工具等。

(4)工作时间特征。明确说明该职位的工作时间安排，例如，是正常上下班，或是三班倒制。

(5)工作完成的考核标准。制定该职位工作完成的标准，以及如何根据工作完成情况进行考核的制度。

(6)教育背景。描述从事该职位应具备的最低学历要求，以及应有的基本专业培训等内容。

(7)工作经历。描述从事该职位应具备的最低工作经验要求。例如，相关的知识经验背景或相关的职位工作实践经历。

(8)专业能力。主要用于明确从事该职位应具备的基本技能、职业能力等方面的要求。

(9)体能要求。此项主要针对体力劳动类型或特殊职位。

3. 员工招聘

在通常情况下，企业在发展过程中会面临人力资源不足的情况。为保证人力资源供需处于平衡状态，企业通常会采取招聘的方式来补充人员。一个企业想要维持生存和发展，员工的数量和质量至关重要。企业在招聘员工时，需要综合考虑四个主要方面的因素：招聘员工的岗位有哪些；招聘的员工应具备哪些技能和条件；需要招聘的人数有多少；规划支付多少工资给这些员工。

企业招聘员工时，除了考虑员工的专业技能，还需参照岗位职责的要求，对员工的素质品行进行考量。招聘人员不能只凭个人简历就做出决策，一般还需要进行笔试和面试，从而做出科学合理的招聘决定。面试时，创业者可以通过提问来掌握应聘者的基本情况。

针对新企业的人才需求特点，选择合适的招聘渠道至关重要。不同类型的人才往往对应着不同的招聘途径，企业需要根据自身的具体情况灵活选择，以确保能够有效吸引适合岗位的人才，为企业发展提供有力支持(见表6-2)。因此，招聘渠道的选择需要根据企业的实际情况和需求进行周密筹划，以确保人才招聘的高效性和成功率。

表6-2　　新企业的招聘途径

招聘途径	优点	缺点	适合岗位
招聘会	效率高，比较直接，可以与应聘者面对面；参加招聘会的人很多，企业的可选择余地大	时间短，需要进行下一步的面试或笔试	基层管理岗位；文职类、技术类岗位
网络招聘	效率高，信息量大，可以从网络人才中介平台获得大量的求职者信息，比较起来也方便	很多信息无法当面验证，过度包装自己的应聘者会浪费企业的招聘资源	基层管理岗位；中层管理人员；文职类岗位
与猎头公司合作	效率高，可靠性强，猎头公司能够完全按照企业的要求寻找优质人才	成本高	中高层管理岗位；具有特殊性质的岗位
熟人介绍	成本低，忠诚度高	人才素质参差不齐，可选择面较小	基层管理岗位；基层工作人员
传统媒体公开招聘	受众面广，影响力大，招聘的同时还能给企业做一次广告	成本高，时效性差	基层管理岗位和普通岗位，中层管理人员
内部选拔	成本低，见效快，不存在融入问题	选拔过程长，原岗位空缺后，仍然需要继续招聘，没有从根本上解决人员短缺的问题	中层和基层管理岗位

知识链接

员工招聘流程

企业在招募人员时，应依据岗位职责的具体要求来选拔合适的人才。在此过程中，不仅要考量员工的专业技能水平，还需综合评估其个人素质与道德品质。

借助一系列具有针对性的问题，能够有效了解应聘人员的基本情况。以下是面试中常用的技巧性问题：

(1)请详细阐述你过往的工作经历，并谈谈你所具备的知识与技能。

(2)你为何有意向加入本企业？期望获得哪个职位？

(3)促使你离开原单位的原因是什么？你如何评价自己在原单位的工作表现？烦请提供原单位同事、主管以及下属的联系方式，以便我们进一步了解相关情况。

(4)在你以往的工作经历中，最令你满意的成就是什么？最不满意的地方又在哪里？

(5)你认为自己具备哪些优点和不足？若有人对你态度不友善，你会如何应对？

(6)你通常如何安排业余时间？有哪些兴趣爱好？

除了一般的问题，还可以运用专业的职业评价技术，对应聘人员的各种素质以及与应聘职位的匹配度进行评价，通过这种方式，可以更科学地判断应聘者是否适合应聘岗位的需求，以及是否具有良好的求职意愿。如图6-9所示，招聘流程大致包括以下几个步骤：

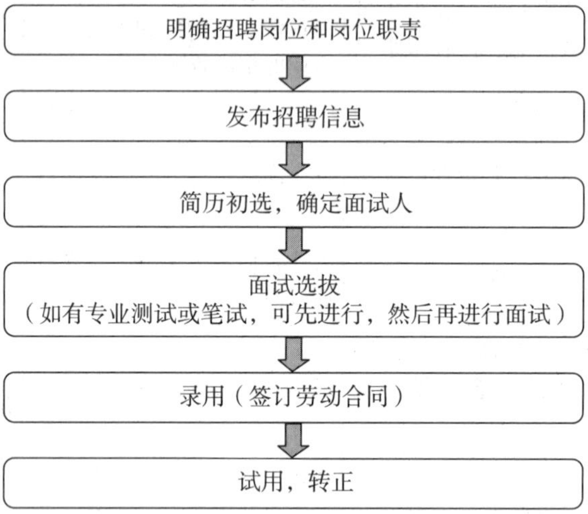

图6-9　招聘流程图

4. 薪酬管理

薪酬管理，是指通过明确工作岗位所需的技能、学历、工作难易程度等因素，对各个岗位的相对价值进行评判，以此作为薪酬管理工作的依据，从而制定公平合理的薪酬制度。新企业在处理薪酬问题时，应抓住以下重点：

(1)判断岗位价值。在企业初创阶段，即便规模相对有限，也务必清晰界定各个岗位的价值。建议创业者率先明确每个岗位的基础要求，具体要求应涵盖三个方面：一是胜任该岗位的基本条件，如学历水平、工作经验年限、技能标准；二是岗位的基本职责，包括工作内容、责任和职权；三是员工的晋升途径，如薪资调整、职位晋升、培训机会等。通过这一方式，每个岗位均可转化为数据化的要素对比图谱，进而形成各岗位的价值比率。基于这个比较，能够确定各岗位的基本薪酬水准，并依据企业的财务预算以及对岗位的预期，设定每个岗位的薪资调整频率与幅度。

(2)了解市场行情。深入了解市场状况是制定合理薪酬的关键环节，获取市场行情信息的途径主要包括剖析应聘者提交的资料；借助人才中介机构进行数据查询；从专业人才网站收集薪酬待遇行情资讯等。在调研市场行情时，不应仅关注薪资总额，更应着重分析薪资的构成结构、稳定性程度，以及薪资所对应的岗位要求。企业需从薪资待遇水平、自身战略定位出发，寻觅与企业最契合的员工。只有全面掌握市场薪酬状况，方能在与应聘者的薪酬谈判中占据主动。

(3)薪酬的周全性。制定薪酬制度时，应充分考量不同员工群体的需求，使薪酬制度尽可能贴合各类员工的具体诉求。实际上，员工可划分为投资型、契约型和利用型三类。投资型员工通常是企业的战略合作伙伴，他们着眼于长期合作与风险共担，企业可通过赠予股份与引导其适度资金投入相结合的方式，满足其薪酬期望；契约型员工是指针对具备核心能力的员工，企业可通过签订合约，将员工提出的要求与企业对其的要求相结合，明确双方的权利与义务，界定违约责任；利用型员工即普通员工，创业者可依据企业的薪酬制度满足其需求，同时可根据员工动态和企业发展需求灵活调整薪酬制度。

(4)薪酬谈判策略。一般企业在招聘时多采用一对一的薪资谈判模式，谈判过程需注重策略运用。例如，可先与应聘者共同探讨其入职企业后能够创造的价值、发挥的作用、能力展现与业绩表现，以及企业能为其提供的资源等，之后再切入薪资话题。通常在双方达成共识且氛围融洽的情况下探讨薪资问题，谈判会更为顺畅。

5. 员工管理

科学且规范的员工管理能够显著增强企业的运营效能，新企业在开展员工管理工作时，可从以下几个关键维度着手：

(1)全面且精准地向企业全体员工阐释企业的详细信息，内容涵盖企业的发展历程、组织架构、战略目标、经营理念等。同时，清晰界定各岗位的工作任务、职责范围、工作标准以及工作流程，确保员工对自身工作有明确的认知。

(2)依据员工的工作内容、工作强度、技能要求以及市场行情等因素，构建合理且具有竞争力的薪酬体系，为员工提供与其工作价值相匹配的工资和奖金，确保薪酬分配的公平性与激励性。

(3)致力于为员工营造稳定的工作环境，通过合理规划业务、优化工作流程、加强团队协作等方式，降低员工工作的不确定性。同时，提供良好的工作条件，包括舒适的办公设施、安全的工作环境、必要的工作资源等，以保障员工能够高效开展工作。

(4)积极组织各类团队建设活动，加强员工之间的沟通与交流，促进员工之间的相互了解与信任。通过这些活动，营造积极向上、团结协作的企业文化氛围，增强员工对企业的认同感和归属感，使员工真正融入企业团队。

(5)建立科学、公正、透明的绩效考评机制，明确考评指标、考评方法和考评周期，定期对员工的工作表现进行全面、客观的评估。依据考评结果，及时、合理地实施奖惩措施，激励员工积极工作，提升工作绩效。

(6)根据员工的岗位需求、职业发展规划以及企业的战略发展要求，为员工提供多样化的培训和学习机会，包括内部培训、外部培训、在线学习、实践锻炼等，帮助员工不断提升专业技能和综合素质，实现个人与企业的共同发展。

(7)以理性和专业的态度面对问题员工，深入分析问题产生的原因，采取针对性的解决措施；积极应对员工管理中出现的各种问题，遵循合法、合规、合理的原则，避免简单粗暴的处理方式，确保问题得到妥善解决，维护企业的和谐稳定发展。

每个创业者都需要明白，员工在工作中出现问题是普遍现象，创业者要及时发现并解决这些问题，帮助员工达到合格标准，通过这种方式来降低企业的用工成本。此外，对职工的培训、定期体检、举办职工活动等举措，也可以有效地调动员工的工作积极性。企业虽然需要通过制度来实现对员工的管理，但往往对员工影响更加直接有效的，是企业领导的个人魅力。

(三)新企业的财务管理

有效的财务管理是确保初创企业成功的关键。在创业初期，创业者必须重视财务管理，以确保企业能够合理运营并实现可持续发展。财务管理涉及资产购置、资金融通、现金流量管理和利润分配等方面，是确保企业运作顺利的重要环节。资金对于任何企业来说都至关重要，是企业生存和发展的基础。企业管理的各个环节都需要资金支持，只有确保资金的充足供应和良性循环，企业才能维持正常运转。因此，创业者必须注重财务管理，合理规划资金运用和利润分配，以确保企业的稳健发展。有效的财务管理可以帮助企业降低风险，提高效率，增强竞争力。创业者应该建立健全的财务管理体系，监控现金流量，合理配置资金，确保企业的长远发展。只有通过良好的财务管理，初创企业才能在激烈的市场竞争中立于不败之地，实现持续增长，并最终取得成功。

1. 树立财务管理的观念

(1)货币时间价值观念。创业者必须清晰认识到货币具有时间价值，处于不同时间节点的货币，其经济价值存在差异。这种因货币流转时间不同而产生的价值差异，具体体现为利息。在财务决策过程中，创业者需重视利息的作用。某些看似盈利的项目，若将货币时间价值纳入考量范畴，很可能就变成入不敷出的项目。尤其是在通货膨胀时期，物价上涨导致生产成本攀升，生产费用增加，最终可能使企业利润被完全“挤干”。

(2)效益观念。市场经济对现代企业提出的最基本要求是获取经济效益，并持续提升效益水平。因此，在财务管理工作中，必须牢固树立效益理念。在筹集资金时，要充分考虑资金成本；进行投资时，需着重关注收益率。在资产管理方面，要灵活运用资金，提高资金的使用效率；在资本管理方面，要注重拓展收入来源、节约支出，实现资产的保值增值。

(3)竞争观念。竞争是市场经济的显著特征之一。在市场经济环境下，价值规律和市场机制对企业经营活动的引导作用日益增强，优胜劣汰的法则表现得尤为突出。市场供求关系的变化、价格的波动等因素，往往会给企业带来重大影响。创业者应强化财务管理在筹集资金、投放资金、资金运作以及收益分配等各个环节中的决策作用，增强自身在竞争中承受和应对冲击的能力，不断提升竞争实力，做好充分准备以应对市场的各种挑战。

(4)风险观念。现代企业财务活动具有复杂性，客观环境也存在诸多不确定性，加之人们认识的局限性，这些因素共同导致企业面临各种风险，风险是市场经济的必然产物。受各类风险因素的影响，企业的实际财务收益可能与预期收益出现偏差，进而引发财务亏损。因此，创业者必须树立强烈的风险意识，为防范和控制风险做好周全准备。

2. 财务管理的注意事项

(1)洞悉资金运作规律。创业者及财务管理人员需从企业经济、市场经济以及产业经济等多个维度深入剖析，全面综合地考量财务问题。

(2)革新方法体系。在财务管理过程中，不仅要重视质的分析，更要强化量的分析，借助专业的财务分析与管理工具，实现理财决策的优化。①

(3)丰富管理内容。财务管理不应仅仅局限于资金的收支管理，其范围还应扩展到资本市场的融资业务，资金预算和现金计划的制订，有价证券、应收账款、存货等营运资金的管理与控制，以及做好长期投资的可行性研究与收益评估。

(4)平衡收益与风险。创业者和管理人员要具备评估和计量经营风险与财务风险的能力，防止企业承担超出收益承受范围的风险。在追求收益增长的同时，积极分散和规避风险。

(5)钻研资金成本。要深入研究不同筹资方式下资金成本的计算方法，探索以最低成本筹集企业生产经营所需资金的有效途径。

(6)关注理财法律事务。有必要了解资本市场的交易规则、各类金融工具的权责关系、举债经营的法律责任，以及各类税法的规定。

(7)探索目标资本结构。依据企业内外部理财环境的变化，优化企业资本结构。合理运用经营杠杆和财务杠杆，助力企业在良好财务状况下实现收益最大化。

(8)重视通货膨胀影响。在进行投资、融资决策及资产管理时，充分考虑通货膨胀对财务的影响。合理调整折现率，以准确评估项目的投资价值。

(9)汲取国际理财经验。企业要学习外汇风险规避、国际投资与融资决策方法等方法，并借此拓展国际业务，实现国际化发展战略。

(10)筑牢财务安全防线。要能够精准评估企业财务状况，提前预防财务危机的发生。当企业陷入财务困境时，能够迅速制定有效的应对策略。

3. 财务管理的关键

(1)强化现金流预算与管控。企业财务管理应优先聚焦现金流量，而非会计利润。现金流堪称创业企业的生命线，其预算与管控是财务管理的核心要点。新企业应借助现金流预算管理来实现对现金流量的有效管控。在预算编制过程中，需遵循"以收定支，与成本费用相匹配"的原则，运用零基预算的编制方法，依照收付实现制来呈现现金的流入与流出。经过企业内部多轮汇总、平衡，最终形成年度现金流量预算，并据此制定分时段的动态现金流量预算，对日常现金流量实施动态监控。新企业要尽力确保企业账上留存不少于6个月(完成一轮融资通常耗时6个月)的现金储备，以防资金断流。无论是为权益融资或债务融资筹备商业计划，还是开展年度或季度预测、预算，都应进行

① 马腾文，殷广胜，夏振展，等. 大学生创新创业基础教程[M]. 北京：化学工业出版社，2021.

现金流分析；以现金流量表为参照，将每月实际现金流与预测或预算进行对比，留意各类变化；深入探究数字背后的潜在信息，剖析现金流波动的原因，并及时采取相应管控措施。

(2)审慎权衡投资回报与代价。即便新企业产品销售态势良好、短期现金流充裕，仍需综合考量新增投资的回报率和回收期，以及新投资对企业现有能力的挑战和管理等衍生问题。更为关键的是，要对新增投资的发展前景和现有业务发展的价值展开客观评估。在新企业快速成长阶段，其"组织肌体"尚不稳固，市场竞争地位刚刚确立，过于分散的运营会削弱企业原有的核心业务能力。特别是当两项业务毫无协同效应时，这种多元化拓展战略会将经营危机的隐患埋入本就脆弱的新企业中。因此，新企业必须明确战略边界，秉持"有所为，有所不为"的投资理念，谨慎做出投资决策。

(3)善用产业平台资源。对于高新技术型初创企业而言，争取政府资金和相关政策支持，是缓解现金流短缺的一种低成本途径。例如，充分利用所在地区的创业孵化器等产业平台(即为科技型骨干企业和创业团队提供实体空间、共享设施和专业服务的创业服务载体)。孵化器通常是众多政府政策资源的汇聚地，创业者通过关注并利用政府机构制定的相关政策措施，能够获取政策性低息贷款或孵化机构提供的无偿扶持基金(如创新基金)，以及孵化器提供的低价房租等。孵化器内的初创企业在政策资源方面具备显著优势。

(4)增收节支，双管齐下。开源节流是企业经营中最务实、最有效的手段和策略。节流并非简单地削减支出，而是要对费用支出结构、支出的必要性和经济性进行全面分析，采取多种措施提高支出的使用效益。对于新创企业而言，需重点管控研发费用和销售费用。① 在研发投入方面，技术导向的创业团队容易因追求技术本身而忽视成果的市场需求，新企业在研发经费投入决策中应着重考虑研发方向的商业化前景。除规范内部制度防止资金浪费外，在营销投入上还需留意两个倾向：一是避免因短期成功而简单复制未来的营销策略；二是避免在企业遇到困难时自乱阵脚。新企业往往对市场导入期估计不足，实施几次营销策略未见明显成效便慌了手脚，盲目投入，寄希望于地毯式、轰炸式广告宣传，造成资金浪费，进而陷入更深的危机。②

(5)防控财务风险。对于处于初创期或成长期的企业来说，为应对快速增长的应付账款和存货，需要大量运营资本，此时举债经营成为企业发展的重要途径之一。合理利用债务能够提高企业收益，但企业举债经营会对自有资金的盈利产生影响。由于负债需支付利息，若企业经营状况不佳或出现其他不利因素，一旦资不抵债、倒闭，债务人对企业资产享有优先受偿权。倘若企业经营不善或出现其他不利状况，就会面临资不抵债、破产倒闭的风险。因此，新企业必须客观准确地评估财务风险，采取稳健发展的财务策略。

---

① 何雪利，王永祥．从零到卓越——创新与创业导论[M]．上海：上海交通大学出版社，2022.

② 马腾文，殷广胜，夏振展，等．大学生创新创业基础教程[M]．北京：化学工业出版社，2021.

(6)加强应收账款管理。在当前市场竞争激烈的环境下，新企业在经营中常需以信用形式开展商业往来，这导致应收账款比率难以降低。应收账款是重要的财务控制点，指尚未收回的货款或提供服务应得的款项。许多大企业认为小企业或新企业的货款可延期支付，因为小企业和新企业大多缺乏议价能力。许多新企业或处于发展初期的企业，往往通过给予风险更大、在其他地方贷不到款的客户更高的个人信誉(以个人信誉担保的应收账款)来获取业务。但这样做存在很大风险，不少新企业因欠款无法收回而倒闭。

新企业要控制好应收账款，需处理好以下三个方面的问题：一是对客户资信程度进行客观评估；二是合理设定信用标准；三是加强对应收账款及客户的管理，制订催款计划，定期向赊销客户寄送对账单、催缴欠款通知书或进行电话催收，对经常有业务往来的赊销客户，需进行单独管理。①

知识链接

创业者最应该了解的7个财务术语

对于创业者而言，掌握一些关键的财务术语，是精准把握企业财务状况、合理规划企业发展战略、有效进行决策的基础。

1. 盈亏

盈亏是评估企业经营成果的核心指标。在统计表格的最下方一行，会清晰呈现这一数据，它是总收入扣除所有成本后的净利润或净亏损数字。简单来说，若总收入大于总成本，企业盈利；反之，则亏损。

2. 毛利

毛利是衡量企业初步盈利能力的关键指标，它是营业收入扣除生产成本后的部分。生产成本主要包括原材料采购成本、生产过程中的直接人工成本等。而企业的净利润，则是在毛利的基础上，进一步扣除人力、物力等其他成本，如人员工资(除直接生产人员外的管理、销售等人员工资)、房屋租金、水电费、营销费用等，再减去所得税后的金额。

3. 固定成本与可变成本

固定成本：在一定时期和一定业务量范围内，不随生产和销售的增加或减少而变动的成本。常见的固定成本有人员工资(如企业签订的长期劳动合同中的基本工资部分)、房屋租金、设备折旧等。

可变成本：会随着产量或销量的变化而变化。主要包括原材料成本、运输费、包装费、计件工资等。产量或销量越高，可变成本就越大；反之则越小。

① 何雪利，王永祥．从零到卓越——创新与创业导论[M]．上海：上海交通大学出版社，2022.

4. 股权与债务

股权：股权可以理解为创业者通过出让企业部分股份，从投资方获得资金。投资方成为企业股东，与企业共同承担风险、分享收益。

债务：债务则是企业从银行贷款或从其他债务人手中借入资金，并承诺在未来某一约定日期前偿还本金和利息。

5. 财务杠杆

财务杠杆是由于固定债务利息和优先股股利的存在，而使得普通股每股利润变动幅度大于息税前利润变动幅度的现象。简单来说，当企业存在债务融资时，债务利息是固定的，无论企业盈利多少，都需要按照约定支付利息。

6. 资本支出

资本支出是指为固定资产增值的所有投资。固定资产是企业长期使用、价值逐渐转移到产品成本中的资产，如房屋、设备、车辆等。以互联网企业为例，购买软件、计算机，扩展服务器空间等均属资本支出。

7. 集中度

集中度是用来衡量一家企业的客户单一与否的指标。任何一家企业都不愿意将业务集中在某几个客户身上，因为这会使企业面临较大的经营风险。客户群越广泛，集中度越低，企业的经营就越稳定，投资人也会更感兴趣。

(四)新企业的营销管理

企业营销活动的本质在于运用内部可掌控的因素，去积极顺应外部环境，即针对外部不可控因素，如市场状况、产品特性、价格体系、分销途径以及促销活动的规划与实施等，积极主动地做出反应，以此推动交易的顺利完成，最终实现个人和组织的既定目标。营销管理是企业管理的核心组成部分，是一个动态且系统的过程，它要求企业规划并实施营销理念，制定科学的营销组合策略，以期在满足目标客户需求，实现自身利益的同时，创造更多的交换机会。

1. 市场定位

精准确定目标市场定位是新企业开展营销活动的首要任务。市场定位的核心使命是清晰界定自身产品与竞争对手产品相比的独特之处和优势所在，突出自身产品在市场上的创新性、显著性和差异化，从而赢得消费者的认可与喜爱。

(1)市场定位的依据。

①产品特点。诸多构成产品特色的要素均可作为市场定位的依据，涵盖成分、材质、质量、价格等方面。例如，“王老吉”将自身定位为凉茶，与可乐、绿茶等饮品形成鲜明区分；“泰宁诺”止痛药定位为“非阿司匹林的止痛药”，着重强调其与以往止痛药在成分上存在本质差异。

②产品用途。为老产品开发出一种新的用途，能够为该产品确立一种全新的市场定位。曾经有一家曲奇饼干生产厂家，起初将产品定位为家庭休闲食品，后来经过市场调

研发现，消费者购买饼干除了日常食用外，还大量用于送礼，于是厂家将产品重新定位为礼品。①

③消费者利益。消费者能够切实感受到产品为其带来的益处，这同样可以作为市场定位的依据。例如，在汽车品牌领域，劳斯莱斯定位为尊贵奢华，丰田定位为实用亲民，沃尔沃定位为安全耐用等。

④消费者类型。企业通常会针对特定消费群体进行产品定位，从而根据目标受众的认知、偏好和习惯来打造合适的品牌形象。

(2)市场定位的策略。

①避强定位。这是一种避免与强大竞争对手正面交锋的市场定位方式。新企业可以深入分析，寻找市场空白点，开发具有差异化的产品，开拓新的市场空间。这种策略能够帮助企业快速立足市场，并在消费者心中建立独特的形象。由于其市场风险相对较低，该策略被众多企业广泛采用。

②迎头定位。这是一种直接挑战市场领头者的竞争方式，堪称“勇者的博弈”。即新企业选择与行业竞争者正面交锋，争夺相同的目标客户。要成功实施这一策略，企业必须精准评估市场容量是否足以支撑多个竞争者，自身资源与能力是否具备超越对手的优势，以及能否在关键领域做得更出色。此外，新企业还需审慎选择市场切入的时机和区域，以确保战略的有效性。②

③重新定位。这一策略通常指对滞销产品或市场表现不佳的产品进行二次定位调整。例如，某企业原先生产的石英钟表因缺乏设计亮点和价格竞争力而销量低迷。随后，企业通过创新设计，将钟表改造为兼具实用性与艺术性的装饰品，该产品凭借独特造型和美学风格，迅速赢得市场青睐。尽管定价高于普通石英钟表，但其差异化价值推动了销量的持续增长。

2. 产品策略

产品策略是企业为实现营销目标，通过为目标市场提供符合消费者需求的有形产品和无形服务所制定的营销方案。它涉及对产品品类、规格、包装、特色、商标、品牌以及配套服务等可控要素的系统规划和组合运用。作为市场营销组合策略的核心，产品策略的质量直接决定了企业能否成功满足消费者需求，进而影响企业的市场竞争力与发展前景。从本质上看，企业的市场表现很大程度上取决于其产品策略能否精准对接消费者需求并有效实施。

(1)产品的整体概念。市场营销中所指的产品是一个整体概念，它包含五个层次，即核心产品、形式产品、期望产品、附加产品和潜在产品，如图6-10所示。

---

① 马腾文，殷广胜，夏振展，等．大学生创新创业基础教程[M]．北京：化学工业出版社，2021.

② 刘月梅，王小锋．创新创业基础　从思维创新到创业实践[M]．上海：上海交通大学出版社，2020.

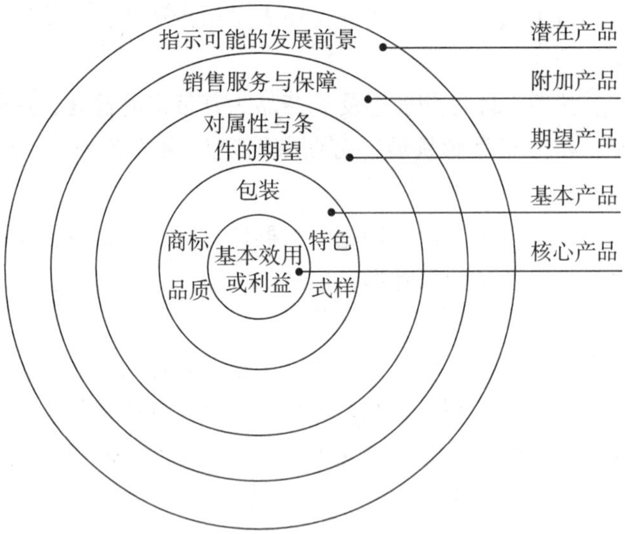

图 6-10　产品整体概念的五个层次

①核心产品：也称实质产品，是指产品为消费者提供的基本功能和核心价值，是消费者购买的根本目的。它是产品整体概念中最基本、最主要的部分。如消费者购买洗衣机本质是为了“便捷洗涤”这一核心功能。

②形式产品：是核心产品价值的具体载体和外在表现，包括产品的质量水平、外观设计、功能特性、品牌标识以及包装装饰等有形要素。

③期望产品：是消费者在选购商品时期待获得的一系列相关产品特性和使用体验。以洗衣机为例，购买者不仅追求其核心的衣物清洁功能，还希望产品具备衣物保护、低噪音运行、便捷操作以及时尚外观等延伸价值属性。

④附加产品：是企业在核心产品之外提供的增值服务组合，涵盖运输配送、安装调试、维修保养以及使用指导等一系列延伸价值服务。

⑤潜在产品：代表着产品未来可能发展的方向，体现了现有产品通过创新升级可能达到的更高形态，展现了产品线未来的发展空间和前景。

(2)产品的组合策略。

产品组合是指某一企业生产或销售的全部产品线和产品项目的组合或搭配。产品线是指产品组合中的某一产品大类，是一组密切相关的产品，它们都能满足某种需要，或必须一起使用，或售给同一类消费者，或经由相同的渠道，或在同一价格范围内出售。产品项目则是指产品大类中各种不同品种、档次、质量和价格的特定产品。

企业可以根据市场环境和经营需求，采取差异化的产品组合优化策略，常见的策略包括：

①扩大产品组合策略。具体包括两种方式：一是横向拓展，通过新增产品线来扩大业务范围；二是纵向延伸，在现有产品系列中开发新产品项目。当预判当前产品线的销售和利润可能出现下滑时，企业应当及时调整产品结构，要么引入具有市场潜力的新产

品线，要么重点发展现有产品线中增长前景良好的品类，以此保持企业的市场竞争力和盈利能力。这种策略既能够开拓新的市场空间，又能巩固现有业务基础，从而实现企业的可持续发展。

②缩减产品组合策略。企业在面临市场低迷或资源紧缺时，可以通过系统性评估，淘汰盈利能力薄弱或持续亏损的产品线及单品，将有限的企业资源重新配置至高回报业务单元，实现经营效益的最大化。这种战略收缩并非简单的规模缩减，而是基于价值创造导向的业务聚焦。通过优化产品结构，企业能够提升整体运营效率，确保在不利环境下的可持续发展和竞争优势。

③产品线延伸策略。这是企业调整市场定位的重要方式，主要通过三种路径实现市场覆盖的拓展：首先，向下延伸，通过在现有高端产品线中引入中低端产品，扩大消费群体覆盖面；其次，向上延伸，在原有产品线中增加高端产品项目，提升品牌价值形象；最后，双向延伸，当企业在中端市场确立竞争优势后，同步向高端和大众市场延伸，实现全价位段的战略布局。这种定位调整不仅能够优化产品结构，更能有效扩大市场份额，增强企业的市场竞争力。

④产品线现代化策略。在科技迭代加速的市场环境下，产品创新周期不断缩短，推动产品线技术升级已成为企业保持竞争优势的关键举措。通过引入智能化、数字化等前沿技术对现有产品线进行系统性改造，不仅能够提升产品性能和市场竞争力，更能从战略上使企业适应产业变革、满足消费升级需求。这种升级转型不是简单的产品改良，而是涉及研发体系、制造工艺和用户体验的全面革新。

⑤产品线号召策略。企业通过甄选产品线中的潜力单品，集中优势资源进行深度开发和精准营销，将其培育成为具有市场引领力的旗舰产品。这种战略定位不仅能够塑造鲜明的品牌形象，更能通过明星产品的示范效应，有效提升整体产品线的市场关注度和销售表现。标杆产品的打造过程涉及产品设计、技术研发、营销推广等全方位的资源整合，是企业实现产品差异化竞争的重要战略路径。

(3)产品的生命周期策略。

产品生命周期是指产品从进入市场开始，直到最终退出市场为止所经历的市场生命循环过程。其一般可分为四个阶段，即导入期、成长期、成熟期和衰退期。

①导入期。在这一时期，产品刚面世，生产规模有限，销售增速平缓。为打开市场，企业营销投入较高，导致企业成本压力显著。由于产品生产工艺尚未完全成熟，性能稳定性有待提升，加之市场接受度存在变数，经营风险相对突出。但这一阶段的竞争格局相对宽松，市场参与者较少，这为企业创造了有利的窗口期。因此，企业需要精准把握市场进入时机，采取针对性的营销策略，通过精准触达目标客群，加速产品市场渗透，为后续发展奠定基础。

②成长期。进入成长期，产品成功打开了市场局面，销量一路飙升，企业的利润也稳步上升，不过市场竞争也越来越激烈。在这一阶段，企业的营销策略应着重于打造品牌的独特魅力，增强消费者对品牌的喜爱程度，让消费者在众多竞争产品中，更加青睐本企业的产品，进而提升企业在市场中的份额。

③成熟期。在成熟期，产品已经被大部分潜在消费者所接纳，销售量的增长速度明显放缓，到了后期，销售量甚至出现下滑趋势。由于市场竞争愈发激烈，企业的各项运营成本不断攀升，利润水平停滞不前，甚至开始下滑。为了扭转这一局面，企业可以采取以下几种策略：一是市场拓展策略，积极开拓新的市场领域，寻找新的消费群体；二是产品升级策略，对现有产品的品质或服务进行优化改进后，再重新推向市场；三是营销组合调整策略，通过调整价格、销售渠道以及促销手段等方式，来延长产品的成熟期，保持市场竞争力。

④衰退期。在衰退期，产品的市场需求急剧下降，销售量和利润都大幅下滑，大部分竞争对手不得不离开市场。所以，在这个阶段，企业可以把销售量维持在一个较低的水平，以减少库存积压和运营成本。同时，密切关注市场动态，等待合适的时机。当市场前景黯淡，产品已无继续运营的价值时，企业应停止这款产品的运营，撤出市场。

3. 价格策略

价格通常是影响交易成败的重要因素，在市场营销组合里，它也是最难确定的因素之一。企业定价的核心目的在于推动产品销售、实现盈利，这就要求企业在制定价格时，既要确保能够覆盖成本，又要兼顾消费者对价格的承受程度。

价格策略指的是企业依据市场规律来设定价格以及调整价格，从而达成营销目标的一种营销手段。它涵盖了对与定价相关的基础价格、优惠价格、补贴、付款时限、商业信用，以及各类定价方式和定价技巧等可控要素的综合运用与把控。

(1)定价方法。

①成本导向定价法。企业主要以产品的单位成本作为基础，在此基础上添加预期利润，进而确定产品价格的定价方式。在企业定价实践中，成本导向定价法是最为常用的方法之一。它具体包含总成本加成定价法、目标收益定价法、边际成本定价法以及盈亏平衡定价法等多种具体形式。[①]

②需求导向定价法。企业依据消费者对产品需求的差异程度、需求的强烈程度以及消费者对产品价值的认知情况来制定产品价格的定价方法。这类方法包含认知价值定价法、反向定价法、需求差异定价法等。采用需求导向定价法时，企业重点关注消费者的需求和价值认知，但也需要将自身成本和市场竞争状况纳入定价考量范围。

(2)定价策略。

①撇脂定价策略。指当新产品初次进入市场时，借助消费者追求新奇、独特的心理，以及市场上竞争对手相对较少的有利时机，采取高价销售的方式，从而在短期内迅速获取尽可能多的利润。这是一种典型的高价定价策略。要实施撇脂定价策略，需要满足两个基本前提：其一，产品必须具备新颖性，在质量和性能上要有显著优势，并且拥有较大的潜在市场需求；其二，产品要具有独特性，确保在短期内竞争对手无法模仿或推出相似的产品。

---

① 马腾文，殷广胜，夏振展，等．大学生创新创业基础教程[M]．北京：化学工业出版社，2021.

②渗透定价策略。指在新产品刚进入市场时，将产品价格设定在低于消费者预期的水平，让消费者感受到产品的物美价廉，从而迅速打开销路，占据市场份额。这是一种低价定价策略。渗透定价策略适用于那些资金充裕、生产能力强大，并且在扩大生产规模后有潜力降低成本的企业。此外，当新技术已经公开，竞争者开始纷纷模仿生产，或者市场需求弹性较大，市场上已经存在替代品的中高档消费品时，也可以采用这种策略。

③满意定价策略。属于撇脂定价策略与渗透定价策略之间的折中定价方式。其设定的价格相较于撇脂定价更低，而比渗透定价要高，处于中间价位。该定价策略因能让生产者与消费者双方均感到满意而得名。

④组合定价策略。指的是企业依据不同产品之间的价格关联，对产品进行组合定价的一种策略。它涵盖了系列产品定价策略、互补产品定价策略以及成套产品定价策略。①

⑤心理定价策略。是企业依据消费者的心理特征，有意识地契合消费者的某些心理诉求而采用的一种定价手段。心理定价策略旨在扩大市场销售规模、实现效益最大化，主要形式包括整数定价、尾数定价、声望定价和招徕定价。

⑥折扣定价策略。是企业对产品价格做出一定程度的让步，通过直接或间接的方式降低价格，以此促进产品销售量增长的一种定价策略。其中，直接折扣包含现金折扣、数量折扣、功能折扣和季节折扣，间接折扣则体现为佣金和补贴。

⑦差别定价策略。也被称为“价格歧视”，是企业针对同一种产品或服务，按照两种或两种以上不基于成本费用差异的价格进行销售的一种定价策略。它主要包括消费者差别定价、产品形式差别定价、产品部位差别定价以及销售时间差别定价。

4. 分销渠道策略

分销渠道策略指的是企业通过精心挑选合适的分销途径，并有效组织产品的实际流通流程，以达成其市场营销目标的策略规划。这一策略涵盖了与分销渠道紧密相关的多个可控要素，如渠道的覆盖范围、产品流转的具体环节、中间商的选择与管理、销售网点的布局设置，以及储存和运输等物流环节的优化组合与高效运用。

(1)分销渠道系统的发展。

自20世纪80年代起，分销渠道系统不再局限于以往由生产者、批发商、零售商及消费者构成的传统框架，而是创新性地发展出垂直渠道系统、水平渠道系统以及多渠道系统这三种新型模式。

①垂直渠道系统。它代表着生产者、批发商与零售商之间形成的一种紧密联合体。在这个体系中，具备最强实力的渠道成员将承担起领导者的角色，这一角色可能由批发商、零售商或是生产者来担任。所有渠道成员在统一的规划下协同工作，确保行动的一

① 刘月梅，王小锋．创新创业基础　从思维创新到创业实践[M]．上海：上海交通大学出版社，2020.

致性。①

②水平渠道系统。指通过两个或更多独立企业间的合作而构建起来的渠道体系，它们携手合作以共同探索并把握新的市场机遇。这种合作既可以是短期的，也可以是长期的。此类渠道系统能够充分发挥集体优势，实现资源共享、风险共担与效益最大化。

③多渠道系统。指的是企业在特定的一个或多个细分市场中，同时采用多种渠道进行市场营销活动的渠道体系。这种渠道系统主要呈现为两种形态：一种是生产者通过多条渠道来销售同一品牌的产品，这种方式往往容易引发不同渠道间的激烈竞争；另一种是生产者利用多种渠道来销售不同品牌的产品。

(2)分销渠道的管理要点。

新企业在构建分销渠道后，必须对其进行长期且细致的管理与维护，以不断提升渠道的整体绩效。具体而言，这一过程中有几个关键要点：

①渠道成员筛选。新企业应全面评估渠道成员的资源实力、合作态度以及行业内的声誉状况，从而筛选出那些资源丰富、合作意愿强且口碑良好的渠道成员作为合作伙伴，确保双方合作的稳固与高效。

②渠道成员培训。针对渠道成员，新企业需开展系统的培训活动，涵盖产品知识、营销技能等多个方面。通过培训，能够直接增强渠道成员的销售能力与积极性，进而提升销售业绩。

③激励机制设计。为了激发渠道成员的持续动力，新企业应设计并实施一套有效的激励机制，比如定期提供年终返点、举办销售竞赛并颁发奖励等，以此激励渠道成员不断追求卓越，从而为企业带来更好的销售业绩。

④渠道成员绩效评价。新企业还需定期对渠道成员的绩效进行客观评价，包括销售指标的达成情况、合作紧密度、特殊贡献等多个维度。对于表现优异的渠道成员，应给予表彰并推广其成功经验；而对于绩效不佳的成员，则需深入分析原因，采取改进措施，必要时进行替换，以确保渠道的整体效能。

(3)终端销售点选择。

终端销售点堪称企业达成经营目标的关键战场。产品能否顺利售出，企业能否收获预期的经济效益，很大程度上取决于终端销售点的选址与运营状况。

首先，在挑选终端销售点时，企业必须全方位考量产品特性、消费者的购买能力、活动区域、心理偏好、竞争对手的布局以及所采用的销售模式等诸多要素。

其次，电子商务的蓬勃发展促进了渠道领域的深刻变革，消费者的购物习惯也随之发生了翻天覆地的变化。从国内电商到跨境电商，从社交平台到直播带货，企业的销售渠道日益多元化。倘若新企业能够敏锐捕捉渠道变革的契机，紧跟时代步伐，持续创新，便极有可能在创业道路上取得成功。

再次，新企业有必要构建一套激励机制，定期为渠道成员提供激励，诸如年终返利、销售竞赛奖励等，以此激发渠道成员的积极性和创造力。

---

① 马腾文，殷广胜，夏振展，等．大学生创新创业基础教程[M]．北京：化学工业出版社，2021.

最后，新企业还需对渠道成员的业绩进行客观评估，评估内容包括销售业绩、合作态度、特殊贡献等方面。对于表现卓越的渠道成员，应给予表彰并推广其成功经验；而对于业绩不佳的成员，则需深入剖析原因，采取针对性措施加以改进，必要时进行人员调整，以确保渠道的高效运作。

简而言之，终端销售点在企业实现经营目标的过程中扮演着举足轻重的角色。产品的畅销与否以及企业的经济效益，均与终端销售点的选址与经营策略紧密相连。因此，企业在选择终端销售点时，务必审慎权衡产品特性、消费者购买力、活动范围、心理特征、竞争对手状况以及销售方式等诸多因素。

5. 促销策略

促销策略，亦被称作“宣传策略”，是企业为达成营销目标，借助各类信息传播手段激发消费者购买意愿、推动产品销售所采取的一系列营销手段。它涵盖了对广告、人员推销、营业推广以及公共关系等可控促销要素的综合运用与巧妙搭配。

(1)广告宣传策略。

广告是广告主为促进销售而投入一定费用，借助特定媒体向大众传播产品或服务信息的大众传播活动，是企业在促销活动中极为重视且应用最为广泛的促销方式。

广告宣传通常包括：用于塑造企业及其产品、商标信誉与声望的形象广告；用于展示、介绍、宣传产品特性与优势的产品广告；用于刺激消费者购买欲望的产品定位广告等。

广告宣传的核心在于，在确保信息真实性的基础上，精准契合消费者心理与需求，推陈出新、出奇制胜，从而给消费者留下深刻且美好的印象。制定广告宣传策略时，需充分考虑产品特性、目标消费群体、市场状况以及竞争对手情况等诸多因素。

(2)人员推销策略。

人员推销作为一种十分古老的促销方式，随着市场经济的发展，其内涵不断丰富，已成为现代营销中不可或缺的促销手段。

人员推销指的是推销人员与中间商或消费者进行直接交流，通过介绍和宣传产品，促使中间商或消费者产生购买行为的促销方式。相较于其他促销方式，人员推销的最大优势在于推销人员能够直接与目标客户接触，从而及时了解客户需求。①

人员推销主要采取两种组织形式：一是组建企业自身的销售队伍，利用本企业的推销人员，如销售经理、销售代表等来推销产品；二是借助合作的外部销售人员，如代理商、经销商等来推广产品。

(3)营业推广策略。

营业推广，又称“销售促进”，是企业在短期内为提升销量而采取的一系列促销措施，如有奖销售、赠送或试用样品、减价折扣销售等。通过这些方式，企业能够有效激发消费者的购买意愿，并在短期内取得显著的促销效果。

营业推广的优势在于能够迅速增加企业的销售收入，但需注意的是，其最终目标仍

① 吕朝晖，董浩平．市场营销学[M]．北京：化学工业出版社，2023.

是实现企业的营销目标。如果营业推广使用不当，过于急功近利，不仅无法吸引消费者，反而可能引发消费者的怀疑与反感，进而对企业及其品牌造成负面影响。

(4)公共关系宣传策略。

公共关系宣传策略旨在赢得潜在消费者的了解、信任与支持，以树立良好的企业和产品信誉与形象。它通过对公众态度的评估，从公众利益出发制定企业的促销对策，从而与广泛的潜在消费者进行有效沟通。

公共关系宣传策略通常包括以下几种方式：一是借助大众媒介进行新闻报道，以获取公众的了解、信任与支持；二是通过举办庆祝会、纪念会、赞助社会活动等社会性策略，提升企业的知名度与影响力；三是通过舆论调查、民意测验、投诉处理、听取意见等征询性策略，了解消费者的看法，增进与消费者的互动与交流。①

二、新企业的成长管理

(一)企业的生命周期

通常来说，企业成立后需要经历初创期、成长期、成熟期和衰退期四个阶段。

1. 初创期

初创期是企业不断探索、积累经验并努力求生的时期。在这一阶段，企业刚刚创立，创始人的个人素质与管理风格成为企业管理的核心要素。由于经验不足，经营方向尚不明晰，创始人往往难以建立起完善的规章制度体系，因此，企业管理处于不稳定状态，缺乏明确的战略规划与成熟的企业文化，常常会受到各种突发危机的冲击。

然而，也正因为这一阶段的管理尚未定型，企业的创新能力最为旺盛。随着企业的逐步发展，当富有创新思维但管理不够规范的企业创始人被烦琐的日常事务和具体的经营问题所牵绊，无法再高效地管理企业时，企业便会开始寻求变革，调整组织结构，组建一个正规化的管理团队，从而顺利过渡到成长阶段。

2. 成长期

成长期是企业迅速发展的时期。在这一阶段，企业的产品开始获得市场认可，市场份额持续扩大，销售能力不断增强。尽管发展速度可能有所起伏，但总体上能够维持较高的增长水平。然而，成长阶段的企业也会面临诸多挑战，如管理水平滞后、运营效率不高、销售额增长但利润未见显著提升等问题。

其中，人力资源管理是成长阶段企业需要重点关注的问题。例如，企业引入的职业经理人的管理理念可能与创始人的管理方式产生冲突，导致企业内部管理出现混乱；员工可能对企业的发展方向缺乏理解，导致人员流动率过高。因此，在这一阶段，创始人应致力于完善企业的规章制度，确保企业的组织形式能够真正发挥作用，逐步走上规范化的发展道路。

---

① 马腾文，殷广胜，夏振展，等．大学生创新创业基础教程[M]．北京：化学工业出版社，2021.

3. 成熟期

成熟期是指企业扩张到一定程度后，市场占有率和收益达到顶峰，企业声誉显赫的时期。进入成熟阶段后，企业的主营业务已经稳固，产品销售额能够保持在较高水平且相对稳定。同时，这一阶段企业的灵活性和可控性较强，组织形式与职能达到平衡状态。此外，企业积累了丰富的业务经验，能够根据市场需求变化及时推出新产品，产品标准化程度提高，并通过多种媒体渠道在公众中树立了良好的企业形象。①

在这一阶段，企业管理人员的管理水平得到显著提升，各项管理制度更加完善和专业，因此因管理失误带来的风险大大减少。

然而，在稳定的经营状况持续一段时间后，企业的管理可能逐渐变得僵化。各种严格的规章制度可能使企业逐渐失去活力，变得保守，从而严重限制企业的创新能力。

4. 衰退期

衰退期是企业生命周期中的最后一个阶段，具有以下特征：一是资金越来越多地用于控制系统、福利和一般设备；二是企业越来越注重做事的方式，而忽视行事的原因、内容和结果；三是企业内部缺乏创新机制。在衰退阶段，企业内部冲突频发、谣言不断，各部门将注意力越来越多地集中在内部地位争夺上，官僚主义盛行，员工更多地关注是谁造成了问题，而很少思考如何解决问题。②

对于任何企业来说，无论其规模多大、业绩多么辉煌，都会经历衰退阶段。衰退的原因可能是企业文化缺乏创新，也可能是市场竞争激烈导致市场饱和，还可能是管理方式落后。

(二)企业的成长管理策略

新企业的成长与壮大是一个持续演进的过程，它依赖于变革创新、强化管理，并通过对各类资源的持续累积与有效整合，进而实现企业的长远、稳定发展。新企业在成长过程中采取的管理策略，主要涵盖以下几个关键方面。

1. 整合外部资源

鉴于新企业通常规模有限，各类资源相对短缺，为了在充满变数的市场环境中实现持续成长，企业需要掌握整合外部资源的能力，以内部资源为支点，撬动更多发展机会。为此，企业可采取缔结战略联盟、推进首次公开上市等途径，以加速自身的成长步伐。

(1)缔结战略联盟。

企业可积极寻求“垂直联盟”合作，与营销链条上下游的不同企业(如供应商、制造商、经销商等)建立紧密关系。通过这种合作，实现利益共享、风险共担，并推动长期稳定的合作。同时，企业也可探索“水平联盟”模式，与不同行业的企业携手，共同分担营销成本，并在产品促销、市场推广、品牌建设等方面实现资源互通有无，例如，刀

① 何雪利，王永祥．从零到卓越——创新与创业导论[M]．上海：上海交通大学出版社，2022.

② 马腾文，殷广胜，夏振展，等．大学生创新创业基础教程[M]．北京：化学工业出版社，2021.

具生产企业与厨房电器生产企业的跨界合作。

(2)首次公开上市。

当企业发展到一定规模，满足首次公开上市的条件时，便可考虑选择这一发展策略。公开上市能为企业带来诸多益处：其一，可在资本市场上筹集到企业发展所需的大量资金，同时增强其他金融机构对企业的信任度，进而提升企业的融资能力；其二，有助于提升企业的知名度，并在消费者、供应商、投资人等利益相关者心中树立更高的可信度；其三，能为创业者在短时间内创造巨额财富，实现财富的快速积累；其四，可为企业员工和股东创造更多财富，从而激发大家对企业未来发展的信心。

创业视窗

企业上市涉及的主要中介机构

(1)保荐机构。

在国内，企业若要发行股票并成功上市，需遵循保荐机构保荐承销制度。这里所说的保荐机构，指的是具备保荐资质的证券公司。保荐机构主要承担以下三项职责：其一，针对拟上市企业开展全面且深入的尽职调查与辅导工作，在此基础上，保荐机构出具保荐意见，证实该企业满足上市条件，随后将相关材料提交至中国证券监督管理委员会进行审核；其二，保荐机构担任承销商角色，全面负责股票的承销事宜；其三，在企业成功上市后，保荐机构仍需持续履行督导职责。

(2)律师事务所。

当企业推进股票公开发行上市进程时，依法聘请律师事务所担任法律顾问是必要环节。律师事务所的核心任务是，对股票发行与上市过程中涉及的各类文件的合法性进行审慎判断，并针对发行上市相关的法律问题出具专业的法律意见。

(3)会计师事务所。

股票发行过程中的会计工作专业性极强，必须由具备证券从业资格的会计师事务所来承担。会计师事务所会对企业的账目展开细致的检查与审验，具体工作内容涵盖审计、验资、盈利预测等方面，同时还会为企业提供财务咨询以及会计服务。

(4)资产评估机构。

企业在股票发行之前，通常需要对自身资产进行评估，此项工作一般由具备证券从业资格的资产评估机构来完成。资产评估有着严格的流程规范，整个流程通常包含申请立项、资产清查、评定估算以及出具评估报告等环节。

(资料来源：搜狐网，有改动)

2. 及时实现从创造资源到管好、用好资源的转变

从创造资源到管好、用好资源，是指企业在积极开发各类生产经营所需资源的同时，必须同步采取切实有效的举措。一方面，要强化对各类资源管理体系的构建；另一方面，要深度挖掘已开发资源的潜在价值，以创造更大的经济效益，最终达成资源开拓

与高效利用的双重目标。

若企业仅聚焦于资源的开拓，却忽视了对所获取资源进行科学化的管理与高效利用，则极易出现资源被企业内部人员不合理占用的情况，进而使企业遭受不必要的经济损失。更为严重的是，这种管理缺失还可能无形中孕育出一批同行业的竞争对手。反之，若企业在日常生产经营中，牢固树立资源开拓、管理与利用并重的先进管理理念与经营哲学，构建完善的企业资源管理制度与资源利用监督机制，并着重加强对企业员工队伍、核心技术体系、关键生产设备以及客户关系网络等核心要素的管理，则能够有效保障企业的核心竞争力不受侵蚀，确保企业利润水平保持稳健，从而在激烈的市场竞争中始终占据有利地位。

3. 塑造稳定且深入人心的企业价值观与文化环境

企业价值观是企业在长期的生产经营实践中逐步积淀而成的，它代表着企业管理者与全体员工共同秉持的价值取向，是企业成长与发展道路上的精神支柱。企业通常通过明确企业宗旨、提炼企业精神、阐述企业经营理念等方式，将自身的价值观精准地传递给每一位员工，使员工能够清晰地理解企业的目标愿景，深刻领悟企业的精神内涵，并自觉地将企业的价值追求转化为生产经营中的实际行动。①

尽管企业价值观是无形的，但它却如影随形，始终贯穿于企业成长的每一个阶段，渗透在企业生产经营的每一个环节之中。在企业与员工的互动方面，无论是企业与员工共同分享财富与成功的喜悦时刻，还是在日常工作中关注员工的成长与发展，都体现着企业价值观中对员工的尊重和关怀。在企业与社会的关系层面，企业以恰当的方式回馈社区与社会。此外，企业合理利用与节约资源、保护生态环境等，无不体现着企业价值观的影响。

企业文化环境则是由企业员工对企业使命与愿景的共同期许，以及创业者的个人目标、理念与态度相互交织而成的一种具有独特性的文化体系。它是企业应对成长过程中层出不穷的问题与挑战的关键所在。企业在制定兼顾长远发展的短期目标、确立高标准的道德准则、激发员工个人的主观能动性、采用科学的管理方式、培育鲜明的团队精神等方面所营造出的文化氛围，将对企业绩效产生极为显著的影响。② 这主要是因为，当员工深入了解创业者及管理团队的目标追求与管理方式后，他们在生产经营中的付出与努力将直接转化为企业的业绩成果，从而有力推动企业不断向前发展。

4. 注重用成长的方式解决成长过程中出现的问题

用成长的方式解决成长过程中出现的问题，其核心要义在于持续变革。在企业成长的过程中，规模日益扩大，效益逐步提升，社会地位日益显赫。然而，与此同时，企业管理的复杂度也在不断增加。为应对这些在成长过程中涌现的各类问题，企业可采取以

① 马腾文，殷广胜，夏振展，等．大学生创新创业基础教程[M]．北京：化学工业出版社，2021.

② 何雪利，王永祥．从零到卓越——创新与创业导论[M]．上海：上海交通大学出版社，2022.

下策略。①

(1)创新人力资源管理。人力资源是企业实施变革与创新的关键要素，其成功很大程度上依赖于是否拥有一支实力强劲的高素质管理团队。因此，企业应推行创新导向的人力资源政策，加大人力资源管理创新力度。例如，通过创新内部人才培养机制，充分挖掘员工潜能；通过创新人才引进机制，为企业吸纳高层次人才；通过创新利益分配机制，确保留住人才。

(2)创新经营管理体系。企业的经营管理体系是一个复杂的系统，涵盖员工招聘与培训、物资采购、产品生产、运输、销售等各个环节。随着企业不断发展，经营管理的复杂度持续上升。因此，企业唯有不断变革，构建更为科学、合理的经营管理体系，才能适应成长的需求。

(3)精准把握变革与创新的切入点。处于成长期的企业应善于捕捉变革与创新的切入点，可从经营策略、竞争策略或售后服务等方面入手，由点及面、循序渐进地推进。这样做的好处在于成本较低、见效较快，且失控的风险较小。即便在变革与创新过程中出现一些问题，也能及时止损、迅速调整。

5. 从过度追求发展速度转向着重提升企业价值

企业的成长主要表现为规模的扩张，具体体现在销售额的增长和利润的增加上。然而，企业若过度追求发展速度，这种做法能在短期内使销售额快速增长，但利润却未能同步提升。因此，当企业发展到一定阶段时，通过更新和完善企业经营结构、组织结构和技术结构，合理配置企业内部资源，增强企业核心竞争力，企业将从单纯追求发展速度的提升，转变为着重提升企业价值。

课堂活动

小组讨论

有些企业为了扩大销量，快速占领市场份额，就采用较低的价格销售产品。你认为这种价格策略有利于品牌的建设吗？为什么？请展开讨论。

① 马腾文，殷广胜，夏振展，等．大学生创新创业基础教程[M]．北京：化学工业出版社，2021.

参考文献

[1]吕朝晖，董浩平．市场营销学[M]．北京：化学工业出版社，2023.
[2]卢晓慧，胡希冀．大学生创新创业教程[M]．北京：人民邮电出版社，2022.
[3]马腾文，殷广胜，夏振展，等．大学生创新创业基础教程[M]．北京：化学工业出版社，2021.
[4]王雅楠．企业管理概论[M]．西安：西北大学出版社，2021.
[5]何雪利，王永祥．从零到卓越——创新与创业导论[M]．上海：上海交通大学出版社，2022.
[6]刘月梅，王小锋．创新创业基础　从思维创新到创业实践[M]．上海：上海交通大学出版社，2020.
[7]孟德娜，吴万贵，林晓丹．超越自我——大学生创新创业基础教程[M]．上海：上海交通大学出版社，2021.
[8]张涛，陈瑶，姚安荻，等．创业管理(第四版)[M]．北京：清华大学出版社，2023.
[9]中华人民共和国公司法[M]．北京：法律出版社，2024.
[10]张士元．企业法(第四版)[M]．北京：法律出版社，2015.
[11]张玉利．创新与创业基础[M]．北京：高等教育出版社，2017.
[12]杨凤．创业理论与实务[M]．北京：清华大学出版社，2014.
[13]李家华．创业基础[M]．北京：北京师范大学出版社，2016.
[14]张玉利．创业管理[M]．北京：机械工业出版社，2016.
[15]王珉．大学生创业基础(第1版)[M]．南京：江苏大学出版社，2023.
[16]郑春东．创业理论与实务[M]．北京：科学出版社，2022.
[17]钟名湖，谢鑫建．大学生创业理论与实践[M]．北京：人民邮电出版社，2022.
[18]王自红，赵成丽，吴洁．大学生创业实务基础教程[M]．成都：西南交通大学出版社，2021.
[19]冯旭,白龙，邓添予．创业基础：理论、案例与实践[M]．北京：科学出版社，2020.
[20]施永川．大学生创业基础(第2版)[M]．北京：高等教育出版社，2020.

[21]李华．创业计划书撰写与案例分析[M]．北京：机械工业出版社，2021.
[22]张瑞敏．海尔模式：人单合一与创业企业[M]．北京：中信出版社，2019.
[23]柳传志．联想创业之路：从0到1的管理智慧[M]．北京：中信出版社，2018.
[24]陈春花．管理的常识：让管理回归简单[M]．北京：机械工业出版社，2020.
[25]李善友．第二曲线创新：企业生命周期与创业机会[M]．北京：机械工业出版社，2019.
[26]陈保印．创业团队管理：从组建到卓越[M]．北京：北京大学出版社，2020.
[27]李华．精益创业实践：从创意到成功的快速迭代[M]．北京：机械工业出版社，2021.
[28]张志学．创业融资策略与实践[M]．北京：北京大学出版社，2019.
[29]魏炜，朱武祥．发现商业模式[M]．北京：机械工业出版社，2017.